KB140007

The Filial Piety Thought and
Personality Education of Korea 1

한국의 효사상과
인성교육 1

The Filial Piety Thought and
Personality Education of Korea 1

한국의 효사상과
인성교육 1

(사)한국효문화연구원 지음

서 문

　우리나라의 역사는 아주 유구하다. 세계성이 있는 철학과 교육문화의 보전(寶典)을 하느님은 우리들의 조상에게 내려 주셨다. 단군왕검황제시대에 제후국인 춘추시대의 공자(孔子)는 우리 겨레의 스승이요, 성인(聖人)들로부터 인(仁)사상과 효(孝)교육문화를 계승받았다. 공자 또한 우리 고유의 인사상과 효문화를 이어받아 인효를 골격으로 유교를 집성해 유학으로 세계화했다.

　공자사상의 핵심은 인사상과 효교육문화다. 공자의 제자 증자(曾子)는 『효경』을 지어 공자의 사상과 교육정신을 충실히 전승한 제자로 관직을 좋아하지 않았고, 훗날 종성공(宗聖公)으로 추앙받았다.

　유학이 우리나라에 전래되기는 고구려 소수림왕 2년(372년)이다. 우리나라의 학문과 교육은 공자의 유학(儒學)이다. 유교경전이 우리의 전통교육 교과서다. 즉 공자가 찬술한 오경(五經)과 송대의 주자가 편술한 사서(四書)와 더 확충하면 13경이 포함되며, 인성교육 내용이 충만해 있다. 그럼에도 근세의 우리나라 교육정책은 서양의 진보주의교육이론을 비판 없이 수용하였다.

　그 결과 한국적 가치관과 우리의 전통교육은 붕괴되고 인성교육은 실종되어 인간의 존엄성과 가치를 모르고 도덕 · 윤리를 망각한 채 오직 인욕과 육체적 · 관능적 삶에 골몰하고 있다. 시대의 소명

에 따라 교육혁신과 성장발전을 위해 인효를 골격으로 하는 국정철
학으로 과감한 교육개혁을 시도해주길 제청한다.

2022.10.3 개천절에

(사) 한국효문화연구원 이사장 겸 홍익인간사상연구원장
한국청소년효문화학회장 김익수

◇ 차 례 ◇

제3장 **부모은중경에 나타난 효사상의 의미와 실천**

- 장정태

제7장　**한국문화 속의 효와 민속**

　　　　　　　　　　　　　　　　　　　　　　- 박환영

제1장

공자의 인사상과
효교육문화를 통한 인성교육

김 익 수

(전 한체대 교수, 한국청소년효문화학회장,
한국효문화연구원장)

1. 글의 시작

우리나라는 역사가 아주 유구하다. 동북아 사상사에서 큰 가치인 인효(仁孝)는 우리 겨레의 조상이요 인류의 스승인 한인천제(桓仁天帝)의 인(仁)사상과 효교육문화가 시원이 된다.

한국(桓國)시대1)에 하느님으로부터 내려 받은 '한인오훈(桓仁五訓)' 속에는 제3훈에 '부모에게 효도하고 순종해야 한다.'가 있다. 인의 원뿌리는 원천적으로 하느님(天)이다. 나머지 제1훈과 제2훈, 제4훈, 제5훈은 인(仁)사상 범주에 들어간다.

'한인오훈'이야말로 인류의 도덕윤리교육의 원전이다. 한국은 천혜의 나라로서, 하느님으로부터 '천부경(天符經)'도 이어 받았다. 이는 인류 최초・최고경전이며 철학의 원뿌리다. 또한 세계적인 철학사상이요, 원형문화의 원전임은 물론 시대도 유교, 불교, 도교 성립의 이전임은 두 말할 것 없으니, 유・불・도의 원뿌리요 묘맥이기도 하다.

우리 고유사상인 '한인오훈'은 인류 도덕윤리의 원전이며 세계적

---

1) 본래 환(桓)의 얼과 정신을 갖는 상고의 환국(桓國)시대였음이 사실인데, 민족주의 사학자들의 결의에 따라 한(桓)으로 통일하였음.

인 최초의 효문화 원전으로 한국시대에 하느님으로부터 내려진 것이다. 다시 말하면 우리 민족은 세계철학의 원전인 '천부경'에서 정신철학을 이어 받았고, 또 사람이 사람답게 사는 인효교육문화의 원전인 '한인오훈'에서 사람다움이 되는 교육문화의 뿌리가 심겨진 시원국의 후손이다.

한국시대의 철학과 문화를 계승한 배달국의 개천자(開天者)인 한웅천왕(桓雄天王)은 '한웅육훈(桓雄六訓)'을 계승해 개천하던 날에 만백성에게 조칙을 내려 서약을 받아 정책적으로 시행시켰다.

한편 한웅천왕은 심오하기 그지없는 인류의 근원철학인 '천부경'을 쉽게 이해시키기 위해 '삼일신고(三一神誥)'를 편술해 철학교육을 전 백성에게 전개시키고, 배달국에서는 홍익인간이념을 교육과 건국이념으로 확정했다.

단군왕검황제는 이를 계승해 '단군팔조교(檀君八條敎)'를 펴서 효교육문화를 정착시켰다. 철학교육으로는 '참전계경(叅佺戒經)' 즉 '인간366사'로 철학과 예절교육을 전개하였다.

회고해 보면 우리 상고사는 동북아 사상과 문화의 묘맥을 심은 철학과 문화의 원류시대이었다고 볼 수 있다.

재론컨대 세계 역사문화의 뿌리를 심은 우리 겨레의 스승이요, 성인(聖人)이신 '삼성조(三聖祖)'에 의해 우리 고유사상과 문화로 확실히 씨앗을 심었다. 삼성조[2]시대야말로 철학과 인효교육문화의 시원시대다. 이때의 사상과 문화의 골격은 인효였다. 이를 계승한 이는 단군왕검시대의 제후국이었던 춘추시대의 동이족(東夷族)인

---

2) 삼성조(三聖祖))는 한국시대 한인천제가 3301년, 배달국의 한웅천왕이 1568년, 단군왕검이 건국한 단군조선시대의 2096년을 말한다.

공자였는데, 여기서는 공자의 인사상과 효교육문화의 원리를 수용해 사계가 편술한『경서변의』,『논어』의 인효관을 통한 인성교육의 방향을 확고히 세우려고 하는 것이 1차 목적이다.

공자의 인사상이 여러 경전에 나와 있지만 가장 쉽게 설명되기는 단연『논어』다.『논어』는 단순한 글이 아니라『시경』,『서경』,『역경』의 내용을 담고 있다. 특히『역경』을 유학사상의 모태로 삼고 있으며 사실상『논어』는 공자사상의 요약이기도 하기 때문에『역경』과 연계되어 있다. 그러나 현대인의 생활에서는 인을 찾아보기가 어려워졌다. 현대인의 생활상이 무조건 경쟁하고 남을 쓰러뜨리기를 좋아하니 어질고 따뜻한 마음을 찾을 수 없는 세상이 되었다. 지난날 우리나라는 인사상과 효문화의 종주국답게 따뜻한 인심(仁心) 속에 서로 돕고 살았다. 농경사회에서 우리 조상들이 살던 시대는 모두가 따뜻한 한마음으로 남과 내가 하나(一)되어 홍익인간을 건국과 교육의 이념으로 염원했을 것이다. 그 한마음이 우리 겨레의 스승이요, 성인이셨던 삼성조의 인사상과 효교육문화인데 이를 계승한 공자의 인사상과 효교육문화를 논구하는 것은 우리 민족의 사상과 문화의 원뿌리를 되찾는 길이요, 현대인의 교육문화에 새로운 전기를 심어주는 혁신적 교육성장의 길이다.

중국은 지난날의 비공사상(批孔思想)을 후회하고 오늘날에는 고등학교에서부터『논어』를 가르치는 등 다시 공자열풍을 일으키고 있다. 그런데 한국은 시대의 소명에 너무 무감각하고 교육정책이 서구지향적이어서 활로를 찾지 못해 미래가 어둡기만 하다. 우리의 교육은 이 시점에서 크게 각성해야 하는데, 게다가 역사의식도 없어서 잃어버린 역사를 논구하려고도 하지 않는다. 우리의 사상과 문화의 뿌리를 되찾아야 한다는 외침을 크게 외쳐야 할 때임을 강조한다. 이를 시대가 주는 소명으로 알고 과감한 교육혁신의 기회로 삼아서 반드시 전환해야 한다.

또 하나의 의도는 한국문화가 세계문화유산으로 전개되고 있는 터에 충남 논산시 연산에 위치한 돈암서원의 주향인 사계의 『경서변의』・『논어』에서도 보이는 인사상과 효문화에 대한 관점도 논구해 숨겨진 우리의 사상과 문화를 세계에 전해주려고 한다.

2. 공자의 인사상과 효교육문화의 성립

공자사상의 특성 중 하나는 절대선인 하늘의 도리를 따라서 윤리도덕을 확립해 교육기반을 확고히 세웠다는 역사적 사실이다. 생각해 보면 하늘은 만물에 생명을 주어 대대로 자손이 이어가면서 더욱 더 가족이 번성하고 가정문화를 발전하게 하였다. 개인과 사회와 국가의 형성을 위한 역사와 문화가 발전할 수 있는 씨앗을 확실하게 심어 주었기 때문이다.

공자사상의 핵심은 천지자연의 이치를 본받는 우리 고유사상인 인사상과 효교육문화를 계승해 더욱 발전시킨 것이다. 정치와 교육을 인사상과 효교육문화의 골격으로 인간의 정신과 마음의 바탕을 바르게 세워 놓았었다. 인사상에서 우리 인간이 선하게 살아가는 원동력의 주체는 사람이었다. 인간다운 인간의 형성은 쉬운 것이 아니다. 먼저 자기 자신을 수양하고 인격을 배양해야 한다. 평생교육으로 배우고 행동으로 실천하고 노력하는 지행합일의 정신으로 살아가야 한다.

우리 인간은 누구나 배움의 욕구를 가지고 있다. 따라서 저마다의 지적 재산을 축적한다. 이것이 경쟁시대에 살아가는 힘이 되기도 한다. 우리 인간은 어짊 사상(仁思想)을 목표로 삼고 이를 실천하는 길이 가정문화로부터 비롯되는 효교육문화를 실천하고 확산해야 한다. 인간은 나를 태어나게 한 부모의 분신으로 자신은 물론 형제와 자매들도 함께 하는 우애를 돈독히 해야 한다.

우리 인간 모두가 실행해야 할 일의 1차적인 실행과제가 부모에게 효도하고 형제에게 우애(孝弟)하는 일이다. 그리고 나아가서는 충신(忠信)을 실천해야 한다. 우리 인간은 거칠고, 포악하고 무도하고 욕심도 많고 이기적이고 모자라고 남을 억누르고 예절도 모르고 금수처럼 방만하게 살아간다. 그래서 인간은 학문을 통해 사람답기 위해 연구하고 충분한 수양을 해야 하고 실천해야 한다.

그런 다음에는 천도(天道)에 따라 인의예지(仁義禮智)로써 인정(仁政)과 도덕을 바탕으로 한 정치를 베풀어야 한다. 즉 수기(修己)하고 가정을 바르게 하고(正家), 치인(治人)을 해야 한다. 정가(正家)의 핵심이 바로 효경(孝敬)이다.[3]

오늘의 세계는 인류가 희구하는 평화와 행복을 멀리하고 경제와 군사와 정치를 통해 서로가 압박하고 있다. 반면에 도덕은 크게 무너지고 사회윤리도 실종되고 완전히 이익사회로 몰입되어 있다. 이런 때에 남과 북이 하나 되는 효문화를 회복해 동방예의지국인 한국의 정신문화가 반드시 다시 일어나야 한다.

일찍이 공자는 우리의 고유사상인 인(仁)사상과 효문화를 계승해 유교를 집성하였다. 만물을 창조하고 우주를 주재하는 하늘은 우리

---

3) 이이(李珥), 『성학집요(聖學輯要)』정가장 참조.

인간에게 착한 본성, 즉 이성과 도덕성을 내려 주었다. 그러므로 천도(天道)를 따르고 또 실천하는 도덕적인 삶을 살아야 한다. 금수들처럼 폭력을 시도하고 약육강식하거나, 이기주의를 팽배시키거나 먹고 즐기며 남을 사랑할 줄을 모르고 배려도 모르고 권세만을 좋아해선 아니 된다. 인성교육이 국가의 미래인데도 가정에서부터 부모들이 중시하지 않고 자녀를 과보호하며 학부모들이 학교에 가면 사람답게 길러 달라는 요청은 않고 대학에 입학할 수 있게 교육해 달라는 요청만 한다. 현실적으로 공교육은 명문대 진학을 위한 교육욕구를 충족하지 못하기 때문에 사교육이 팽창해 사교육비로 인한 국민 부담이 높아진 것이다. 물론 국가정책으로 백년대계인 인성교육정책도 마련되어 있지 않다.

우리나라는 이미 상고대(上古代)에 우리 겨레의 스승이요 성인이신 삼성조(三聖祖)로부터 이어 받은 인사상과 효교육문화가 있었고, 이를 계승해 발전시킨 이는 단연 공자다. 공자의 유학이 삼국시대 우리나라에 다시 전래되었는데 그 내용은 유교경전이며 이를 교과서로 삼은 것이다. 따라서 공교육기관인 태학을 통해 인의예지(仁義禮智), 오상(五常), 오륜(五倫) 그리고 『소학』에서는 쇄소응대진퇴지절(灑掃應對進退之節)을 바탕으로 시서육예(詩書六藝)를 배운다. 그런데 학의 개념은 송나라 정이천에 의해 정립되었지만 사장지학(詞章之學), 훈고지학(訓詁之學), 위정자로서의 갖추어야 할 수양과 통치학 등도 익혔다.

근대에 서양의 진보주의교육을 비판 없이 받아들인 현대교육에서는 전통적 학문과 교육은 학습으로 개편되어 본질을 망각하고 있다.

퇴직한 교육자들은 뒤늦게 인식하고 과거 한국교육의 양상인 '밥상머리교육' 즉 부모교육을 주장하고 있으며, 구호만으로 그치는 교육개혁은 개개혁(改改革)되어야 한다고 주장하지만 무슨 소용이 있단 말인가?

정치는 인덕정치(仁德政治)가 이상정치의 목표이다. 교육도 인효(仁孝)교육이어야 만이 미래지향적이라고 강조한다.

재언컨대 우리 민족은 상고대에 우리겨레의 스승이요, 성인인 삼성조의 인사상과 효문화가 있었다. 이를 계승한 공자가 재구성한 인효사상을 수용하여 사람답게 가르친 민족이다.

3. 공자의 인사상과 효교육문화의 원리

'인(仁)'이란 무엇인가 하는 것은 바로 인간이 무엇인가 하는 문제와 같다. 왜냐하면 '인'이란 바로 사람(人)이기 때문이다. 또한 인도(人道)는 곧 인도(仁道)이기 때문이다. 인(人)과 인(仁)은 통한다. 참다운 사람은 착하고 어질기 마련이며 그렇게 행하려 한다.

인자(仁字)는 공자 이전에도 이미 있었다. 물론 문자가 없던 한국(桓國)시대에 이미 하느님이 내려준 한인오훈(桓仁五訓)이 있었다. 은허(殷墟)에서 출토되었다고 하는 갑골문자에도 사용되었고[4], 금문(今文)에도 있었으며[5], 『시경』이나 또는 『서경』에도 인자(仁字)가 사용되었지만 그 뜻은 대체로 친애(親愛), 자애(慈愛), 사랑 등의 의미로 쓰였다. 그러나 인(仁)사상이 학계의 학설로 인정받기는 우

---

4) 상승조, 『殷墟類編』.

5) 庚谷, 『今文續編』.

리 겨레의 스승이요, 성인인 삼성조를 계승한 공자로부터 비롯되었다고 함이 타당하다. 십삼경(十三經) 중에 인자(仁字)가 사용된 것은 무려 445자[6]라고 확인된 바도 있다.

여기서는 공자의 인사상의 의의와 효문화의 가치를 주로 『논어』[7]에서 취해 검토하려고 한다. 다음 두 가지 방향에서 모색할 수 있다. 그 하나는 향내적(向內的) 극기(克己) 방향이요, 다른 하나는 향외적(向外的) 애인(愛人) 방향이다. 먼저 향내적 극기 방향이란 대자기적(對自己的)인 것으로 자기 자신의 욕망이나 욕심을 극복하고 한편으로는 자기의 내적 반성으로 자각하는 인격수양과 도덕적 철학적, 종교적인 자기완성의 방향이니 내성(內聖)에 이르는 길이라고 할 수 있다.

향외적인 애인(愛人)의 방향이란 대타인적인 것으로 사람과 사람의 관계에서 사랑하는 길이다. 부모에게 효도하고 윗사람에게 공경하고 아랫사람을 사랑하고 나아가서는 나라를 다스리고 더 나아가 천하를 평정하는 윤리와 도덕이요, 정치적 치인(治人)의 방향으로 외왕(外王)의 길이라고 할 것이다.

향내적인 극기 방향은 개인의 내적 수양방법으로서의 극기이며 자기반성으로서 자각이니 나아가서는 천(天)과 인(人)과 사물과 내가 일체가 되는 길이다.

중궁(仲弓)이 '인(仁)'에 대하여 공자에게 물었다. 자기를 이기고

---

6) 『大學』10자, 『中庸』6자, 『論語』105자, 『孟子』151자, 『易經』10자, 『書經』5자, 『詩經』2자, 『周禮』1자, 『禮記』124자, 『左傳』34자, 『公羊傳』4자, 『穀梁傳』8자, 『爾雅』1자.

7) 『論語』는 원래 3본이 있다. 『논어』의 고본은 「魯論」, 「제론(齊論)」 「고론(古論)」 등 총 445자가 있지만 그 전승과정과 내용에 대해서는 논외로 하려고 한다. 다만 『논어』는 공자가 죽은 후에 후세의 제자들이 기록해 놓은 책이다. 누가 지었는지도 의문이지만 程子의 설에 의하면 有子와 曾子의 문인들이 기록했을 것으로 보고 두 사람은 '子'라고 높여 부른 것이라고 했다. 여하는 『논어』는 『주역』과도 관련이 있다.

예(禮)로 돌아가는 것이 인이니 어느 날에 하루 자기를 이기고 예로 돌아가면 천하가 인으로 돌아간다. 인을 하는 것은 자기로 말미암은 것이므로 남으로 말미암은 것이겠는가.

안연이 말하였다. 그 구체적인 방법을 질문합니다. 공자께서 답변하셨다. "예가 아니면 보지 말며, 예가 아니면 듣지 말며, 예가 아니면 말하지도 말며, 예가 아니면 움직이지도 마라." 안연이 답변을 했다. "비록 불민하오나, 말씀을 받들겠습니다.8)"

공자의 핵심사상은 인(仁)이다. 여기서 (이 문단에서) 공자의 수(秀)제자인 안연과 인에 대한 문답이 나온다. 우리 인간은 누구나 천부적으로 타고난 마음과 살아가면서 점차로 돋아지는 이기심이다. 자기 욕심을 이기고 올바른 사람이 되는 것은 자기와의 싸움에서 이겨내야 되는 것이다.

극기를 하면 본래의 마음으로 되돌아온다. '극기복례'란 우리 인간이 극기를 해서 내 마음이 천심(天心)이 되고 예(禮)를 회복하면 세상이 질서 있게 되고 인간의 가치가 존중되고 욕심이 없어지고 본래의 마음이 회복되는 순간 인이 회복된다. 욕심은 언제나 편협한 것이고 한 마음으로 볼 때는 전체를 보게 된다. 안연이 극기복례하는 구체적인 방법을 공자에게 질문했을 때, 예에 맞게 보고 듣고 말하고 행동하라고 했다.

중궁이 인을 묻자, 공자가 말씀했다. "문을 나갈 때에는 큰 손님을 뵌 듯이 하고, 백성들에게 일을 시킬 때에는 큰 제사를 받들 듯이 하고 자기가 하고자 하지 않는 것을 남에게 베풀지

---

8) 『論語』「顏淵篇」, 顏淵問仁. 子曰: 「克己復禮爲仁. 一日克己復禮, 天下歸仁焉. 爲仁由己, 而由人乎哉? 顏淵曰: 「請問其目.」子曰: 「非禮勿視, 非禮勿聽, 非禮勿言, 非禮勿動.」顏淵曰: 「回雖不敏, 請事斯語矣.

말아야 하며 나라에 있어서도 원망함이 없으며 집에 있어서도 원망함이 없을 것이다." 중궁은 말하였다. "제가 비록 불민하오나 이 말씀을 (그대로) 받들겠습니다."[9]

위의 말은 문밖에 나와서 만나는 사람들이 경쟁자는 아니다. 그들은 모두 나와 하나인 사람들이다. 내가 하늘같은 사람이라면 그들도 마찬가지로 하늘과 같은 사람들이다. 마치 큰 손님을 대하듯이 존중하는 것이 하늘마음(天心)으로 사람이 살아가는 태도다.

한 마음으로 사는 사람들은 백성들을 제 몸처럼 사랑하고 존중한다. 그렇기 때문에 백성들에게 일을 시키지 않을 수 없을 때는 마치 큰 제사를 받들 듯이 공손하게 해야 한다. 남을 자기처럼 아끼는 사람들은 자기가 하기 싫은 일을 남에게 시키지 못한다. 남을 자기처럼 아끼는 사람이라면 남의 탓으로 돌리거나 원망하는 일이 없다. 사실 알고 보면 잘못의 근본 원인은 자기에게 있다. 모든 것을 내 탓으로 여기고 남의 탓으로 돌리지 않아야 한다. 그럼에도 흔히 사람들은 내 잘못을 남의 탓으로 돌리고 원망을 한다.

다음으로 향외적인 방향은 공자 이전에도 전해 왔던 것이다. 곧 친애(親愛), 애인(愛人)의 방향이다. 군자는 근본에 힘을 써야 한다. 근본이 서야 도(道)가 생긴다.

『논어』에 보면 공자의 제자인 유자(有子)는 그것은 "효제(孝弟)하는 것은 인을 행하는 근본이다."[10]라고 했다. 그 집주에 나오는 "어찌 일찍이 효제가 있겠는가(曷嘗有孝悌來). 여기서 '래(來)'자는 율곡이 말하기를 어조사라고 했다.[11]

---

9) 『論語』「顔淵篇」, 仲弓 問仁 子曰 出門如見大賓 使民如承大祭 己所不欲 勿施於人 在邦無怨 在家無怨 仲弓曰雍雖不敏 請事斯語矣.

10) 『論語』「學而」, 孝弟也者 其爲仁之本與.

우리 인간은 누구나 착한 본성을 타고 났다. 하늘은 모든 만물에게 저마다의 본성을 심어 주었다. 금수(禽獸)에게는 금수들의 본성이 있고 식물에게는 식물의 본성이 있다. 하늘은 우리 인간에게만 특유의 본성을 내려 주었다. 인간의 본성 중에는 이성(理性)과 어진 마음(仁心)을 타고 났다. 따라서 이성을 가진 우리 인간만이 하늘의 도리에 따라 실천하고 문화생활을 영위하고 있다.

　사람은 금수와는 다르게 어려서부터 어진 마음을 타고 났다. 그렇기 때문에 어진 마음을 바탕으로 서로 사랑하고 협동한다. 자연과 만물이 자연의 섭리에 따라 살고 번성하듯이 우리 인간도 서로가 사랑하고 협동해야 살 수 있다. 이것이 바로 천도(天道)를 따르는 길이요, 공동체를 위해 협동하는 길이다. 그 첫 번째가 형제간의 우애이다. 세상의 모든 사람은 부모에 의해 태어났고 부모의 따뜻한 사랑을 받고 성장했다. 그러나 세월이 가면 부모는 노쇠하고 무기력해지고 자식은 왕성한 성인이 된다. 그렇게 되면 전적으로 자식은 부모를 봉양해야 된다. 이렇게 될 때 '인자한 어버이에 효성스런 자식(父慈子孝)'이 되어야 한다. 이것이 한국적 가족문화의 이상형이며 이러한 가운데 형은 아우를 사랑하고 아우는 또 형을 공경한다. 이런 현상을 '형애제공(兄愛弟恭)'이라고 하며 줄여서 '효제(孝弟)'라고 한다. 이런 것도 인간이면 마땅히 걸어가야 할 본연이며 지극히 자연적이라고 하겠다.

　효는 계지술사(繼志述事)이다. 인간은 대대로 이어가면서 가르쳐야 한다. 먼저 선조(先祖)의 뜻을 계승하고 선조의 사업을 더욱 발전시킨다. 먼저 가정문화를 발전시켜야 한다. 역사와 문화를 아는

---

11) 『沙溪全書』(2), 『經書辯疑』・『論語』 「學而」.

것은 인간만이 가능하다. 이것도 크게 보면 효의 범주에 들어간
다.12)

요컨대 우리 민족은 천손민족으로 하늘로부터 인사상과 효문화
를 전승받았다. 이 정신을 이은 우리 겨레의 스승이요 성인인 삼성
조를 계승한 공자는 인·효를 골격으로 유교를 집성했다. 이것이
육경(六經)이다. 이를 교과서로 삼은 것은 우리의 전통교육이다. 송
대 이후에는 사서(四書)가 중시되었다. 이 교과서에서 인의예지(仁
義禮智) 효제충신(孝弟忠信)을 배워 인륜을 알게 되어 사람답게 살
아왔다. 그러나 국가교육정책의 잘못으로 근세에 서구사상의 비판
없는 수용으로 전통교육이 완전히 붕괴되어 교육위기시대를 맞고
있다. 이것을 극복하기 위해서 인사상과 효문화교육을 통해 교육의
제자리를 반드시 찾아야 한다.

주자는 인(仁)을 애지리(愛之理), 심지덕(心之德)이라고 주석을
달았다. 정자(程子)는 다음과 같이 말하였다. "효제(孝弟)는 순한 덕
(順德)이다. 그러므로 윗사람을 범하기를 좋아하지 않는다. 그러니
어찌 도리를 어기고 인륜도덕을 문란하게 하는 짓을 하겠는가. 덕
에는 뿌리가 있다. 뿌리가 바르게 서야만 도(道)가 알차게 사방으로
확대된다. 가정에서 효와 제를 실천하고 다음에 인애(仁愛)를 만물
에 미치게 해야 한다. 이른바 친친이인민(親親而人民)이다. 그러므
로 인의 실천을 효제를 근본으로 삼는다. 본성적으로 논하면 인은
하늘의 뿌리요, 인이 효제의 뿌리가 된다.13)"

정자(程子)의 말은 효제(孝弟)를 순덕(順德)이라고 하여 윗사람에

---

12) 張基槿, 『論語集註 新講 上』, 明文堂, 2007 참조.

13) 『朱子集註』(2), 程子曰 孝弟順德也 故不好犯上 豈復油逆理亂常知事. 德有本 本立則其道充大
孝弟行於家 而後仁愛及於物 所謂親親而人民也. 故爲仁以孝弟爲本 論性則以仁爲孝弟之本.

게 범하기를 좋아하지 않는다고 하였다. 그렇게 인륜도덕을 알아서 인간세상의 질서를 문란케 하지 않아야 하는 것이다. 그런데 인간답게 살아가는 덕(德)에는 반드시 뿌리가 있다. 뿌리가 바르게 서야 인간의 도가 알차고 옹골지게 사방으로 잘 뻗어간다.

가정문화의 원초인 효와 형장(兄長)을 공경하는 제(弟)를 실천하고 다음에 인애(仁愛)를 만물에까지 미치게 해야 한다. 이른바 친친이인민(親親而人民)이다. 그러므로 인(仁)사상의 실천을 효제를 근본으로 삼는다. 따라서 본성적으로 말하면 인이 효와 제의 뿌리가 된다.

『주자집주』에 보면 "어떤 사람이 물었다. 효제가 인을 행하는 근본이라고 했으니 이는 바로 효제에서 인을 이룰 수 있다는 뜻입니까. 주자가 말하였다. 아니다. 인의 실천이 효제에서 시작된다. 효제도 인의 한 가지 일이다. 효제를 인을 행하는 근본이라고는 할 수 있지만 효제가 바로 인의 뿌리라고 하면 안 된다."14)라고 했다.

위의 말에 대한 설명을 연구자가 덧붙인다. 어떤 사람이 질문을 하였다. '효제가 인을 행하는 근본'이라고 했으니 이는 바로 효제에서 인을 이룰 수 있다는 뜻입니까. 이에 대한 주자의 답변은 다음과 같다. (그것은) 아니다. 인의 실천이 효제에서 시작된다. 효제도 인의 한 가지 일이 된다. (그래서) 효제로 인을 행하는 근본이라고 말할 수는 있어도 '효제가 인의 뿌리'라고 하면 안 된다고 하여 인의 의미를 확실히 하였다.

무릇 인은 (하늘이 내려준) 본성이다. '효제'는 인의 용(用)이다.

---

14) 『朱子集註』, 或問 孝弟爲仁之本 此是由孝弟 可以至仁否 曰 非也. 謂行仁 自孝弟始 孝弟是仁之一事謂之 行仁之本則可 謂是 仁之本則不可.

사람의 본성 속에는 오직 인의예지(仁義禮智)의 네 가지 도덕성이 있을 뿐이다. 어찌 '효제'라고 하는 것 외에 또 다른 도덕성이 있겠는가.

그렇지만 인은 사랑을 위주로 한다. 그러므로 부모를 사랑하는 효와 형장을 공경하는 제(弟)를 인을 실천하는 근본이라 한 것이다.[15)]

인을 마음(心)의 덕(德)이라고 한 것은 전체를 말한 것으로 곧 인의예지(仁義禮智) 넷을 다 포함한 것이다. 다시 말하면 인, 의, 예, 지 넷이 모두가 마음의 덕이며 큰 인(仁)이 넷의 중심이 된다. 반면 나누어서 말하면 '인'은 사랑(愛)의 도리, '의(義)'는 바르고 좋게 하는 도리, '예(禮)'는 공경과 사랑의 도리, '지(智)'는 시비를 분별하는 도리이다.

가정에서의 효제를 범국가적으로 확대하면 충신(忠信)이 되고 세계적으로 널리 확대하면 인의(仁義)가 된다. 그러므로 가정에서 종적, 횡적으로 사랑과 협동을 실천하고 익히면 사회에서도 종적, 횡적으로 모든 사람과 잘 어울리고 원만한 관계가 되어 서로가 사랑하고 협동하게 된다.

우리나라는 상고의 고유사상 시대는 물론 삼국시대 이후는 공자가 집성한 유학(儒學)이 전래되면서 가장 도덕을 중시한 나라이다. 그 당시 교과서를 보면 잘 알 수 있다. 현재는 학교교육에서 전통교육은 등한시 하고 있는 실정이다. 그런데 우리나라는 도덕의 종주국임에도 오늘날은 가정문화가 붕괴되고 있다. 근대에 이르면서

---

15) 『朱子集註』(4), 蓋仁是性也 孝弟是用也 性中 只油 箇仁義禮智四者而已 嘗有孝弟來 然仁主於愛 莫大於愛親 故曰 孝弟也者 其爲仁之本與.

서구교육사상의 비판 없는 도입은 우리 교육의 본질과 정체를 근본적으로 허물어 놓았다. 서구지향적인 현대의 도덕교육은 우리 교육을 바로 세우지는 못하였다. 이제와 이를 극복하기란 아주 어렵게 되었다. 그것이 바로 우리 교육의 현실이다. 오늘날 교육계의 구호인 '교육혁신'은 바로 여기에 중점을 두어야 하는데 교육정책자들은 한국교육의 뿌리를 잘 모르고 있다.

그러면 우리 교육의 본질을 알아보고 정체를 되돌아보고 옳다고 판단하면 지난날의 전통교육을 과감히 재수용해야 함은 시대의 소명이다. 원대한 교육이상인 인의 실천과 효제를 근본으로 삼아야 한다. 본성적으로 말하면 인이 효제의 뿌리가 된다. 오늘날 교육의 과제는 효·제·자(孝·弟·慈)에 중점을 두고 누구나 가정에서부터 실천하면 이웃에 본보기가 된다. 이웃과 협동으로 마을교육 공동체가 되어 사람답게 사는 것이 우선이 되어야 한다. 현대 교육정책으로 막지 못하는 입시경쟁 교육에서 탈피해 협동하고 공동체의 가치를 지향해야 한다. 남을 사랑하고 돕고 핵가족의 피해를 극복하는 우리 모두의 공동체를 향해 함께 살아가는 방향이 모색되어야 우리의 미래가 희망적이다.

거듭 강조한다. 가정문화의 중요성은 이 시대의 주요과제인 미래를 여는 관건이다. 『주역』의 『가인괘(家人卦)』를 들어서 교훈으로 대하고자 한다.

> "아비가 아비답고 자식은 자식답고 형(兄)은 형답고 아우(弟)는 아우답고 남편(夫)은 남편(夫)답고 아내(婦)는 아내(婦)다워야 가문(家門)의 도(道)가 바르게 되리니 가문을 바르게 함에 천하가 안정되리라."[16]

한 가정의 아버지가 아버지로서의 소임을 다하고 아들은 아들답게 도리를 하고 형은 형답고 아우(弟)는 아우답고 남편(夫)은 남편답고 아내(妻)는 아내다워야 가정의 도덕이 바르게 세워진다. 국가의 기본단위인 가정이 집집마다 올바르게 가정관이 서면 국정이 바로 서고 세계평화도 앞당기는 결과를 가져올 수 있다.

모든 국민의 가정이 바로 서야 국민이 존중되고 오늘날처럼 국정 운영이 흔들리는 일이 없이 확고한 주춧돌이 될 것이다. 나아가서 가정의 힘이 국가의 힘이 된다는 것을 인식해야 한다.

좀 더 논구하면 가정 안에서 행복을 만들어 가는 지혜는 과연 무엇인가? 두 말할 것도 없이 가족 구성원 스스로 깨달음이 있어야 한다. 저마다의 개인행복은 가정 안에서 비롯되는 것이다. 가정은 국가의 최소의 기본공동체로 가화만사성이란 말이 있듯이 가장 중요하다. 모든 행복과 성공이 가정에서부터 비롯된다는 것을 명심해야 한다.

위에서 논급되었지만 '효·제'가 인(仁)의 근본(『논어』학이편)이라고 한 것처럼 가정윤리에서부터 시작해 다른 사람을 공경하며 예양(禮讓)을 하며 관대하게 용서하는 사회윤리로 확대되고 나아가서는 전 인류에게 "널리 은혜를 베풀어 대중을 구제해야 한다. 자기가 서고자 하면 남도 (먼저) 세워주고 자기가 통달하고자 하거든 남도 통달하게 하여 주라."[17]는 공자의 말씀처럼 가까운 데서부터 비롯해 알아차리라는 것으로 인을 실천하는 방법이 되기도 한다. 즉 수신제가치국평천하(修身齊家治國平天下) 하는 방향이 된다.

---

16) 『周易』「家人卦」, '父父 子子 兄兄 弟弟 夫夫 婦婦而家道正'

17) 『論語』「雍也」, 夫仁者 己欲立而立人 己欲達而達人 能近取譬, 可謂仁之方也己.

이 글의 배경은 알고 보면 자공은 경제에 밝아 재산이 많기 때문에 널리 백성들에게 베풀 수 있고 뿐만 아니라 많은 어려운 사람들을 구제할 수 있을 것 같은 생각이 들었지만, 이러한 것이 혹시 공자가 중시하는 인에 해당할지는 모른다는 판단 때문에 공자의 의중을 들으려고 한 것이다. (이 때에) 공자의 대답은 예상 밖의 대답이었다.

널리 백성들에게 은혜를 베풀고 많은 사람들을 구제한다는 것은 단순히 물질적인 차원에서 이루어지는 것만이 아니다. 한 마음으로 회복한 사람이 나타나서 과감하게 세상을 구제할 때만 가능한 일이다.

사실상 세상을 구제하는 데는 경제도 중요하지만 지혜로움도 필요하고 과감한 실천력도 필요하다. 어진 사람(仁者)의 넓은 마음과 슬기와 지혜로운 자(知者)의 삶의 방법을 함께 갖춘 뒤에 과감한 실천력도 갖추어야 세상을 구제할 수 있다 그런 능력을 갖춘 사람은 '성인(聖人)'이라고 할 수 있다는 것이다.

4. 공자의 인효사상과 사계의 '인효관'을 함의한 인성교육방법론

1) 부모은덕(父母恩德)

우리 인간은 누구나 부모로부터 태어났고, 또한 부모는 조상으로부터 태어났다. 따라서 태초의 조상은 천지로부터 태어났으니 자연은 우리 모두의 부모이다. 따라서 우리 인간이 상고로부터 천지신에게 제사를 드렸던 경천사상(敬天思想)의 근거가 삼재사상(三才思想)[18]으로까지 연계된다고 할 수도 있는 것이다.

우리가 세상에 태어난 것은 우연이 아니다. 그렇다면 조상과 부모에게서 받은 은혜는 나를 이 세상에 낳아서 길러주었으니 하늘(天)에 비유할 만큼 크다고 볼 수 있다. 더 큰 은덕을 부모에게서 받은 것이다.

『시경』육아(蓼莪)에 보면 '부모의 은혜'에 대하여 강조되고 있다. 이 시(詩)에 보면 백성들이 힘이 들고 괴로워 효자가 부모를 끝까지 봉양할 수 없어서 이 시를 지었다고 한다. 자식이 태어났을 때에는 아름다운 쑥이라고 생각하였는데 지금은 아름다운 쑥이 아니라 좋지 않은 쑥이라고 말함으로서 부모께서 나를 낳을 적에는 내가 아름다운 재질을 타고나서 자식인 나에게 의지하고 희망을 걸고 살아 갈 수 있을 텐데 하고 크게 기대를 했을 텐데 지금은 제대로 봉양도 받지 못하고 죽어가는 길로 가고 있음을 비유한 것이다.

이 시에 보면 부모께서 나를 낳으셔서 기르면서 애타게 힘이 들고 무한히 애쓰셨음을 말하면서 거듭 서글퍼 한 것이다.

> 육륙자아(蓼蓼者莪)러니 비아이호(匪我伊蒿)로다
> 애애부모(哀哀父母)여 생아구로(生我劬勞)샷다
>
> 다팔다팔한 것은 사재발쑥이러니 했더니
> 사재발쑥이 아니라 저 다북쑥이로세
> 불쌍하고 불쌍한 우리 아버지와 어머니여,
> 나를 낳으심에 힘들게 고생만 많이 하셨지요
>
> 육육자아(蓼蓼者莪)러니 비아이위(匪我伊蔚)로다

---

18) 三才思想은 주역은 물론 한국(桓國)시대에 내려진 『천부경』에도 이미 내재해 있다.

애애부모(哀哀父母)여 생아로췌(生我勞瘁)샷다

다팔 다팔한 것은 사재발쑥이러니 하였더니
사재발쑥이 아니라 저 제비쑥이로세
불쌍하고 불쌍한 아버지 어머니여,
나를 낳고 기르기에 고생으로 지치셨겠네

병지경의(缾之罄矣)여 유뢰지치(維罍之恥)로다
선민지생(鮮民之生)이여   불여사지구의(不如死之久矣)로다
무부하호(無父何怙)며 무모하시(無母何恃)리오
출즉함휼(出則銜恤)이요   입즉미지(入則靡至)라오

작은 술병이 비어 있는 것은 큰 술통의 수치로세
소시민의 삶이여, 죽기를 기다림만 같지 못하네
아버지가 없으니 누구를 의지하며
어머니가 없으니 누구를 믿으리오리까
나아가면 마음속에 근심을 품고 들어오면 이를 데가 없네요

부혜생아(父兮生我)하시고 모혜국아(母兮鞠我)하시니
부아휵아(拊我畜我)하시며 장아육아(長我育我)하시며
고아복아(顧我復我)하시며 출입복아(出入腹我)하시니
욕보지덕(欲報之德)인댄   호천망극(昊天罔極)이샷다

아버지시여 나를 낳으시고, 어머니시여 나를 기르실 제
나를 어루만지고 나를 먹여주시며
나를 키우고 나를 가르치시며
나를 돌아보고 나를 덮어주시며
나아가고 들어옴에 나를 안아 주시니
그 은덕을 갚고자 할진댄 넓은 하늘도 다함이 없네요

남산렬렬(南山烈烈)이어늘 표풍발발(飄風發發)이로다
민막불곡(民莫不穀)이어늘 아독하해(我獨何害)오

남산은 높고 크거늘 회오리바람이 쏴쏴(불어오네)
민중은 착하지 않음이 없거늘 나만 홀로 어찌 해칠까

남산률률(南山律律)이어늘　표풍불불(飄風弗弗)이로다
민막불곡(民莫不穀)이어늘 아독불졸(我獨不卒)하노라

남산은 높고 험하거늘 회오리바람이 획획 분다.
민중은 착하지 않음이 없거늘 나만 홀로 마치지 못하는구려

　『시경』의 육아(蓼莪)편은 모두가 여섯 장(章)인데 앞의 수장(首章)과 제2장 그리고 뒤의 제5장과 종장은 4구씩이고 가운데 제3장과 제4장은 8구씩이며 수장(首章)과 2장, 3장은 비유 시이고 4장은 서사시 5장과 6장은 서정시이다. 이 시는 효자가 돌아가신 부모의 은덕을 생각하고서 이제 와서 보답할 길이 없음을 탄식하는 노래이다.

　제1장은 다팔다팔한 새 싹이 좋은 나물인 새 발쑥인 줄 알았더니 나중에 알고 보니까 새 발쑥이 아니라 천한 나물인 다북쑥임을 알고서 허탈하게 생각하며 노래하여 부모는 다팔머리를 했던 어렸을 때의 자식을 효자로 알았겠지만 지나고 보니 불효자임을 깨닫게 되었음을 후회하면서 불쌍한 부모가 자기를 낳을 때에 고생만 하시고 보답을 받지 못한 것을 슬퍼하고 있다.

　2장은 다팔다팔한 새 싹이 좋은 나물인 새 발쑥인 줄만 알았더니 나중에 알고 보니 천한 나물인 제비쑥인 것을 노래하여 부모는 다팔머리를 했던 자녀를 훌륭한 인물이 되리라고 믿었으나 지나고 보니 못난 인간임을 깨닫고 실망하였을 것이라고 한탄하면서 불쌍한 부모가 자기를 낳아 기르시느라고 고생만 하신 것을 생각하면서 거듭 슬퍼한다.

　3장은 작은 술병에 술이 떨어져서 비어 있는 것은 큰 술통에 술이 없는 까닭임을 예로 들어 부모가 거친 밥을 먹고 남루한 옷을 입은 까닭은 자식이 가난하고 천하기 때문임을 고백하면서 소시민

의 삶이 아주 희망이 없어서 죽기를 기다리는 것만도 못한 오늘의 현실을 아주 원망하고 부모가 돌아가시고 아니 계시니 더욱 의기소침 하는 심리적 갈등으로 방황하고 있음을 호소하였다.

4장은 부모가 낳아서 기르는 정성을 구체적으로 하나하나 회상하면서 그 큰 은덕을 갚고자 하지만 넓고 높은 하늘(天)보다도 높고 너무 커서 다 갚을 길이 없음을 탄식을 하고 있으며,

5장은 부모의 은덕을 갚지 못한 자식의 죄는 비유하자면 남산처럼 높고 커서 그 벌이 회오리바람이 쏴쏴하고 불어오듯이 매서움을 비유하면서 민중들은 착하지 않음이 없건마는 어찌하여 자기만을 유독이 해쳐서 부모를 일찍 잃게 되었는지를 반문하였으며,

6장은 불효의 죄가 남산처럼 높고 험하여 그 벌이 회오리바람이 획획하고 불듯이 냉혹함을 비유하여 민중은 착하지 않음이 없건마는 나만 유독 부모봉양의 도리를 제대로 마치지 못한 비통함을 호소하였다.

공자가 이 시를 『시경』에 편집한 이유는 아마도 돌아가신 부모를 사모하는 마음이 간절하면서도 효윤리를 바르게 인식하여 모든 불효의 책임을 스스로에게 있음을 느끼고 부모를 조금도 원망하지 않는 착한 효심을 발양하기 위함이었을 것이다.

대저 불효자들은 부모의 은덕을 망각하고 도리어 돌아가신 부모를 원망하거나 늙은 부모를 잘 섬기지 않고도 오히려 오만하게 당연시 한다.

이 시를 읽은 사람은 부자유친(父子有親)의 윤리를 깨달아 자식의 도리를 다해야 하나니 임금의 은혜는 아무리 크다고 하여도 하늘보다 크지 않으므로 충성을 함에 다함이 있는 것이요, 부모의 은

덕은 아무리 작아도 하늘보다 더 큰 것이므로 효도를 함에 끝이 없다고 한 것이다. 왜 그런가? 임금은 신하에게 하늘보다 큰 덕을 베풀 길이 없지만 부모는 자식에게 하늘보다도 더 큰 덕을 자식에게 베풀어 나의 생명을 자식으로 낳아주시고 여러 고통 속에서도 잘 길러주었기 때문이다.

2) 신체건강(身體健康)

『효경』개종명의장19)에 보면 효의 근본이 아주 잘 명시되어 있다. 중니(仲尼)20)께서 집에서 한가히 계실 적에 증자(曾子)가 모시고 앉아 있었다. (이 때에) 공자께서 말씀을 꺼냈다.

> "선왕(先王)들께서 지극한 덕(德)과 중요한 도(要道)가 있어서 그것으로써 천하를 순조롭게 다스렸으니 백성들은 그래서 화목을 도모하고 위아래도 아무 원망이 없었다. 너는 그것을 알고 있는가. 증자가 자리를 피하면서 일어서서 다음과 같은 답변을 하였다. '제가 불민(不敏)하온데 어찌 그런 것을 알 수 있겠습니까?' 공자께서 다음과 같이 자상하게 가르쳐 주었다. '효(孝)'란 덕(德)의 근본이요, (여기에서) 가르침이 생겨나는 바탕인 것이다. (계속해서 차분히 충분히 말하기 위하여) 다시 앉거라. 내가 너에게 이야기를 더 해주마."

여기에서 공자께서는 효의 정의(正義)를 밝히고 근본을 확실하게 말해준 것이다. 계속해서 효란 어떤 것인지를 보다 설득력 있게 다음과 같이 보충설명을 자상하게 덧붙였다.

---

19) '開宗明義'란 종지(宗旨)를 열고 대의(大義)를 밝힌다는 뜻으로 『효경』의 총론이란 뜻이다.
20) 공자는 위로 형이 있기 때문에 중니(仲尼)라고 한 것인데 이름은 구(丘)이고 자(字)가 바로 중니이었다.

"사람의 신체와 머리터럭과 피부는 모두가 부모에게서 물려받은
　　것이니 감히 이것을 손상시키지 않는 것이야 말로 효의 시작인 것
　　이다. 몸을 올바로 세우고 인생의 도(道)를 행해(行道) 후세까지
　　이름(명예)을 드날림으로서 부모도 이름을 드러나게 하는 것이 효
　　의 끝맺음인 것이다.
　　'효'란 어버이를 섬기는 것에서 비롯해서 다음으로는 임금을 섬기
　　는 것으로 이어지다가 끝으로는 입신양명(立身揚名)을 하는 것으
　　로 완성되는 것이다."21)

　　보설을 가하면 우리의 신체와 터럭과 피부는 부모에게서 물려받
은 것이다. 그러니 감히 헐고 상하지 않게 하는 것이 효의 시작이
다. 이 말은 제일 중요한 이야기다. 부모의 분신으로 남겨준 이 몸
을 잘 지키는 것은 부모뿐 아니라 자신을 위해서도 보신은 절대적
인 일이다. 만일에 자식의 몸에 이상이 생기면 부모께서 가슴 아파
할 것이니 효가 아니다. 다음은 몸을 바로 세우고 인간의 도를 세
워 후세까지 이름을 드날림으로써 부모의 명예까지 드날리게 하는
것이 효의 마침이다.

　　『시경』대아(大雅)편에 이르기를, '그대들의 조상 생각은 아니 하
는가. 그러니 그 덕을 이어갈 수 있도록 이어서 그 일이 한층 빛나
도록 몸을 닦아라'22)고 하였다. 유념할만한 일이다.

　　증자(曾子)는 공자의 제자로 평생 동안 효도로 일관하다가 어버
이로부터 받은 신체를 조금도 훼상하지 아니하였음을 제자들에게
확인시켰다.

　　"증자가 질병을 앓고 있을 때에 문하의 제자들을 불러놓고서 이르

---

21) 『孝經』, 「開宗明義章」.
22) 『詩經』, 『大雅』, 云 無念無爾祖厥德 聿修.

기를, 나의 발을 열고 나의 손을 열어보라. 상처가 있는가.『시경』소민(小旻)편에 이르기를, 두려워서 벌벌 떨며 경계하고 조심하여 깊은 연못에 임하듯이 엷은 얼음을 밟고 가듯이 하라고 하였으니 이제 이후에야 내가 면하였음을 알았노라. 제자들이여!"23)

즉, 부모에게서 받은 신체를 잘 보전하여 자기의 몸을 지키는 것이 효도임을 제자들에게 분명히 확인시키고 각성시킨 것이다.

여기『효경』의 첫 장을 보면 스승인 공자와 제자인 증자와의 대화를 통하여 문답식으로 효문답을 말한 것을 알 수 있다. 증자(曾子)는 공자의 뛰어난 제자로 특히 효행이 남다른 제자이다. 후세에 '종성(宗聖)'이라고 할 만큼 공자학문의 정통을 이어받은 제자이기도 하다.

공자는 효야말로 성왕(聖王)들이 세상을 다스리고 백성들을 교화하는데 요체가 되는 것인데 지극한 덕(德)이요, 중요한 도(道) 즉 요도(要道)라는 것이다. 그리고 여기에서 특히 강조하는 것은 자식은 분명히 부모로부터 태어났다는 점이다. 따라서 자식의 몸은 개인의 것이 아니고 신체 어느 한 부분할 것 없이 그 전부가 부모에게서 이어받은 몸이라는 것이다. 다시 말하면 부모의 몸에서 나누어 진 것이다.

그러니 이 몸은 부모에게서 혈육(血肉)과 성명(性命)까지도 이어받은 것이니만큼 자신은 부모의 분신(分身)이며 그 혈맥이 내 몸 속에서 뛰고 있으니 만큼 언행을 조심하고 항상 몸을 조심하여 마땅히 부모에게서 받은 자신의 몸을 잘 보신을 잘해서 건강을 지켜야 한다는 것이다.

---

23)『論語』「泰伯」, 曾子有疾 召門弟子曰, 啓予足! 啓予手! 詩云 戰戰兢兢 如臨深淵, 始履薄氷 而今而後, 吾知免夫 小子!

이러한 확고한 효정신을 가진 증자는 자신이 어느덧 중병이 들어서 머지않아 죽게 될 것을 예감했는지 어느 날 제자들을 불러 놓고 자신의 손과 발을 다시 한 번 펴서 열어보도록 하였던 것이다. 평생토록 조상으로부터 이어받은 자신의 몸을 보전해온 부모의 분신이 마지막 종신할 때까지도 조금도 손상되지 않고 잘 보존되었음이 효행임을 인생의 마지막으로 제자들에게 확인시켜 주려는 의도에서였을 것이다.

『논어』태백편에 보면 증자의 의지가 더욱 확고함을 알 수 있다. 공자는 부모와 자식 간의 관계를 효를 통해 분명히 한마음(一心)으로 연계해감으로써 이러한 논리를 끝까지 확충하여 나아간다면 저절로 효심이 우러날 것이며 더 나아가서는 인정이 흐르고 더 나아가서 궁극은 인류평화사상에까지 이르게 될 것이라고 확신했던 것 같다.

요컨대 부모에게 효도하는 마음을 임금에게 적용하면 충(忠)이 되고 친구사이에 적용하면 믿음(信)이 된다고 본 것이다. 이러한 논리는 모두에게 적용되는 인사상과 효교육문화의 정신인데 보다 확충되면 곧 인류를 행복하고 평화롭게 할 수 있다고 확신한 것이다.

이와 같이 효를 바탕으로 충(忠)과 신(信)을 실천하는 사람은 자신도 입신하게 되어 기필코 후세에 이름(名譽)을 드날리게 될 것이라고 하였다. 효로 인한 개인의 입신양명은 곧 부모와 조상들까지도 명예롭게 하는 일이다. 거기서 그치는 것이 아니라 후손들에까지 길이길이 은덕이 될 것이다. 요컨대 효는 부모를 잘 섬기고 다음으로 임금을 잘 섬기면 끝으로는 입신양명하게 된다. 그러니 효교육문화는 사람답게 성장하여 행복하고 가치 있는 삶을 살게 하는 한국문화의 특성이다.

『예기』제의편에 보면 증자의 확고한 효정신을 알 수 있다.

"증자가 말을 하기를, 자기의 몸이란 것은 부모가 남겨준 유체이
다. 부모가 자식에게 남겨준 몸을 갖고서 행동을 하는데 있어서
감히 공경하지 않을 수 있겠는가. 평소에 살아가는데 있어서 장경
(莊敬)하지 않으면 효가 아니다. 임금을 섬기는데 충성을 하지 않
으면 효가 아니다. 관직을 지킴(涖官)에 있어서 공경하지 않으면
효가 아니다. 친구를 사귐에 서로 신임하지 않으면 효가 아니다.
전쟁에 임하여 용기가 없다면 효가 아니다."24)

이상 다섯 가지를 완수하지 않으면 재난이 그의 어버이에게까지
미치나니 감히 공경하지 않을 수 있겠는가? 라고 함으로써 위의 다
섯 가지를 모두 실행하는 것이 효를 다하는 길이라고 지침을 내린
것이다.

3) 효와 우애(孝弟)

많은 이들이 부모에게 효도하고 형제간에 우애를 하는 것이 인간
의 가장 기본적이고 바람직한 삶의 자세라고 보고 있다.

『논어』학이편에 보면 '효제(孝弟)'25)에 대하여 잘 설명되어 있다.

"유자26)가 말하였다. 평상의 생활에서 부모에게 효도하고 형제에

---

24) 『禮記』「祭儀」, 曾子曰 '身也者 父母之遺體也, 行父母之遺體 敢不敬乎 居處 不莊 非孝也, 事君
不忠 非孝也, 涖官 不敬 非孝也, 朋友 不信 非孝也, 戰陳 無勇 非孝也, 五者 不遂 災及於親 敢不
敬乎'

25) 그 사람됨이 (부모에게) 효도하고 형장(兄長)에게 공경스러우면서 윗사람에게 덤벼들기를 상
성(上聲)으로 읽게 되면 '아우'의 뜻이 되고 거성(去聲)으로 읽게 되면 공경(悌)의 뜻이 된다.
여기서는 거성, 즉 공경의 뜻으로 본다.

26) 有子는 중국 노(魯)나라 사람으로 공자보다 13세 연하(年下)였다고 한다. 모습이 거의 공자와

게 우애하면서 웃어른께 거슬리기를 좋아하는 사람은 아주 드물다. 웃어른 거슬리기를 좋아하지 않는 사람으로 어지러움을 일으키기를 좋아하는 사람은 결코 없다."27)

인간의 기본으로써 효제를 갖춘 사람은 사회의 어른에게도 공경스럽고 사회질서를 문란케 하지 않는다는 것이다. 형을 존경하는 두 품성이 바로 인의 근본이라 하여 부모에게 효도하고 형에게 공경하는 것이 바로 인덕(仁德)의 근본이라는 것이다. 효제야말로 인륜도덕 중에서 가장 밑바탕이 되는 덕목이다. 군자는 근본적인 것에 힘을 쓴다. 근본적인 것이 확립되면 방법이 생기기 마련이다. 부모에게 효도하고 형제에게 공손함은 인(仁)을 실행하는 근본이 되는 것이다.28)라고 했다.

보설을 하면 군자는 반드시 근본에 전심전력을 해야 한다. 왜냐하면 근본이 잘 갖추어지면 사람의 정도(正道)는 저절로 생기게 된다.

공자께서는 효는 누구나 기본적으로 갖추어야 할 기본적인 실천행위로 보았던 것이다. 이에 대해서 공자가 다음과 같이 말씀을 하였다.

"아우와 자식은 집에 들어와서는 부모에게 효도하고 밖에 나아가서는 웃어른께 공손히 하며 말을 삼가고 미덥게(信)하며 널리 사람들을 사랑하되 어진(仁) 사람과 친해야 한다. 행하고서 남은 힘이 있으면 글을 배우는데 힘을 써야 한다."29)

비슷해서 공자가 죽은 후에 제자들이 그를 대신 스승으로 모시려고도 하였었다고 전한다.

27) 『論語』, 「學而」, 有子曰, "其爲人也 孝弟, 而好犯上者, 鮮矣, 不好犯上, 而好作亂者, 未之有也.

28) 『論語』, 「學而」, 君子務本, 本立而道生. 孝弟也者, 其爲仁之本與!

29) 『論語』, 「學而」, 子曰 '弟子, 入則孝 出則弟 謹而信 汎愛衆 而親仁 行有餘力 則以學文'

이에 대하여 정자는 말하기를 아우와 자식(弟子)된 이의 직분이다(程子曰: 爲弟子之職)고 하였다. 30)

설명을 보태면 '제자(弟子)'란 아우와 자식을 말한다. 공자가 강조하는 자녀교육의 첫 번째는 부모에게 효도하는 자녀로 기르는 것이다. 만약에 공부는 잘하는데 부모에게 효도할 줄을 모르면 이런 학생이 곧 문제아가 된다. 명문대학 출신들이 경쟁에서 이길 수 있다. 그래서 학부형들이 학교교육에서 극성으로 공교육을 흔들어 놓는다. 사교육을 통해 명문대학에 갈 수 있다. 그렇다고 사회에 유용한 인물이 되지 못하고 더구나 큰 사람이 되는 것은 아니다.

효란 내가 부모를 위함보다는 나를 바르게 성장하기 위한 것이기도 하다. 만약에 그가 성장해서 지적인 능력은 좋아서 출세할 수 있지만 그 능력은 남을 위하는데 쓰지 않는다. 이기적인 사람이 되어 부모에게 절대로 효도하지 않고 성실한 인간이 되지 않는다. 그런 사람에게 권력이 맡겨지면 집안도 망치고 사회나 국가를 어지럽게 한다.

'군자(君子)'란 반드시 근본에 힘써야 한다고 하였다. 왜냐하면 근본이 잘 갖추어지면 사람으로서의 정도(正道)는 저절로 생기게 되기 때문에 그렇다. 부모에게 효도하고 형을 존경하는 이 두 품성이 바로 인(仁)의 근본이라고 하여 부모에게 효도하고 형에게 공경하는 것이 바로 인을 행하는 근본이 된다고 말한 것이다.

위에서 핵심이 되는 말이 사람다운 사람은 부모에게 효도하고 형제간에 우애를 돈독히 하고 있다는 것이 바로 인간의 근본인데 이것을 갖춘 사람에게서 정도가 나오고 정의가 실현되고 인성이 움튼

---

30) 金長生,『經書辯疑』,『論語』재인용.

다. 인격을 갖춘 선비들은 비록 초야에 묻혀 살더라도 바른 가정과 사회에 도움이 되도록 공헌을 해야 한다. 그런 다음에 보다 성장하기 위해 고전공부에 열중하고 지역사회에 기여한 공동체 문화 형성에 주력해야 한다.

주자는 효제가 인을 행하는 근본이 된다(爲仁之本)고 하였는데 필자는 효제가 인의 근본이 된다고 주장한다. 인의 바탕이 바로 효제이다.

『논어』위정편에 보면 공자께서는 '효제'가 정치의 근본이라고 보았다. "어떤 사람이 공자께 말씀드리기를, '선생은 어찌하여 정치를 하지 않습니까? 하니 공자께서 대답하시기를, 『서경』에서 효를 말했다.' 부모에게 효도하며 형제간에 우애하며 정치에 베푼다고 하였으니 이 또한 정치를 하는 것이다. 어찌 벼슬을 하여 꼭 정치를 할 필요가 있느냐?"31)

다시 말하면 어떤 사람이 공자에게 여쭙기를, 왜 당신은 관리가 되어 정치를 하지 않습니까? 하니, 공자께서는

> "『서경』군진편에 보면 '효도여, 부모에게 효도 할 줄 아는 사람은 형제간의 우애가 있게 된다.'고 하였다. 그러니 집집마다 효도와 우애를 하면 집안이 가지런히 되고 가사처리도 잘 될 것이니 꼭 관직에 임하여 정치를 할 필요가 있겠느냐"

가정에서 효제만 잘 이루어지면 국민이 소원하는 대로 정치의 목표가 순리로 잘 이루어진다. 바른 정치의 첫 단계가 가정의 효제에 있다고 본다. 오늘날 국민들은 정치에 실망하는 사람이 너무 많은

---

31) 『論語』 「爲政」, 或謂孔子曰 子奚不爲政 子曰 書云孝乎 惟孝 友于兄弟 施於有政 是亦爲政 奚 其爲爲政

데 근본적으로 가정교육과 학교교육의 탓이다.

요컨대 정치의 기본이 가정에서부터 비롯되는 효제에 있다고 본 것이다. 따라서 우리의 가정교육에서도 효제는 첫 번째의 교수요목이다. 그럼에도 오늘날에 부모를 살해하고 형제간에 재산 때문에 재판을 하는 등 가정범죄가 생기는 것은 모두가 근본을 모르는 사람들이다.[32]

오늘날 인륜도덕이 크게 무너지는 소리가 들린다. 그러니 가정에서 부모와 형제에게 효제(孝悌)를 먼저 성실하게 실천케 해야 한다. 그런 다음에 고차적인 학문과 전문적인 기술도 배우게 해야 한다.

오늘날 가정범죄가 빈번하게 일어나는 것은 바로 여기에 있다. 국가사회의 기반이 되는 가정과 사회를 안정시키는 방법은 단연 효제교육에 있다고 볼 수 있다. 인간다움의 궁극의 목표인 인은 만물 일체의 경지를 말하며 다른 사람을 나처럼 아끼고 사랑하는 마음의 상태이요, 현실적인 인간관계에서 다른 사람과 내가 하나(一)됨은 부모와 나의 관계에서부터 비롯된다.

다시 말하면 부모와 자식의 마음이 하나(一)이어야 한다. 부모가 자녀에게 가지는 마음은 사랑(慈)이라고 하고 자녀가 부모에게 공경하는 한 마음을 '효'라고 한다. 부모는 자식을 사랑하고 자식은 부모에게 효도하는 것(父慈子孝)이 참된 인간관계의 원형이고 시발이어야 한다.

부모에게 효도하는 자녀는 같은 부모에게서 태어난 형제에게도 한 마음이다. 그것이 바로 '제(弟)'이다. 그와 같은 원리로 작은 아버지도 아버지와 같고 작은 아버지가 낳은 아들인 4촌도 형제와 같

---

32) 위기의 가족범죄(下), 중앙일보 2009년 7월 8일자 참조.

고 같은 원리로 증조 할아버지의 자손은 모두가 6촌이요 고조 할아 버지 자손은 8촌간이다. 그래서 같은 고조할아버지에 8촌까지 벌어 진다고 하는 이른바 '동고조 팔촌(同高祖 八村)'이라고 하는데 매우 가까운 관계를 말하는 것이다. 그런데 요즘은 4촌이 없어졌다는 말 들을 많이 한다. 친 사촌은 없어지고 이웃사촌만 있을 뿐이다. 좋은 추세가 아니다.

요컨대 효제(孝弟)를 하는 것이 인간이 성장하는 기초단계이며 인격형성의 기반이 된다. 따라서 어진 본성(仁性)을 함양하는 길이 된다. 이 일의 성취는 교육기반을 구축하는 길이다.

공자의 언행이 기록된 『논어』가 우리나라의 역사, 문화, 교육, 사 회에 미친 영향은 아주 크다. 서울대 규장각에 비치된 많은 언해본 만 보아도 짐작이 간다. 낙랑군 때의 『논어』, 삼국시대에 가르쳤던 『논어』도 있었다. 그 실증이 목간으로 출토되었다.33) 조선조 중세 의 17세기의 정신적 기둥이었던 사계의 『경서변의』·『논어』의 인 효관도 재론할 필요도 없이 수용해야 한다. 지난해 사계가 주향인 돈암서원이 세계문화유산으로 등재되어 세계인이 주목해 연구대상 이 되고 있으니 『논어』의 골격은 인효다. 그럼에도 남의나라 철학 을 좋아하는 생각들 때문에 수 천 년 이어온 교육의 백년대계인 정 체와 골격을 외면하고 철학이 빈곤한 서구사상을 도입한 것은 우리 의 인성교육을 실종시킨 요인이다.

---

33) 손환일, 「한국 고대의 유교경전 기록과 목간의 서체」, 『한국사상과 문화』제87집, 한국 사상문화학회, 2017. 3.

5. 한국의 당면과제인 인성교육
정책수립을 위한 제언

우리나라는 동북아에서 역사가 아주 유구하다. 그리고 우리의 고유사상과 문화도 세계성이 절대적이다. 굳이 들어보면 동방사상 더 나아가서 전 세계의 사상사에서 철학의 원뿌리는 '천부경(天符經)'일 것이요. 세계적인 우리의 고유문화는 효문화인데 연원은 한국시대의 '한인오훈(桓仁五訓)'의 제3훈인 '효순(孝順)'이다. 나머지 1,2,4,5훈은 모두 인(仁)사상에 속한다.

다음으로 우리 국민이 알아야 할 것은 우리 겨레의 스승이요 성인이신 삼성조를 국사교육에서 잊지 말아야 한다. 즉 한국시대를 연 한인천제(桓仁天帝), 배달국을 개천한 한웅천왕, 고조선을 개국한 단군왕검황제를 칭한다.

요컨대 유교를 집성한 공자는 우리 겨레의 조상인 삼성조의 인(仁)사상과 효문화를 계승하여 세계적인 유학(儒學)으로 발전시킨 것이다. 공자의 인효론은 현대의 인성교육으로 전적으로 수용해야 한다. 따라서 『논어』읽기를 학교교육에 도입해야 한다. 사계의 『경서변의』, 『논어』도 읽어야 한다. 이 말은 현대는 근본은 무너지고 있는데 현실에 따라 살기 때문이다.

한국교육의 당면과제는 인성교육이다. 반드시 국가가 교육정책으로 세워야 한다고 제안한다. 현재 우리 사회는 자녀의 유아기 교육에서 부모의 훈육은 없다. 사교육과 해외유학을 이상 시 하는 교육방향은 바람직하지 않다고 본다.

제2장

유가의 교학사상에 의한 효교육

김 무 현

(전 경민대학교 교수)

1. 글의 시작

우리민족은 예부터 효와 충과 경로사상을 뿌리의식으로 해 예의를 지키면서 살아온 민족이다. 즉 부모님께 효도하고 나라에 충성하며 노인과 어른을 공경하는 숭고한 전통을 생명처럼 여긴 세계인류 중 가장 예절바른 심성이 착한 민족이다.

그러나 시대의 변천으로 우리민족의 전통적인 뿌리의식인 효친경로사상이 사회구조가 산업화, 도시화, 핵가족화 되는 서구적인 사고방식으로 변모하면서 백의민족의 결백성(潔白性)과 동방예의지국으로서의 자랑스러운 우리민족의 역사와 전통은 소멸위기에 처한 것만 같아 매우 염려되는 바 크다.

이로 인하여 효사상은 점차 퇴색되고 노인 경시풍조는 더욱 고조된 나머지 부모나 노인들은 거추장스럽고 귀찮은 존재로 전락되어 심지어는 노인과 부모를 구타, 또는 무참히 살해하는 잔인무도한 사건이 발생하는 등 인륜도덕은 위험수위를 오르내리고 있는 것이 오늘의 현실이다.

21세기는 바야흐로 우리의 상상을 뛰어넘는 급변하는 시대가 될 것이다. 유엔(UN)에서는 21세기를 "문화의 세기"로 규정한 바 있다. 따라서 21세기야말로 "문화전쟁의 시대가 될 것이다." 아울러 한국의 전통문화와 효를 중심으로 살펴보고, 조선시대의 기로정책(耆老政策)에 관한 연구를 통해 현 시대에서 어떻게 접목시킬 것인지를 살펴보고자 한다.

2. 효의 본질과 개념 및 당위성

1) 효의 본질

효는 결코 먼 곳에 있는 것이 아니라 바로 현재의 우리들의 행동에 있다. 즉 부모님께 근심 걱정을 끼쳐드리지 않게 하는 것이며, "가장 큰 효는 부모님을 존경하는 마음"[1]인 것이다. 또한 율곡 이이는 그의『격몽요결』「사친장」에서

> "무릇 사람이란 누구나 마땅히 자기 부모에게 효도해야 한다는 것을 모르지는 않지만 진실로 효도하는 자는 극히 드물다. 이는 부모의 은혜를 깊이 모르기 때문이다"

라고 하였다.[2] 또한 맹자는 공자의 정신에 입각하여 "인자애인유례자경인(仁者愛人有禮者敬人)"(『맹자』離婁下) 이렇듯 공자의 효친의 도로서의 애경사상을 인간도로 정립이 되었거니와 그 중에서도 경사상은 철학적 개념으로까지 확대되었다.

『효경』에 의하면 효는 처음에는 부모를 잘 봉양하고, 임금을 섬

---

1)『禮記』, 大孝 尊親 其次弗辱 其下能養.
2) 국민윤리교육연구회편,『현대국가와 윤리』, 형설출판사, 1978, 108쪽.

기고, 입신출세하여 부모님의 이름을 영예롭게 빛내는 것이라고 했다. 또한 『논어』에 의하면 효제는 인을 이룩하는 근본이라고 하여 형제간의 횡적인 우애를 중요하게 여겼다.

효는 인간의 생명으로부터 우러나는 도리이다. 모든 생명은 무한히 연속되어 끊이지 않고 발전되어 가기를 요청하는 속성을 가지고 있다. 특히 사람은 생명에 대한 애착과 존중과 경외감을 가지고 있다. 부모에게서 육신을 받은 것은 단순히 눈에 보이는 혈육만이 아니라 눈에 보이지 않는 인간 본성의 이치와 생명의 기운이다.

율곡은 이를 두고 "사람은 태어날 때 생명과 피와 살을 모두 어버이에게서 받는다. 그러므로 숨을 내쉬고 들이마시는 데도 어버이의 기운과 혈맥이 서로 통한다. 이것은 자기 자신의 몸이 자기 개인의 것이 아니며 부모에게서 물려받은 기운이다."[3]

부모가 자녀를 사랑하고 자녀가 부모를 사랑하고 따르는 것은 억지로 만들어서 하는 것이 아니라 인간의 본성에서 나오는 자연스러운 발생이다. 효는 아무런 조건 없이 행해지는 것이다. 따라서 효는 특정한 사람만이 행할 수 있는 것이 아니라 모든 인간의 만행의 근본으로 누구나 행할 수밖에 없는 것이며 인간의 본질에서 나오는 것이다.

다시 말해서 인간이 사람답게 살기 위해서는 효를 행하지 않을 수 없다. 부모와 자녀간의 친애하는 마음은 곧 형제간의 사랑을 낳게 되고 이것은 우애로 발전되고 그다음에는 이웃 사랑으로 인류애로 발전된다. 효를 이해하지 않고서는 인간을 제대로 이해할 수 없다. 효는 인간의 본질을 총체적으로 이해하고 밝혀 보려고 하는 인

---

3) 『栗谷全書』, 人子之受生, 生命血育, 皆親所遺故, 喘息呼吸, 氣脈相通, 此身非我私物, 乃父母之遺氣也.

간학의 과제가 되지 않을 수 없다.

따라서 효학의 학문적 정립을 위해서 인간학적 고찰, 즉 인간의 본질 이해를 시도하지 않을 수 없을 것이다. 인간을 바르게 이해하고 인간의 도리를 밝히려는 것이야 말로 효학의 당위성이라 하지 않을 수 없다.

효학이야말로 사람을 인간답게 만드는 근간이다. 효는 우리 사회에서 삶의 근본원리가 되는 지침을 제시해준다. 그러므로 효의 의미를 밝혀 효의 교육적 의의를 고찰하는 것은 효는 인간이 생존해가는 근본원리로서 사랑에 기초한다.

효는 단순한 하나의 덕목에 불과한 것이 아니라 인간의 기본덕목인 인(仁)·의(義)·예(禮)·지(智)·신(信)과 충(忠)·서(恕)·제(悌) 등의 덕목들이 복합적으로 어우러진 사상이다.

孝와 嚴父(敎育)·慈母(養育)로서의 父母

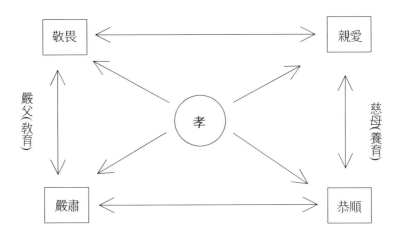

위의 그림은 효를 분석하기 위한 4가지 변수 즉 경외·친애·엄숙·공순 등을 중심으로 화살표는 각 변수간의 상호 작용의 관계를 표시한 것으로써 효는 엄부자모의 뜻을 알기 쉽게 표기한 것이다.

효를 백행의 근본이라고 일컫는 것은, 친자지간은 태초의 인간관계인 그 반경이 확대되어 가정·사회를 형성하고 가정질서는 다시 다수인 상호간의 관계로 확대되어 국가사회의 질서체계로 발전되었다. 효는 덕4)의 근본이니 효를 행한다는 것은 덕을 이룬다는(達德) 뜻이며, 덕을 이루기 위하여 효교육의 필요가 제기된다.

"효는 인간이 인간답게 살아가고자 할 때 가장 먼저 실천해야 되는 도리"5)요,

효의 관념은 역사적으로는 자연적 소산에서 혈연으로, 여겨서 가족과 종족을 기반으로 하여 성립된 질서규범이다.

"효는 성(誠)으스로 사랑(愛親)을 이루고 사랑으로써 어버이를 섬기는데 최선의 힘을 다한다는 태도를 바탕으로 하여 성립되었다"6)

불감훼상(不敢毀傷), 효지시야(孝之始也), 입신행도(立身行道), 양명어후세(揚名於後世), 이현부모(以顯父母), 효지종야(孝之終也)"7)라고 했듯이 부모와 자녀와의 관계에서 발생하고 있으며 효의 주된 내용은 부모로부터 받은 신체발부를 훼상하지 않고 입신행도하여 후세에 양명하는 것이며 먼저 사친에서부터 출발하는 것이라고 한다. 따라서 부모와 자녀의 관계는 가족공동체 내부의 개별관계로써 시작되고 있으며 효 그것 자체도 이러한 개별관계를 기

---

4) 『孝經』明宗明誼章, "대저 효라는 것은 덕의 근본이다." 德, 內得於心, 外得於物, 得, 事宜也라 하였으니 德은 즉 사물의 當宜性을 추구함을 뜻함.

5) 金裕赫,「孝忠思想 中 孝의 本質編」, 단국대학교 출판부, 1977, 3쪽.

6) 『論語』, 聖者, 天之道也, 誠之者, 人之道也.

7) 『孝經』明宗明誼章.

조로 하는 가족공동체 내부규범이라고 할 수 있다. 이러한 개별관계에서는 자녀의 윤리적 의무를 가지고 있으나 법적인 외면적 규제는 아니며 근원적으로 자녀의 내면적 자발성에 의존하고 있다.

"자왈(子曰), 부효(夫孝), 천지경야(天之經也), 지지의야(地之義也), 민지행야(民之行也)"[8]

라고 하였듯이 공자는 부모와 자녀와의 개별적인 관계를 일종의 자연법적인 기초를 가진 관계규범으로 해석함으로써 효를 개별 개념으로부터 보통 개념으로 전환시키고 있다. 그러면서 "자왈(子曰), 부효(夫孝), 덕지본야(德之本也)"[9]라고 하였듯이 효를 덕목의 기본적인 덕이 된다고 하였다. 그리고 동시에 구체적으로 천자지효(天子之孝), 제후지효(諸侯之孝), 경대부지효(卿大夫之孝), 사지효(士之孝) 및 서인지효(庶人之孝)로 구분하여 각각 효를 실천규범으로 삼았다. 이와 같이 효가 발생적으로 부모와 자녀와의 개별적인 관계에서 오는 윤리적인 규범이었지만 일종의 자연법적인 기초를 내포하면서 통치원리로써 확대되었다.

효 개념 그 자체가 보편적인 정치적, 사회적 규범으로 변질됨으로써 "고당불의(故當不義), 즉자불가이부쟁어부(則子不可以不爭於父), 신불가쟁어군(臣不可爭於君), 고당불의(故當不義), 즉쟁지(則爭之), 종부지령(從父之令), 우언득위효호(又焉得爲孝乎)"[10] "그러므로 불의를 당하면, 자식이 아버지에게 간쟁하지 않으면 안 되고, 신하가 임금에게 간쟁하지 않으면 안 된다. 그러므로 불의를 당하면, 간쟁

---

8) 『孝經』三才章.
9) 『孝經』開宗明誼章, "대저 효라는 것은 덕의 근본이다"
10) 『孝經』諫爭章.

하는 것이니, 아버지의 명령을 따르는 것이 또 어찌 효"가 될 수 있 겠는가!!"라고 하여 이념적으로는 부모에 대한 자녀의 효 내지는 군 에 대한 신의 충의 일반적 무조건적인 복종의무가 아님을 명백히 하고 있다. 효충의 보편주의적 원리는 공자가 "군군, 신신, 부부, 자 자"[11]라고 하였듯이 군, 신, 부, 자가 각각 자기의 명분을 지켜야 한 데서 더 잘 나타나고 있다. 그러나 군, 신, 부, 자가 절대적이며 보 편적인 천지경(天之經)에 준할 것을 당위로 하면서도 그 당위적인 것의 의미가 각각의 내면적인 자발성을 전제로 하는 윤리적인 성격 을 가지고 있음으로 결코 군신, 혹은 부자 각각의 면분(面分-의무)관 계가 상호 쌍무적인 것을 의지하지는 않는다. 이 점이 바로 권리와 대응관계에 있는 근대적인 법적 의무와 다른 측면이다.

> "자왈(子曰) 효자지사친야(孝子之事親也)에 거즉치기경(居則致其 敬)하고 양즉치기락(養則致其樂)하고 병즉치기우(病則致其憂)하고 상즉치기애(喪則致其哀)하고 제즉치기엄(祭則致其嚴)이니 오자(五 者)가 비의연후(備矣然後)에 능사친(能事親)이니라"[12]

는 말은 효자가 부모님을 섬김에 평상시에는 부모님 공경하는 일을 지극히 하고, 봉양할 때에는 부모님의 즐거움을 지극히 하고, 병을 앓으실 때에는 자신의 근심을 지극히 하고 상사 시에는 슬픔을 지 극히 하고, 제사 지낼 때에는 그 엄숙함을 지극히 해야 할 것이니, 이 5가지가 갖추어진 연후에야 부모님을 잘 섬기는 것이다.

그러므로 고대로부터 효의 형식은 자신을 보호[13], 부모 공경[14],

---

11) 『論語』顔淵篇.

12) 『孝經大義』傳7章.

13) 『孝經』開宗明誼章.

부모 봉양15), 부모에 대한 복종16), 종사17), 행상제례(行喪祭禮)18), 입신양명19) 등 7개의 효목(孝目)으로 대별하였다.

허나 이런 효목들은 모두 추상성의 도가 높은 것들이기 때문에 사람에 따라 다른 의미로 받아들여질 수 있다. 추상이 높은 의미는 추론에 의하게 되고 추론은 개인의 연령, 능력, 경험, 환경 등에 따라 달라진다.

그러므로 효가 부모에게 예속되고, 윗사람만을 공경하고, 부모만을 위해 자기를 희생하고 부모에게 절대 복종하며, 출세하고 대를 잇고 상제례(喪祭禮)에 형식을 따르고, 보은만을 강조하는 것으로 받아들여질 수 있는 것이라면 자아실현 및 확대 또는 사회적 성숙이 중단된 것으로써 개인적 행복은 물론, 민주화와 성숙사회 및 대동 사회 건설을 저해하는 것이라는 의견도 있다.

그리하여 오늘의 효의 본질은 자신의 안전과 건강을 도모하고, 예로써 화합하며, 부모님을 위해 봉사하고 명에 순종(합리적인 면)하여 맡은 과업을 성실히 수행하고, 선행을 행하여 자신의 근본을 자각하고 부모를 위하듯 전체를 위하기를 강조하는 덕목으로 받아들여질 수 있는 것이라면 21세기를 맞이하는 세기의 흐름에 부응키 위해 효의 본질을 정립함에 있어 각 개인의 인격과 인간성의 존엄을 중시하는 측면에서도 정의, 사랑, 정직, 평화, 자유, 평등이 내재된 효개념 정립이 긴요하다 하겠다.

---

14) 『明心寶鑑』孝行篇.

15) 『明心寶鑑』孝行篇.

16) 李珥, 『小兒須知』.

17) 『孟子』7, 離婁章句上 第26章.

18) 『論語』爲政篇, 死藏之禮, 祭之之禮.

19) 『孝經』開宗明誼章.

그러므로 이는 자아실현이 확대된 사회적인 성숙의 한국적 표현으로서 민주시민으로서 갖추어야 할 자질을 뜻하는 것뿐만 아니라 개인의 행복을 성숙사회[20]와 세계인류를 위해 크게 공헌할 수 있는 예절 한국인의 모습을 드높이는 기틀을 마련케 할 것이다.

전통한옥에 담긴 생활예절

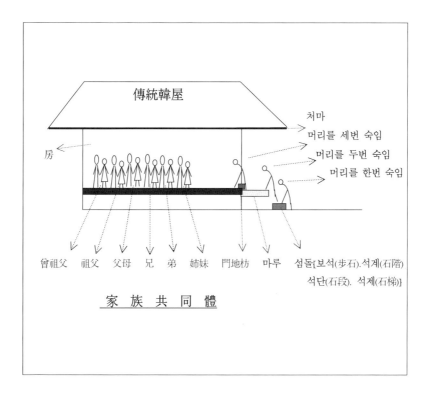

전통한옥의 생활예절은 가족공동체 일원으로서 방안에 들어갈

---

20) David C. McClant, 『성숙한 사회』, 송복 역, 탐구당, 1975, 75쪽.

때는 머리를 세 번 숙이고 들어가는 상징적 의미인바 이는 철저하게 겸손과 공손을 뜻하는 깊은 의미로 자연스럽게 예절을 습관화시키는 큰 뜻이 있음.

※ 簷(처마 첨) ; 처마라는 의미는 동양 가옥의 완성된 형태로서 그 의미는 竹(대 죽) 人(사람 인) 厂(민엄호) 儿(어진 사람인) 言(말씀 언) 자가 합한 글자인 바 **가족공동체**와의 생활을 시작하는 자세야 말로 마음과 몸가짐을 **겸손과 공손**한 자세만을 갖고 가족에게 사랑과 정만을 주겠다는 대화를 나눔으로서 오직 이타적인 굳은 의지의 자세를 나타내는 의미가 있음.

2) 효의 개념

효를 "백행의 근원이요 인도지본(人道之本)"21)이라고 한 것은 친자지간은 태초의 인간관계인바 이것이 연결되어 가정·사회를 형성하고 가정질서는 다시 다수인의 상호관계로 확대되어 국가사회에 질서체계로 발전하였다.22)

그러므로 효는 생활의 본질을 학습하는 교육의 원천23)인 까닭에 실행을 하지 않으면 안 된다. 또한 효는 덕의 근본이니 효를 행하는 것은 덕을 이룬다는 뜻이다. 덕을 이루기 위해서는 교육이 필요하다. 그러므로 "오상"24)의 도리로써 교육을 정립하고 이로 인해 "오륜"25)의 도가 바로잡힐 때 효의 근본개념이 구현될 것이다.

---

21) 孝者: 天地之經, 人道之本, 誠有天下國家者之所先務也.

22) 『孝經』孝優劣章.

23) 『孝經』, 夫孝, 德之本也, 敎之所由生也.

24) 金裕赫, 전게서, 2쪽(五常-仁·義·禮·智·信).

효의 내용을 고찰한다면,

첫째로, 집안(夫婦之間)에서 베풀어지면 화목으로 나타나고,

둘째로, 지역사회에서 행해지면 신(信)으로 승화되며,

셋째로, 바깥 사회에서 어른을 섬기는 윤리의 바탕이 된다면 순(順:悌)으로 나타나며,

넷째로, 하향적으로 아랫사람에게 미치면 "자(慈)"26)로 표현되고,

다섯째로, 국가에 봉사한다는 측면으로 전이하게 되면 "충(忠)"27)으로 승화되고,

여섯째로, 효의 본질적 성향에 입각하여 국민을 다스리면 애민(愛民)의 윤리로 나타나게 된다.

효가 가지는 규범적 당위성은 자아의 경우에 있어서 위로는 부모를 봉양하고 아래로는 자녀를 양육한다는 상봉하솔(上奉下率)의 봉사윤리로 엄존하게 된다. 효란 시대의 변천에 따라 그 개념도 다를 것이다. 그 기반을 구하는 데는 고전적 효 개념에서 현대적 재음미라는 상호보완적 관계가 이루어져야 하겠다.

첫째, 공자의 인에 근거를 둔 경애사상을 살펴보면, 공자의 인은 그것이 아직 인의로 분화되기 전에는 인도로서의 "인"28)이지만, 그의 본래적 의미는 친친에 있다.29) 친친이란 혈연적 윤리관계를 가리키는 것으로서 부자형제의 윤리가 그의 기본을 이루는 것이다.30) 유가의 가족윤리는 효제애(孝悌愛)라는 고전적 형태에서 다시금 공

---

25) 五倫: 『孟子』 滕下公上.

26) 『大學』, 慈者, 父母之高行也, 愛幼少曰慈, 上愛下曰慈.

27) 『高麗史』 卷 121, 列傳 34 忠義.

28) 『論語』學而篇.

29) 『中庸』, 仁者, 人也, 親親爲大, 義者, 也, 尊賢爲大, 親親爲, 尊之等, 禮所生也"

30) 『周易』序封傳.

자교에 의해 효제이덕(孝悌二德)이 인의 근본이 되고 있음을 볼 수 있다.

이는 공자의 "존주사상(尊周思想)"31)과도 깊은 관계가 있지만 유약(有若)32)이 말한 바와 같이 부모에 효도하며 형제끼리 우애(弟)하는 것이 인격 형성(仁)의 근본됨을 지적하였다. 뿐만 아니라 공자의 효의 근본개념으로 "경(敬)"을 중요시하였다. 공자의 제자 중 예중론자(禮重論者)인 자유(子游)와 자하(子夏)의 질문에

> "요즈음 효도란 봉양만 잘 하면 되는 줄 안다. 그것쯤이랴 개나 망아지도 할 수 있는 일인데 공경(敬)하지 않는다면 다를 데가 없지 않는가?"33)

이와 같이 공자는 효를 법도(形式)로써 부모를 봉양하기에 앞서 공경하는 마음(精神)이 본질적으로 깔려 있는 효도가 아니면 참된 효도가 아님을 역설한 것은 오늘에 있어서도 변할 수 없는 효의 본질이다.

---

31) 周 왕조는 봉건국가로써 周公에 의해 장자승계제도가 확립.
32) 공자의 후계자로 지목되리만큼 공자사상을 깊이 이해한 제자.
33) 『論語』爲政篇.

東洋의 人事法

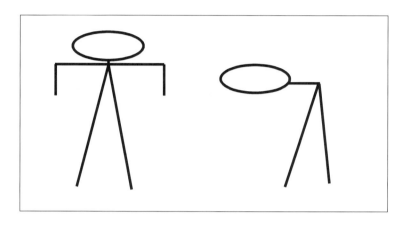

人 <u>사람</u> 인　　　　뜻 + 음(음은 곧 글자의 이름임)

事 <u>섬길</u> 사　　뜻 + 음

　 일　사　　뜻 + 음

　※ 인사란 뜻은 "사람을 섬기는 일" 로서 섬긴다는 의미는 상대
방에 대하여 경의를 뜻 하는바 자신을 낮추는 상징적 의미로 머리
를 숙이는 것임

　동양의 인사법은 상대방을 향해서 머리를 숙이는바 철저하게 **공
손과 겸손**을 상징적으로 표현한 것으로서 <u>수직적 의미</u>를 나타내고,
서양의 인사법은 머리를 숙이지 않고 동등한 자세로 부모나 스승이

나 선배나 상사를 오직 You(너)라는 수평적 의미를 나타냄으로써 본질적으로 동서양의 인사법은 근본적으로 상이함.

맹자의 오륜에 바탕을 둔 친애사상으로 효의 개념을 찾아보면

> "어느 일치고 일 아닌 것이 있으랴마는 부모 섬기는 일이 일의 근본이니라."[34]

하였으니 그는 효를 백행에 우선하는 행위로 보았고 "요순의 도도 효제일 따름이다"[35] 하였듯이 맹자는 공자의 경의 효를 유가의 중심사상으로 정립했고 맹자의 오륜은 현대적 평등윤리로 그 궤를 같이 하고 있다.

이제 효의 개념을 분명히 하기 위하여 불효의 개념을 정립해 보고자 한다. 맹자가 지적한 "오불효"는 "세상에서 흔히 불효라는 것에 다섯 가지가 있다. 그들의 수족을 게을리 하여 부모의 봉양을 돌보지 않는 것이 첫째 불효(惰其四肢)요, 도박, 잡기, 음주 등을 즐기면서 부모봉양을 돌보지 않는 것이 둘째 불효(博奕好飲酒)요, 구두쇠 같은 재물욕심에 제 처자만을 알면서 부모봉양을 돌보지 않는 것이 셋째 불효(好貨財私妻子)요, 가무음곡을 즐기면서 멋대로 놀아나며 부모의 체면을 손상시키는 것이 넷째 불효(從耳目之欲)요, 용기를 좋아하며 패거리들과 휩쓸려 다니면서 부모신변에까지 위험을 미치게 하는 것이 다섯째 불효(好勇鬪狼)요" 이렇듯 자기행위가 부모에 대해 근심걱정을 끼침은 물론 생활에까지 위협을 주는 때에

---

34) 『孟子』離婁上.
35) 『孟子』告子下.

는 불효가 되는 것이요, 효란 저절로 부모에게 근심 걱정을 끼쳐 드리지 않으면 안 되는 것이다.

율곡 이이의 '사창계약속'에는 부모에게 불효하거나, 부모를 구타하거나, 부모를 떠밀어 넘어뜨리는 행위를 대과악이라고 하여 처벌하도록 규정하고 있다. 우선 '사창계약속'에서는 범인을 관청에 고발하여 처벌을 받게 하고 그 후에 계에서 쫓아내고, 무리나 불을 나누어 주지 않고, 대화도 주고받지 않도록 했다.

그리고 부모에게 낯을 붉히며 대드는 행위, 순종하지 않는 행위, 봉양하지 않는 행위, 상중에 애통해 하지 않고 술을 마시는 행위. 제사를 엄숙하게 지내지 않는 행위는 그 범인을 불러다가 많은 사람 앞에서 꾸짖고 뜰에 세워 놓거나 따로 앉혀 놓았다. 그리고 부모 앞에서 단정하게 앉지 않고 걸터앉거나 소나 말을 타고 가다가 내리지 않는 행위도 그 사람을 여러 사람 앞에서 꾸짖도록 하였다.

불효행위는 자녀가 부모에게 범하는 행위이다. 사람은 누구를 막론하고 부모에게 가장 큰 사랑을 받고 은혜를 입는다. 모든 것을 희생하여 자기를 사랑하고 은혜를 베푸는 부모를 공경할 줄 모르는 사람이 이웃을 사랑하기 어렵고 나라에 봉사하기도 어려운 것은 명약관화하다.

부모가 조건 없이 자녀를 사랑하듯 자녀도 조건 없이 부모를 공경해야 하건만 부모에게 순종하지 않고, 대들고, 부모를 욕하고 폭행하고, 심지어 부모를 살해하는 행위는 엄벌해야 한다. 현행법에서는 존속살해죄, 존속상해죄 등이 규정되어 있고 이러한 범죄는 특별히 가중처벌토록 규정되어 있다. 존속에 대한 범죄를 가중처벌하는 나라는 많지 않다.

그리고 사람의 생명은 존속이거나 아니거나 모두 평등한 것이므로 존속살해죄는 '법 앞에 평등하다'는 원칙에 위배된다고도 한다. 그러나 이러한 법률규제는 역사적, 사회적, 윤리적 측면에서 깊이 연구되지 않고도 쉽사리 결론에 도달하기 어렵다. 그러므로 불효행위를 처벌하는 근본적 이유가 어디에 있는지를 살펴볼 필요가 있다.

세상에 부모들은 대체 무엇 때문에 자녀들이 효도하기를 바라고 불효하기를 바라지 않는 것일까? 자녀들을 혹사시키고 착취하고 희생시켜서 호의호식하기 위한 것은 아니라는 것을 자녀들은 이해해야 한다. 자녀들이 완벽하게 효도하기는 어렵다. 다만 효도하려고 노력할 따름이다. 부모도 자녀들의 완벽한 효도를 기대하지는 않는다. 모자라나마 노력하는 것을 보아도 만족을 얻는다. 그러기에 법에서도 최소한의 효도를 기대하고 그것을 실천하기를 요구하며 만일 그 최소한도의 효도에도 미치지 못하는 패륜행위를 처벌하도록 규정하고 있다.

효도는 도덕적 행위요, 불효는 반도덕적 행위다. 도덕은 인간에게 도덕적 행위를 명하고 반도덕적 행위를 금지한다. 법은 인간에게 합법적 행위를 명하고 위법적 행위를 금지한다. 도덕적 행위와 합법적 행위는 근본적으로 다른 것이 아니다. 다만 행위의 수준에서 차이를 보일 뿐이다.

도덕적 행위에서 요구되는 수준의 한계가 명확하지 않고 매우 넓은 편이지만 법적 행위에서 요구되는 도덕적 수준의 한계가 최소한도에 그친다. 따라서 법에서는 '적어도 이것만은 실천해달라'고 요구할 뿐이다. 그러므로 인간에게 법이 요구하는 최소한의 도덕행위를 실천하지 못하면 처벌받는다. 인간은 법을 두려워할 줄 알고 법의 은혜를 깨달아야 한다.

법을 두려워 할 줄 모르면 법의 제재를 받는다. 법의 은혜를 깨닫지 못하면 법을 배신하게 된다. 법은 인간에게 있어서 최소한의 양식을 지켜주는 행위이고 인간의 권리를 보장해주고 사회의 질서를 지켜주며 국가의 안녕을 유지해준다. 법은 인간에게 양심을 지키라고, 도덕을 지키라고, 아름다운 미풍양속을 지키라고 명령한다. 양심과 도덕과 아름다운 미풍양속을 지키지 않으면 법은 인간에게 철퇴를 휘두른다.

인류사회는 그 어디서나 죄도 많고 벌도 많다, 다만 그 유형이나 방법의 차이가 있을 뿐이다. 사회구조의 변천과 과학의 발달에 따라 예전에 없었던 새로운 죄가 나타나고 벌도 비슷한 양상을 띠고 있다. 인간은 죄와 벌을 두려워할 줄 알아야 한다. 바늘 가는데 실 가는 것처럼 죄가 있는 곳에 벌도 있다. 죄가 작으면 벌도 작고 죄가 크면 벌도 크다. 공자님이 말하기를 오형에 속하는 죄가 삼천 가지가 되지만 그중에서 불효보다 더 큰 죄는 없다고 하였다(孔子曰 五刑之屬 三千而罪 莫大於不孝).

효는 부모를 섬기는 것이다. 잘 섬기기 위해서는 여러 가지 방법이 활용될 수 있지만 우선은 잘 계승하는 것이 중요하다. 육체적으로 계승하는 동시에 정신적으로도 계승하는 것이다. 육체적으로 계승하기 위해서는 우선 건강한 몸을 보존해야 하고, 정신적으로 계승하기 위해서는 부모님의 뜻을 잘 이해해야 한다.

부모님은 살아서나 돌아가셔서나 언제나 후손에게 보람 있게 살기를 원하신다. 출세를 원하시지만 그보다는 바르고 성실하게 살기를 원하신다. 부모님의 뜻에 따라 바르고 성실하게 살면 땀 흘려 일하게 되고 남은 속이지 않게 된다. 자녀에 대한 부모의 자애가

거룩한 것처럼 부모에 대한 자식의 효도도 또한 거룩한 것이다. 이
것은 부모와 자녀의 사랑이요 그 어느 것이라고 더 중요하거나 덜
중요한 것은 없다. 자애와 효도는 한민족의 자랑이요, 한민족의 전
통이요, 한민족의 영원한 가치이다.

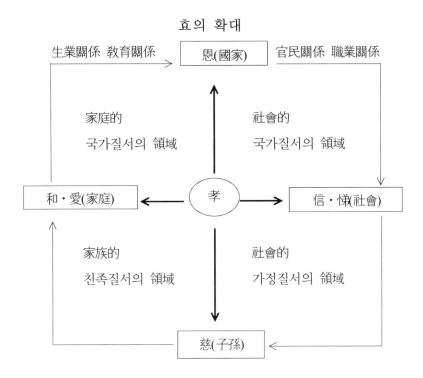

효의 확대

生業關係 教育關係　　恩(國家)　　官民關係 職業關係

家庭的
국가질서의 領域

社會的
국가질서의 領域

和·愛(家庭)　　孝　　信·悌(社會)

家族的
친족질서의 領域

社會的
가정질서의 領域

慈(子孫)

父子關係 夫婦關係 兄弟關係 隣里關係
縱的社會關係倫理　橫的社會關係倫理
忠·孝·慈 忠·孝·慈
報國倫理 事親倫理 父慈倫理 相互倫理 交誼倫理 協和倫理

* 효의 윤리적 본질은 인간으로서의 생활을 보다 아름답게 영위하자는 윤리적 본질을 추구해 나감으로써 효에 관한 인식을 제고시킴.

　인류사회에는 예로부터 죄와 벌이 있었고 죄와 벌을 규정한 법을 형법이라고 부른다. 따라서 형법은 행위가 죄가 되는지를 규정한 동시에 그 죄가 되는 행위를 어떻게 처벌하는 지를 함께 규정하고 있다. 조선시대에는 건국초기부터 『경국대전』, 『속대전』, 『대전통편』, 『대전회통』, 『형법대전』 등과 같은 법전이 간행되었는데 그중에서 범죄와 형벌을 규정한 형전에서는 『대명률』을 가지고 시행한다고 규정하였다. 그런데 대명률은 중국에서 시행하던 법률인 까닭에 우리나라 실정에는 잘 맞지 않는 규정이 포함되어 있어서 우리나라의 실정에 맞도록 다수의 수정을 가한 것이 이른바 『대명률직해』이다. 『대명률직해』의 총론에는 십악이라는 것이 규정되어 있고 그중에는 불효가 포함되어 있다. 십악은 가장 대표적인 범죄 열 가지를 열거한 것인데 불효에 대하여는 다음과 같은 행위가 규정되어 있다.

　※ 『大明律直解』의 十惡
　1. 부모나 조부모를 고소하거나 고발하는 행위
　2. 부모나 조부모에게 악담하는 행위
　3. 부모나 조부모에게 욕설하는 행위
　4. 호적을 옮기는 행위
　5. 재산을 분할하는 행위
　6. 부모나 조부모를 공양하지 않는 행위

7. 상중에 혼인하는 행위

8. 상중에 풍악을 즐기는 행위

9. 상기 안에 상복을 벗는 행위

10. 상을 당한 사실을 사람들에게 알리지 않는 행위 및 거짓으로 발상하는 행위.

이러한 행위는 십악에 속하는 불효악이라는 것을 말한다.

불효에 대한 정의는 다음과 같이 규정한다.

1. 조부모나 부모를 모살하는 행위. 이러한 행위를 착수할 경우에는 비록 미수에 그쳤다 하더라고 모두 목을 벤다. 이미 죽었을 때는 능지처참(陵遲處斬)한다.

2. 조부모나 부모를 구타하는 행위. 만일 구타하여 치사하였을 때는 능지처참한다. 과실로 인하여 치사케 하였을 때는 장형 일백대와 유형삼천리에 처한다. 과실로 인하여 상해하였을 때는 장형백대 도형(징역)3년에 처한다.

3. 조부모나 부모를 꾸짖는 행위. 교수형에 처한다. 다만 부모가 고소하였을 때에만 처벌한다.

이밖에도 이사를 시키거나 변방의 군대에 복무하게 하거나 파직 또는 파역(罷役)시켰다. 조부모나 부모를 살해하는 행위는 불효행위이고 이러한 죄를 가리켜 강상을 파괴하는 죄라고 한다. 조선시대의 경우를 보면 부모를 죽이는 사건이 일어나면 범인을 엄벌하는 한편 그 범인이 살던 집을 헐어내고 그 자리에 연못을 팠으며 그읍의 이름을 강등하고 고을수령을 파멸하는 엄격한 형벌을 가했다.

조선시대의 교육을 살펴보면 모든 교육 중에도 효도에 대하여 특별히 힘을 기울였다. 어렸을 때는 글방에서 맨 먼저『천자문』을 가르친 다음『계몽편』,『동몽선습』또는『명심보감』,『효경』을 가르쳤다.『천자문』을 제외한 이 네 가지 책에는 무엇보다도 효를 크게 다루고 있다. 건강한 사회를 지탱함은 법이나 물질보다 예절과 효도이다. 효도의 근본적인 목적은 인간이 살아가는 한 방법이다. 대가족제도에서 잘 지켜지던 효도가 세월의 흐름에 따라 점차 핵가족화 되면서 점점 잊혀져가는 현실이 참으로 안타깝다. 사회가 복잡해지고 인간미가 상실되고 가치관이 혼돈된 오늘의 실태에서 과연 전통적인 효도는 무엇이며 현재의 우리가 지켜야 할 효도는 과연 무엇인가?

우리 민족의 전통적 생활 풍속에는 인간존중의 정신과 효친경로 사상의 정신이 뿌리 깊이 흐르고 있다. 그러나 고도 산업사회로 치닫고 있는 현시점에서 물질문명의 확대에 따라 도시화, 산업화의 영향으로 인간 가치관을 혼란과 인간 소외 현상들을 문제가 점차로 심각해지고 있음을 간과할 수 없다. 특히 저출산 고령화 추세는 국가 민족의 존립을 위협하는 국가 정책상 심각한 과제로 대두 되고 있다. 이에 그 심각성에 대한 문제제기 및 고령화를 대비한 효의 당위성을 제기하고자 한다.

3) 효의 당위성

우리나라도 다른 선진국처럼 급속하게 고령화사회(Aging Society)로 옮겨가고 있다. 2000년도에 65세 이상 노인 인구가 전체 인구의 7.1%인 337만 명에 이르더니 2002년도에는 이미 7.9%를 차지했다. 이런 추세라면 2022년에는 노인인구 비율이 현재의 2배가량인

14.3%에 도달하게 될 전망이다. 신생아 수가 감소하는데 비해 노인 인구가 증가일로에 있어 우리사회는 2022년 보다 앞서 이른바 고령 사회(Aged Society)로 진입할 것으로 전망된다.

연구결과에 따르면 2000년도 노인부양비(노인인구 / 생산연령인 구)는 10%로 생산연령(15세∼64세) 인구 약 10명이 노인 1명을 부양하나, 2022년에는 20.8%로 증가하여, 생산연령인구 약 5명이 노인 1명을 부양하는 수준이 될 것이라는 예측이다. 또 하나 주목할 점은 2000년도 노인부양비는 유년부양비(14세 이하인구 / 생산연령 인구)의 1/3 정도이었으나, 2022년에 이르러도 이와 비슷한 수준을 벗어나기 어려울 것이라는 점이다. 노인부양에 드는 공·사적 비용이 자녀부양에 비해 약1.7배로 높다는 점을 감안하면 실제적인 노인부양비는 훨씬 빈약해질 것으로 추론된다.[36]

그런데 자녀수의 감소와 여성의 경제활동 참여 증가로 전통적인 가족 구성원들에 의한 노인 부양기능은 점점 더 약화되고 있는 추세이다. 자녀와 동거하는 노인의 비율이 1985년도 78.3%에서 1990 년도 66.4%, 1994년도 55.9% 1998년도 48.6%로 점점 줄어들고 있고, 혼자 사는 노인도 1990년도 8.9%이던 것이 1994년도 16.2%, 1998년도 17.9%로 점차 증가 추세를 보이고 있다.[37]

더 나아가 전통적인 가족윤리의 해이로 법적인 부양의무자들이 부양을 기피함으로써 최저생활을 유지하기 어려운 노인가구도 늘어나 2002. 3 현재 부양기피 등에 따른 기초생활보장 수급자로 보호받는 노인가구도 2만 4천 가구에 이른다.[38]

---

36) 국무조정실 정책평가위원회, 「고령사회에 대비한 노인보건·복지정책 평가」, 2001. 4, 1쪽 이하 참고.
37) 정경희 외, 「98년도 노인생활실태 및 복지욕구조사」, 1998, 자료 참고.

고도산업・정보화 사회로 이행하면서 고령화 사회와 고령사회를 우리는 당장 목전에 두고 있다. 핵가족화의 개인주의가 확산되면서 가족의 노인 부양기능이 약화되는 가운데 전통적인 경로효친사상마저 사양기로 치닫고 있다.

　그동안 이와 같은 사회변동을 고려하여 노인복지 차원의 대책이 전혀 없었던 것은 아니다. 하지만 관련대책이 종합적・체계적이지 못하고 즉흥적・산발적이었고, 경로 우대제도나 효행자포상 등 전통적인 효의 강조 수준에 머물렀다. 부양제공자로서 가족 역할에 상응한 통합적인 지원책이 구비되지 않았고, 해체되어 가는 가족윤리문제에 대한 대응책도 미미했었다. 우리의 정신적・윤리적 전통인 효도가 오늘의 사회상이나 시대상황에서 단지 윤리차원에 머물러야 할 가치인지 아니면 강화된 법적 보호의 대상이 될 법익으로서의 적격을 갖고 있는지를 검토해 볼 필요가 있다. 이점은 법과 윤리의 관계에 관한 아주 오래된 담론의 대상이기도 하다.

　효도는 가족윤리일 뿐만 아니라 사회적 기본윤리의 구성부분이요 더 나아가 인륜의 대본에 속한다. 그것은 봉건적 가족제도의 유산이라고 탓하는 것은 가족제도와 그 변천에 관한 인류문화사적 공통인식에 부합하지 않는다. 물론 계몽주의 이래로 개인이 자유롭고 평등한 법주체로서 등장했고, 그에 따라 가족, 사회, 국가, 법제도 전반에 변화를 가져온 것이 사실이다. 하지만 가족, 사회 또는 국가라는 차원에서 개인과 개인의 관계, 개인과 집단의 관계는 획일적인 변화 속에 진보해 온 것이 아니다. 사회 체제의 변화나 국가 체제의 변화가 훨씬 유동성 있게 진행되기도 했고, 같은 사회체제 속

---

38) 대한변협, 2002년도 인권보고서(제 17집), 219쪽 이하.

에서도 어떤 공동체적 질서는 완만하게, 어떤 질서는 빨리 해체되기도 했다. 이런 와중에서도 가족제도와 가족 구성원 강의 인격적인 연대성과 일체성은 가장 완만한 변화 속에 있고, 또 이연대성과 일체성의 근본토대는 격변하는 사회구조의 변혁 속에서도 생명력을 그대로 유지해 왔다.

우리나라의 가정은 지금 존립위기를 겪고 있다. 갈수록 한국의 가족 제도는 매우 불안정해지고 있다. 우리나라에서도 매년 이혼율이 증가하고 있다. 2002년 3월 통계청이 발표한 "2001년 혼인 이혼 통계결과"에 의하면 2001년 혼인건수는 32만 1천 건, 이혼은 13만 5천 건이었다. 2000년 에 비해 결혼은 1만 4천 건이 감소하고, 이혼은 1만 5천 건이 증가하였다. 2003년 5월 통계청이 발표한 바에 의하면, 2002년 혼인건수는 30만 6천 건, 이혼은 14만 5천 건이며, 전년도에 비해 혼인은 13만 5천 건이 감소하고, 이혼은 1만 3천 건이 증가하였다. 출생아 수는 2000년 63만 7천명, 2001년 55만 7천명, 2002년 49만 명으로 해마다 감소하고 있다.

전반적으로 이혼 증가율이 결혼 증가율보다 훨씬 앞서고 있을 뿐만 아니라 고령층의 이혼율 증가는 심각한 자녀문제로 양산하고 있다. 이처럼 이혼율이 증가하고 혼인율과 출산율이 감소하는 것이 바로 가정 붕괴의 조짐이다. 2002년도의 한국의 이혼율은 세계에서 2번째, 저출산은 세계1위에 이르고 있다. 가정위기의 극복과 인간성 회복의 문제는 장기적인 안목을 가지고 연구하도 근본적으로 교육혁신을 통해서만 가능하다고 생각한다.

가정보호와 인간성 회복이야말로 학교교육뿐만 아니라 가정교육, 종교교육, 사회교육 등 모든 교육에서 최우선의 과제라고 해도 과언이 아닐 것이다. 인간의 존엄성을 지키는 일은 우리가 생명을 부여받은 순간부터 죽기까지 우리에게 부과된 숙명적인 과제가 아닐 수 없다. 그러므로 인간성회복과 인간존중의 핵심이 바로 효교육이라고 생각한다.

효는 인간의 생명으로부터 우러나는 도리이다. 모든 생명은 무한히 연속되어 끊이지 않고 발전되어 가기를 요청하는 속성을 가지고 있다. 특히 사람은 생명에 대한 애착과 존중과 경외감을 가지고 있다. 부모에게서 육신을 받은 것은 단순히 눈에 보이는 혈육만이 아니라 눈에 보이지 않는 인간본성의 이치와 생명의 기운이다. 율곡은 이를 두고 "사람은 태어날 때 생명과 피와 살을 모두 어버이에서서 받는다. 그러므로 숨을 내쉬고 들이마시는 데도 어버이의 기운과 혈맥이 서로 통한다. 이것은 자기 자신의 몸이 자기 개인의 것이 아니며 부모에게서 물려받은 기운인 것이다.

3. 조선시대의 경로정책

조선시대에 있어서 통치철학을 유교로 정함으로써 부자자효는 인간애의 출발의 덕목으로써 인, 의, 예, 지, 신의 인격적 완성을 지상목표로 가르친 유교가 인간관계에 있어서는 충, 효, 제를 내세워 그 중에서도 특히 효를 백행의 근본으로 클로즈업시켜 마침내는 수신제가치국평천하의 체계를 갖춘 것은 물리적 필연이자 동시에 그 당시 동양사회의 가부장적 질서유지를 위한 정치 현실적 요청이기도 했던 것이다.

불쌍히 여기는 마음은 인이요 부끄러워하는 마음은 의며 공경할 줄 아는 마음은 예요, 옳고 그름을 가릴 수 있는 마음은 혜이다. 인, 의, 예, 지는 밖에서부터 나를 녹여 들어오는 것이 아니고, 본래부터 내가 지니고 있는 것이지만 사람들이 생각하지 못하는 것 일 뿐이다. 효를 덕의 근본이라고 하는 것은 부모·자식 간의 애정을 연장하여 남에게까지 미치면 세인들은 그야말로 군자로써 높이 볼 것이며 또한 그 애정을 나라에 바치면 애국자가 되는 것이다.

수신제가치국평천하의 보이는 것처럼 오랜 기간에 걸쳐 스스로를 갈고 닦는 수기의 과정을 거치지 않고서는 고매한 기품을 지닐 수 없다.

1) 조선건국의 의미

한나라가 세워지면 그 나라의 교육이념이 세워진다. 그 나라의 교육이념에는 그 나라 백성에게 가르쳐야 할 기본가치관이 담겨있다. 조선을 창건한 이성계가 수도를 한양으로 옮기면서 사대문과 종각을 세웠다. 사대문과 종각에는 인간이 항시 지니고 떳떳이 행해야 될 오상인 인.의.예.지.신을 사대문과 종각에 이름으로 기록했다. 인.의.예.지.신은 도덕과 윤리의 기본정신을 건국이념에 강조했다고 할 수 있다.

고조선의 건국이념은 홍익인간이다. 이는 한민족에 있어서 교육의 기본이념이다. 홍익인간이라는 말의 뜻은 "널리 인간세계를 이롭게 함"이다. 그리고 한민족은 경천애인사상을 갖고 있다. 즉 하늘을 경애하고 이웃을 사랑하라는 사상이다. 조선왕조의 건국이념인 인.의.예.지는 인간으로써 끝까지 지녀야 할 인성교육으로써의 인격의 요소라 하여 사단이라고 한다. 그리고 여기에 하나 더 "신"을 첨가하여 항상 인간이 지녀야 할 다섯 가지 요소로 삼았다.

조선왕조를 세운 태조 이성계는 도읍을 한양으로 옮긴 후 정도전의 제안을 받아들여 이것을 더 구체적으로 백성에게 알리고 교육시키기 위하여 한양에 사대문을 세웠다. 그리고 각 문에 인.의.예.지.신 중의 하나를 선택하여 대문의 이름을 지었다. 그리고 그 대문중앙에 "신"을 중히 여기는 보신각이라는 종각을 세웠다. 보신각(사대문의 중앙에 세움)은 서울종로에 있는 종각으로 조선태조5년(1396년)에 건립되어 아침저녁으로 사대문을 열고 닫을 때 종을 쳐서 백성에게 알렸다. 보신각의 뜻은 "각 사람의 말에는 신용이 있어야 하므로 신용을 보배로 여겨라"라는 뜻이다.

숭례문(남쪽의 남대문) "이 문을 드나드는 모든 사람들은 예를 숭상하라"는 뜻이다. 그 이후 한민족은 동양에서 가장 예를 잘 지키는 동방예의지국이라는 칭호를 갖게 되었다. 흥인지문(동쪽의 동대문) "이 문을 드나드는 모든 사람들은 어진 마음을 불러일으키라"라는 뜻이다. 즉 남을 이롭게 하는 '이타심'을 가지라는 뜻이다. 돈의문(서쪽의 서대문)은 "의의 마음을 가지고 나라와 민족을 위해 목숨을 버릴 수 있는 마음을 두껍게 가지라"라는 뜻이다.

한민족은 반도의 국가에 살면서 지정학적으로 중국이나 일본 등으로 부터 반만년의 역사 동안 960여회의 침략을 받았다. 그러므로 나라와 민족을 위해서는 목숨을 바쳐야 만이 되는 것이다. 따라서 적을 이길만한 힘을 기르고 전쟁 시 적을 무찌르지 않으면 평화란 있을 수 없다. 평화란 구호만 외친다고 오는 것이 아니고 적을 이길 수 있는 힘을 기르고 적과 싸울 경우 목숨을 바쳐야만 한민족이 존재하는 것임을 명심해야 한다.

홍지문(북쪽의 북대문)은 "큰 지혜는 하늘로부터 옴으로 하늘의 지혜를 구하라"라는 뜻이다. 북쪽은 하늘을 상징한다. 인간은 자신을 낮추고 겸손하여 하늘에서 지혜를 구하라는 뜻이다. 인성교육이 잘 된 한민족을 만들려면 예를 숭상하고 '인'을 통하여 이웃 사랑하는 마음을 갖게 하고 '의'는 목숨 바쳐 애국애족하는 마음을 갖게 하고 '지'는 모든 어려움은 하늘의 지혜를 구하고 '신'은 인간사 모든 일은 신용을 보배처럼 여기도록 가르쳐야 한다는 뜻이다.

이러한 인의예지신의 정치이념은 조선왕조가 서울의 사대문의 이름을 지어 얹어 놓은 것을 보더라도 이해할 수 있다. 그 예로 동대문은 흥인지문, 서대문은 돈의문, 남대문은 숭례문, 북대문은 홍지문, 그리고 종로네거리 중심가에는 보신각이라는 종각을 세웠다. 이것은 다름 아니라 고려를 멸망시키고 새로 건국한 조선왕조가 백성들을 인의예지신으로 통치하겠다는 국가의지의 표현이라고 할 수 있다.

조선건국의 이념인 사대문과 보신각의 위치

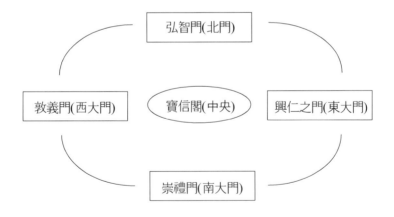

또한, 국가는 교학사상으로 만백성을 인.의.예.지.신으로 가르쳐

끝없이 교화시켜 나가겠다는 일종의 윤리헌장으로 제시한 것이었다. 우리 한민족의 전통적 정신에는 여러 가지 특징이 있으나, 특히 인간존중의 정신, 경애정신을 들지 않을 수 없다 이 경애의 정신은 오상과 오륜이 담겨져 있다. 유교에서는 모든 덕의 근본으로 삼고 있는 공자님의 인의 사상과 맹자의 의, 예, 지, 신을 합하여 오상이라고 한다.

오상은 인의예지신의 오대 요소를 확충하여야 한다. 이것은 인간 밖에서 구하는 것이 아니고 인간 자신으로 파고 들어가 그 안에서 구하는 것이다. 이러한 우상을 조선 건국이념으로 하여 사대문과 보신각의 이름을 표기하고 국가통치이념으로 강력하게 추진 구현시킴으로써 백성들에게 교화를 시킨 결과 오백년 종묘사직을 지탱한 원동력이 되었다.

2) 효행정표제

조선왕조는 성리학적 가치관을 기반으로 하여 사회교화와 지배질서의 강화수단으로서 정표정책을 확대 시행하였다.

태조 이성계는 즉위하자마자 교지를 내려 자신의 통치의지를 중외의 대소신료, 기로, 군민에게 발표하였다.

충신·효자·의부·절부는 풍속에 관계되니 권장해야 될 것이다. 소재 고을에서 이를 조사하여 보고하게 한 다음 특별히 발탁하여 쓰며, 그 마을에 정문을 표창하게 할 것이다.39)

---

39) 『太祖實錄』卷 1, 太祖元年 7年 丁未條.

이는 태조가 풍속과 관련하여 사회교화책으로서 효를 강조하고 효행자를 방문하여 관직에 발탁 임용하고 정표문려하였음을 보여준다.

3) 양로연설행

인간은 수를 최우선으로 생각한다. 이는 인간의 본능적인 욕구에서 뿐 아니라 "대덕필능기수(大德必能其壽)"라 하여 '수'와 '덕'을 대등시하는 가치관을 갖고 있었기 때문일 것이다.

따라서 장수한 노인은 '달존(達尊)'이라 하여 사람들이 모두 섬겨 받들었고, 노인공경을 천하에서 가장 중요한 일로 생각하였다. 이에 고대로부터 중국이나 한국에서는 "막불이양로위중(莫不以養老爲重)"이라 양로를 매우 중요하게 여겨 왔다.

양로의 의미는 노인은 귀중히 여기고 존비를 문제 삼지 않았으므로 천인들도 사대부와 서인 기로들과 함께 연회에 참석할 수 있었다. 이는 기로에 대한 예우가 귀천에 관계없이 운영되었음을 말하는 것으로, 조선이 신분제 사회라는 사실을 감안한다면 조선왕조가 기로를 얼마나 중요시하였는가를 알 수 있다.

따라서 조선왕조에서 실시된 기로정책 가운데 가장 중요한 행사 중 하나가 기로연이다. 고려시대에 실시된 기로연회는 조선왕조에 이르러 한층 법률적·제도화되고, 정치·사회적으로는 기로정책의 다양화와 더불어 국가적 중요행사로서 비중을 더해 갔다. 이 양로연은 단순한 연회가 아니고 엄격한 의식 하에 치러지는 뚜렷한 의미가 부여된 연회였다.

일찍이 맹자는 유교적 왕도정치를 이야기하면서 "노인을 잘 보살피는 것이 바로 천하의 민심을 얻는 길이다. 천하를 다스림에 있어 그만큼 중요한 것이 또 없다. 양로연설행은 바로 왕자에의 길이다."40)라고 하여 기로정책의 중요성을 지적하였다.

양로연은 태조 이성계가 기로정책을 왕정의 최우선으로 실시함에41) 따라 역대의 군왕들에 의해 조선 전 시대에 걸쳐 치교의 한 방편으로 실시되었다.42) 즉 양로연은 비록 기근이 드는 경우에도 변함없이 시행되어야 할 국가의 중대사로 여기고,43) 다른 어떤 연회와도 비할 수 없이 행해야 할 당위적인 것이자 조정이 떳떳이 지켜야 할 도리로서 효를 일으키는 것으로 중시하였다.44)

이에 세종대에는 중추로 연회를 베풀고 주군의 지방 기로들을 수령이 봉향하도록 법률로 제정하여 양로연을 강화하였다.45) 이 양로연은 원래 사대부층 연장자들을 위로하기 위하여 개최된 것이었으나, 세종대에 와서 서인 남녀 연장자들까지 참가할 수 있도록 확대 실시하였다.46)

세종 17년에는 100세 이상자에게 매년 세초에 쌀과 주육을 내렸을 뿐 아니라 80세 이상자에게도 전국 주·군 모든 노인들에게 사연(賜宴)하는 것을 법률로 제정하였다.

세조대에는 연령을 80세에서 70세로 낮추어 양로연 참가 자격을 확대 규정하였고, 세조 원년 10월에는 양로 200인에게 양로연을 베

---

40) 『孟子』盡心章句 上 22.
41) 『太祖實錄』卷 1, 太祖 元年 7年 丁未條.
42) 『增補文獻備考』卷 83, 禮考 30 養老 中宗 12年條.
43) 『增補文獻備考』卷 83, 禮考 30 養老 光宗 6年 12月條.
44) 『增補文獻備考』卷 83, 禮考 30 養老 世宗 17年條.
45) 『世宗實錄』卷 57, 世宗 14年 8月 庚子條.
46) 『增補文獻備考』卷 83, 禮考 30 養老 世宗 14年條.

풀기도 하였다.[47)]

한편 양로연은 먼저 왕이 주관하고 일반 서로를 대상으로 하는 양로연과 중궁이 주관하여 베풀어지는 양로연이 있다.

지방관들이 기로에 대한 예우와 시책을 소홀히 하는 경우에는 사헌부와 감사의 엄중한 규찰을 받았다.[48)] 양로연에 참가한 인원수는 보통 120~150여명 정도가 참석하였다. 단 사서(士庶)・부로(婦老)・부녀(婦女)・유생(儒生)・맹인(盲人) 등이 모두 참가하는 합동연회일 경우에는 300여명이 넘는 대규모 연회가 개최되기도 하였다.[49)]

양로연에는 왕 혹은 왕세자가 친임하고, 종친(宗親)・재추(宰樞)・기신(耆臣)・서로(庶老)・부로(婦老)・천로(賤老)가 참여하였으며,[50)] 재추로는 3정승을 비롯한 판서・참판 등의 고관이 모두 참석하여 기로들을 예우하였다.[51)]

이처럼 양로연은 왕 이하 고관들이 참석하는 대대적인 거국적인 행사로서 그 비중이 매우 컸고, 이는 한편으로 기로정책이 적극 실시되었음을 입증한 경우라고 하겠다.

양로연의 설연 기간은 중앙이나 지방에서 대대적으로 열릴 경우 3, 4일씩 계속되었다.[52)] 양로연이 진행되는 중에는 사물(賜物)・공궤(供饋) 등이 행해지고, 가자(加資)[53)]도 행해졌다. 사여의 기준은

---

47) 『增補文獻備考』卷 83, 禮考 30 養老 世祖 元年 7・10月條.

48) 『世祖實錄』卷 33, 世祖 8年 7月 己酉條.

49) 『世祖實錄』卷 5, 世祖 2年 10月 丁酉條.

50) 『世祖實錄』卷 39, 世宗 12年 9月 戊寅條.

51) 『世祖實錄』卷 17, 世祖 5年 9月 庚寅條.

52) 『正祖實錄』卷 42, 正祖 19年 5月 乙卯條.

53) 耆老에 대한 加資行事는 養老院 개최시 개인별로 달리 행해진 耆老 우대가 목적이었다.

지방별·연령별·신분별·관직별로 차이가 있었고, 그 밖에 우대를 위한 노인직(老人職)·수직(壽職) 등이 수여되었다.

한편 설연이 번거롭거나[54] 유고하여 기로들이 부연(赴宴)하지 못했을 경우[55]는 사물·공궤로써 대체하였다. 양로연이 개최되었더라도 잔치를 끝낸 다음 어육을 내리는 경우도 있었다.[56] 특히 지방에서 사물·공궤할 때는 그 지방의 관아에서 때로는 좌수(座首), 도승지(道承旨) 및 좌·우 승지를 보내어 이를 수행케 하였다.[57] 이러한 공궤·사물의 사례는 양로연 행사가 진휼적인 기로정책의 성격을 갖고 있었음을 보여 준다. 양로연 행사 때는 기로에 대한 배려를 여러 면에서 적극적으로 보여 주었다.

양로연에서 연상(宴床)을 차릴 때 80세 이상이면 그 찬은 네 접시로 하고, 90세 이상이면 여섯 접시로 한다[58]고 하였는데, 이는 노쇠한 정도에 따라 음식을 대접하는 깊은 배려에서 취해진 조치였다.

양로연이 열릴 때는 반드시 양로의례에 따라 체안지악(體安之樂)·문명지곡(文明之曲)·관천정지악(觀天庭之樂)·무열지곡(武烈之曲)·수명명지악(受明命之樂)·황하청지악(黃河淸之樂)·서안지악(舒安之樂)·융안지악(隆安之樂) 등의 양로아악(養老雅樂)을 연주하여 흥을 돋우었다.[59]

---

54) 『世祖實錄』卷 39, 世宗 14年 8月 壬寅條.
55) 『增補文獻備考』卷 83, 禮考 30 養老條 成宗 2年 9月條 ; 『中宗實錄』卷 63, 中宗 23年 9月 辛卯條.
56) 『成宗實錄』卷 17, 成宗 5年 9月 丙辰條.
57) 『中宗實錄』卷 63, 中宗 23年 10月 甲寅條.『목민심서』에 "100세에 노인이 있으면 수령이 이날 여덟 접시의 饌을 갖추어 座首를 보내어 몸소 그의 집에서 바치도록 하였다"라고 기록되어 있다.
58) 『牧民心書』卷 3, 愛民 6條 第1條 養老條.
59) 『世宗實錄』卷 133, 養老儀.

이러한 아악은 세종대에 양로연의(養老宴儀)와 함께 제작된 것으로, 당시 아악의 종류로는 동지아악(冬至雅樂), 정조아악(正朝雅樂), 입월양로연아악(入月養老宴雅樂), 구월양로연아악(九月養老宴雅樂) 등이 있었다.[60]

양로연을 위한 아악을 따로 제정할 만큼 신중하게 배려하고 있음을 알 수 있다. 양로연이 지방에서 행해질 때는 사용하는 악기가 거문고·비파·종·북 등으로 궁중의 양로연과는 달랐다.[61]

한편 양로연이 열릴 때는 구언하는 절차도 있었다. 『목민심서』에 "양로의 예에는 반드시 말을 구하는 절차가 있으니 백성의 괴로움과 질병을 물어서 이 예에 맞추도록 할 것이다."라고 한 것으로 보아, 양로연에는 민의상달의 기능도 있었음을 알 수 있다.

4) 기로혜양책

가. 시정(侍丁)·복호제(復戶制)

시정·복호제란 늙은 부모를 봉양하도록 병역을 면제해 주거나 부역을 면해 주는 제도로서, 역시 기로정책의 일환으로 실시되었다. 이 제도는 고려건국초인 태조 11년(928) 유사의 진청에 의해 80세 이상된 기로에게 시정(侍丁)을 지급하게 함으로써 처음 실시되었다.[62] 그 후 문종대에는 70세 이상으로 범위가 확대 실시되었고[63] 이후 고려시대 전반을 통해서 보편적으로 시행되었다.

조선왕조에서는 시정의 지급 규정이 한층 완화되었다. 즉, 70세

---

60) 『樂學軌範』卷 2, 雅樂陳設圖說 世宗祖 會禮宴條.

61) 『牧民心書』卷 3, 愛民 6條 第1條 養老條.

62) 『高麗史』卷 81, 志 35 兵 1 五軍條.

63) 『高麗史』卷 84, 志 38 官吏給暇條.

미만일지라도 독질(篤疾)에 걸리면 시정 1인을 지급하고, 자식이 없을 경우는 친손·외손 중 1인을, 친손과 외손이 없을 때는 질자(姪子)와 질손(姪孫) 중 1인 시정으로 세울 수 있었다.[64]

세종대에는 그 대상이 더욱 확대되어 90세 이상이면 모든 자식을 시정으로 주었고, 5인 이상의 자식이 군역에 종사하고 있을 경우는 부모가 70세에 이르지 않아도 시정 1인을 지급토록 하였다.[65]

시정제는 군역과 마찬가지로 벼슬에 종사하는 경우에도 똑같이 적용되었다. 즉, 부모 나이 80세 이상인 자가 벼슬에 종사할 경우는 귀향하여 봉양토록 하였는데, 만일 부모가 자식들의 종사를 계속 원하더라도 손으로 하여금 귀양(歸養)토록 하였다. 그리고 자식이 사망하면 친손으로 하여금 귀양토록 하였다. 따라서 80세, 90세 이상의 부모가 있는 자 중 중앙에서 종사하고 있는데 부모가 외방에서 종사하는 경우가 없도록 조치하였다.[66]

한편 『경국대전』에는 노비에 대한 시정법도 제정되었는데, 여기서 노비에게도 노인이 되어 봉양할 자가 필요하면 80세 이상의 경우는 시정인을, 90세 이상인 자에게는 모든 자식을 시정으로 면역시켰다.[67] 이는 노부모 봉양을 위한 면역규정에 신분의 차이가 없었음을 보여준 것이다.

이러한 시정법은 기로정책에서 왕정의 소중한 시책으로 간주되었기 때문에[68] 법대로 시행되지 않으면 강력한 제재가 뒤따랐다.

---

64) 『世宗實錄』卷 57, 世宗 14年 9月 乙卯條.

65) 『世祖實錄』卷 24, 世祖 7年 6月 庚午條.

66) 『世宗實錄』卷 118, 世宗 29年 12月 戊寅條.

67) 『經國大典』卷 5, 刑典公賤條.

68) 『經國大典』卷 7, 世宗 2年 2月 戊戌條.

문종 즉위년 시정법이 준행되지 않았을 때 아래와 같은 시정조치가
취해졌다.

> 시정의 법이 육전에 실려 있으니, 법이 부족한 것은 아닙니다. 그
> 러나 이를 희구하여 벼슬하는 무리는 비록 부모의 나이 80세가 넘
> 고 멀리 시골에 있다 하여도 부모가 종사하는 것을 원한다고 칭탁
> 하고 곧 돌아가 봉양하지 않는 자가 가끔 있습니다. 나이 80세가
> 지나면 여생이 얼마 없으니 그 여러 아들들을 모두 돌려보내소서.
> 봉양하게 하여 효도로 나라를 다스리는 도리를 높이소서.[69]

위 사료는 종사를 탐내어 노부모가 있음에도 귀양하지 않았을 때
이를 효치주의적 입장에서 귀양 조치하였다는 내용이다. 이처럼 시
정법이 준행되지 않을 때 국가는 오륜의 윤리적 입장에서 종죄(從
罪)에 있는 자, 즉 죄인일지라도 귀양토록 하였다.[70]

따라서 70세 이상인 자와 70세 이상의 부모와 조부모가 있는 경
우 돌보아줄 자손이 없을 때는 그 죄의 경중에 따라 독자 여부를 조
사하여 조처하는 것을 항식(恒式)으로 삼았다.[71] 부모가 70세 이상
이면 처자를 이끌고 고향으로 돌아가 부모를 봉양토록 하였다.[72]

기로정책 하에 시정제와 궤를 같이 하여 함께 운영된 것은 면역
(免役)·복호제(復戶制)이다. 원래 고려조와 조선왕조에서 국역의
부과 기준은 동일하였다. 즉, 16세 이하의 미성년자나 60세 이상
된 고령자는 군역에서 제외되었다.[73]

---

69) 『文宗實錄』卷 2, 文宗 卽位年 7月 己未條, "侍丁之法 載在六典 法非不至也 然希利冒進之徒 雖
父母年過八十 而遠在鄕曲 托以願念從士 不卽歸養者 比比有之 年過八十 卽餘生無幾 其諸子竝
令歸養 以隆孝治."
70) 『世祖實錄』卷 4, 世祖 2年 5月 庚辰條.
71) 『世宗實錄』卷 105, 世宗 26年 8月 辛亥條.
72) 『世宗實錄』卷 4, 世宗 2年 5月 庚辰條.

이처럼 기로 당사자가 국역과 호역을 면제받는 외에도 노친을 봉양하는 자손에게도 면역 규정이 적용되었다. 이러한 규정도 『경국대전』에 기록되어 있는데 그 내용을 보면,

> "유독질폐질(有篤疾廢疾) 혹년칠십이상(惑年七十以上) 친자(親子) 일자(一子) 구십이상자(九十以上者) 제자면역(諸子免役)(자망자子亡者 손일인무친손孫一人無親孫 즉외손일인면역則外孫一人免役)"[74]

라고 하였으니 이를 보면 70세 이상의 부모가 있는 경우는 자식 가운데 1인, 90세 이상의 부모가 있는 경우는 모든 자식들이 면역 혜택을 받아 부모를 봉양할 수 있도록 하고, 자식이 사망한 경우는 친손이나 외손 가운데 1인을 면역시켜 주고 있는 것을 알 수 있다. 한편 연로하여 역을 감당하지 못할 경우에는 자(子)·서(壻)·제(弟)·질(姪)에게까지 대역할 수 있도록 하였다.[75]

나. 사면제

조선을 건국한 태조는 1392년 7월, 교서를 내려 『대명률』을 조선의 율로 의용시행(依用施行)할 것을 선포하였다.[76] 그러나 이 『대명률』은 한자가 어렵다는 문제와 조선사회 실정에 맞지 않는 이두문(吏讀文)으로 번역하여 『대명률직해(大明律直解)』로서 발행하였다.[77] 『대명률』은 『경국대전』이 제정되기까지 조선의 형사법으로

---

73) 『世宗實錄』卷 4, 世宗 2年 5月 庚辰條.

74) 『經國大典』卷 4, 兵典 免役條.

75) 『世祖實錄』卷 38, 世宗 9年 12月 己有條.

76) 『太祖實錄』卷 1, 太祖 元年 7年 丁未條.

77) 延正悅, 「經國大典과 奴婢相續에 關한 一硏究」, "邊泰燮博士華甲紀念 史學論叢", 三英社, 1986,

서 준용되었는데, 『대명률』은 본래 효를 실천하려는 덕치주의적 성격이 농후한 것이었다. 『경국대전』도 "용『대명률』"이라 하여 『대명률』의 의용을 명시하고 있듯이 그 내용은 마찬가지로 기로를 공경하는 입장으로 일관해 있다. 그러므로 『대명률』에 나타난 조항은 대체로 조선사회에서도 그대로 적용되었다고 보면 될 것이다.

『대명률』에 나타난 기로의 규정 중 먼저 책임 능력에 관련된 것을 보면, 90세 이상과 7세 이하는 사형죄를 지어도 형을 가하지 않는다고 규정하고 있다.

『경국대전』에는 "70세 이상 15세 이하는 강도·살인의 경우가 아니면 수금(囚禁)하지 않고 자(刺)하지 않는다."라는 조항이 있다. 70세 이상 노인은 사회적인 고립을 요할 만큼의 범죄가 아니면 신체를 구속하지 않았던 것이다. 한편 죄를 심문할 때도 70세 이상인 자는 고문하지 않고 다른 여러 사람의 증언에 의해서 죄를 결정하였다. 그리고 80세 이상의 노인은 증인으로 채택하지 못하도록 규정하였다.[78]

다. 급가제

조선왕조의 관원이나 군역자에 대한 급가 규정은 『경국대전』에 명문화되었다. 조선시대 급가제도의 특징은 노친 봉양이나 영친(榮親)·영분(榮墳) 등의 효행 목적과 시향복제 등 작고한 선조에 대한 제행(祭行) 목적에 비중을 두고 있다.

급가제도에는 특히 생존하고 있는 보모를 찾아보는 귀성 휴가[79]

309쪽.

78) 『大明律直解』卷 8, 斷獄 老幼不拷訊.

79) 『經國大典』卷 1, 吏典 給暇條, "覲親三年一次 …… 留七日.

나 관직에 임명된 영예를 부모에게 돌리는 영친 휴가[80] 등이 있었고, 부모에게 병이 있을 때는 장기 휴가를 주어 시양토록 하였다.

휴가 기일은, 원도(遠道) 70일, 근도(近道) 50일, 경기 내는 30일을 주었다.[81] 그리고 70, 80, 90세 이상의 부모가 있는 자는 시정 지급 규정과 같이 각각 귀양토록 규정하였다.[82] 또한 『경국대전』에는 살아 있는 부모를 위한 휴가뿐만 아니라 영분(榮墳)·분황(焚黃)·성묘(省墓)·시향(時享)·복제(服制) 등이 이미 작고한 조상을 위한 휴가 규정도 명문화하고 있다. 즉 성묘나 죽은 부모에게 출세의 영예를 봉고(奉告)하는 영분 휴가나 죽은 조상에 대해 추증이 내려졌을 때 그 자손이 묘전에 고하는 분황(焚黃) 휴가 등은 모두 7일이었다.[83]

예로부터 동양사회에서는 조상신에게 제사하는 성심(誠心)을 효라고 믿고 조상을 숭배하는 풍습이 강하였다. 그러므로 조상에 대한 제사 의례는 애경추모(愛敬追慕)의 뜻을 넘어 효도의 연장이라고 생각하였다. 이는 곧 조선사회의 존귀한 도의관념이 되었고, 이러한 점이 조상을 위해 휴가를 주는 배경이 되었다고 생각된다. 그러므로 『경국대전』의 급가규정은 기로정책과 관련해 볼 때 그 의의가 크다고 할 수 있다.

한편 노친이 있는 자는 외관에 임명하지 않았다. 부모가 70세 이상인 자는 거주지로부터 300리 이상 원읍의 수령으로 임명하지 못하도록 규정하였고,[84] 독자로부터 부모가 70세 이상이며 숙질에 걸

---

80) 『經國大典』卷 1, 吏典 給暇條.
81) 『經國大典』卷 1, 吏典 給暇條.
82) 『經國大典』卷 1, 吏典 給暇條.
83) 『經國大典』卷 1, 吏典 給暇條.

린 경우는 아예 수령에 임명하지 않았다.[85] 실제로 원읍 수령이었다가 노친을 부양하기 위하여 관직을 그만둔 사례는 많았으며 조정에서도 오직 "부모에게 효도하는 자만이 국가에 충성을 다할 수 있다"는 효치주의적 입장에서 이러한 시책을 엄격히 펴 나갔다.

라. 가자제

노인을 우대하고 사회적으로 명예를 높여줌으로써 위로하고자 한 것이 가자(加資)에 의한 노인직 제수였다. 이는 비록 무록산직(無祿散職)이지만 노인의 연륜과 함께 그들의 자급(資級)을 높여 주고 직함을 내려 주어 우러러 받들도록 한 것이다. 예로부터 경로존현(敬老尊賢)을 치국의 근본으로 하였기 때문에 군왕들은 친히 연회를 베풀고 물품을 하사함과 동시에 관직을 내리거나 자급을 높여 주는 것을 존상(尊尙)의 도로 여겼다. 그러므로 가자제는 조선초기부터 신분의 귀천 없이 모든 기로들에게 적용되었다. 조선사회가 봉건적 신분사회로서 양천의 구분을 확실히 했던 것으로 볼 때 이는 주목할 만하다.

그러나 조선 초에는 아직 가자의 원칙이 정해지지 않아, 다만 경로적 의미로서 연로하고 효행이 뛰어난 기신(耆臣)에게 자헌직(資憲職)을 내려 종신직으로 삼게 하거나[86] 통훈(通訓) 이하, 즉 당하관에게 봉작의 은전을 베푸는 정도였다.[87] 그러다가 90세 이상의 자신과 100세 이상의 백신(白身) 및 천인(賤人)에 대해서 노직(老

---

84) 『經國大典』卷 1, 吏典 給暇條.

85) 『世宗實錄』卷 92, 世宗 23年 3月 庚戌條.

86) 『世宗實錄』卷 56, 世宗 14年 4月 癸卯條.

87) 『世宗實錄』卷 68, 世宗 17年 6月 癸亥條.

職)을 제수하는 가자를 행하였다.[88] 그리고 의정부와 6조, 집현전 등에 명하여 100세 이상 관리의 부인에게는 벼슬을 봉하고 부모로서 90세에 이른 자에게는 관해서 봉작하였으며, 100세 이상 부부에게는 모두 노직을 지어 봉작도록 하였다.[89]

이외에 천인에 대한 가자를 보면 양로행사로서 90세 이상 남녀는 사미(賜米)하고, 100세 이상은 면천을 허락한 다음 남자는 7품직을 제수하였으며 여자는 작을 봉하였다.

※朝鮮時代 養老宴 設行日誌
(『耆社志』·『實錄』·『增補文獻備考』에서 抄錄)

時期	場所	內容
世宗 14年	勤政殿·思政殿	二品以上殿內, 四品以上月臺, 五品以下庶老 殿庭
23年 9月	勤政殿	判敎領府事 權弘等81人 卦宴
23年	思政殿	女宴 215人 賜宴
世祖 元年 7月	所在官廳	70以上 老人
	大明殿	耆老 228人 賜宴
2年 10月	大明殿	耆老 男婦 220人, 盲人 50人, 儒生 30人 賜宴
	開城府	垈宴老人 各家一資 老婦竝封
	勤政殿	封宴耆老 老人等加資
5年 9月	仁政殿	王世子 內宗親 六曹判書以上 承旨入侍 卦宴 老人加資
5年 10月	大同江·浮壁樓	男女老人 100餘人 賜宴
6年 10月	大同館	老人男婦 130餘人 賜宴
6年 11月	黃州	
6年 11月	坡州	
9年 9月	勤政殿	王世子, 宗親, 宰樞, 承旨入侍
9年 9月	思政殿	王世子, 大君, 君, 政丞, 判書等諸臣入侍 卦宴 老人加資
	思政殿	中宮宴
9年 9月	普濟院	
10年 8月	勤政殿	

---

88) 『世宗實錄』卷 68, 世宗 17年 6月 辛酉條.

89) 『世宗實錄』卷 68, 世宗 17年 6月 辛酉條.

12年　9月	勤政殿	王世子, 諸大君, 政丞, 判書, 判尹等入侍加資
成宗　2年　9月	宣政殿	婦女宴 153人(未封者 賜酒饌)
4年　9月	仁政殿	
5年　9月	仁政殿	宴 後 賜老人肉有差
5年　9月	開城府	
6年　9月	仁政殿	叅宴老人加資
7年　9月	仁政殿	122人賜老人扇子肺佑
8年　9月	仁政殿	
9年　3月	國學	2,800餘人 叅宴(乞言干國老) 儒生甚多
10年　9月	仁政殿	
11年　9月	仁政殿	大君, 諸臣入侍
12年　9月		凶年으로 庶老에게 分賜酒肉於其家함
16年　8月		諸觀祭使에 養老之典을 行할 것을 諭示함
17年　9月		叅宴老人加資
20年　9月	宣政殿	雨天으로 宴會中斷하고 分酒肉함
23年　9月	仁政殿	中央과 地方에서 老臣 孤獨에 賜宴
24年　9月	仁政殿	老人獻歌詞의 俚・荒誕에 對한 處罰 要求 强化
25年　9月	仁政殿	世子代行(禮曹堂上, 道承旨, 禮房承旨 等 行事 主管)
燕山君 4年 10月	仁政殿・宣政殿	內外宴
6年　9月	仁政殿	
7年 10月		
9年　9月	仁政殿	回杯時 集盞傾注하여 王의 옷을 적신 者 處罰
9年　9月		中宮養宴侍
中宗　5年　9月	闕廷	叅宴者賜衣者
8年　9月	勤政殿	親行
11年　9月	仁政殿	80以上老人親餉, 領議政侍宴
16年　9月	勤政殿	入叅路人 良人174人加資 賤人14人賜物
23年　9月		男賜宴, 女老頒賜酒肉
23年 10月	驪州愛蓮亭	叅宴老人加資賜物 三邑老人人叅(麗州・龍仁・利川)
28年 10月	勤政殿	
明宗　3年 10月		飮道抄啓老人
肅宗 17年		侍宗臣에 賜宴
32年　9月	景福宮	叅宴者158人加資 庶老80以上數百人賜酒宴
景宗 15年		朝臣70士庶80者 京則度支部 外則本道量給宴需
英祖 42年　1月	通衢	庶民宴
42年　3月	金南門	庶民 耆老宴
49年　3月	金南門	叅宴者 數百人
正祖 19年　2月	華城行宮	領議政等15人入侍, 庶老374人
19年　5月	永興本宮	永興老人(朝宮・士庶 174人) 鉽 3日 宴
	咸興	咸興老人(朝宮・士庶 242人) 賜宴
純祖 14年	濟州	濟州老人 80以上者 叅宴

高宗 30年 2月	勤政殿	養老內外宴
	勤政殿, 內殿	群老特許扶材, 耆老婦女 招入殿庭 宣醞

4. 끝맺으며

효는 예로부터 만행의 근본이라 했다. 모든 인간행동의 근본이 될 수 있는 이러한 효는 너무도 잘 알고 있는 사실이다. 그러나 오늘날 부모님과 노인문제가 국가적으로 사회적으로 문제되고 있는 시점에서 왜 효가 중요하고 또한 시급히 효친 경로사상의 정립이 국가 사회적으로 해결되지 않고는 안 될 절실한 과제로 강조하지 않으면 안 될 시대적 상황에 처하게 되었다.

따라서 한국의 전통문화에서의 효와 조선시대에서의 경로정책에서 과거 우리 한민족이 효와 노인 문제를 국가 정책에서 얼마나 강력하게 다루었는가를 사료를 통해 고찰해보았다. 한민족은 수 천년을 생존해 오면서 예절을 중시한 민족이다. 그러기에 한민족의 의식구조는 무엇보다도 효와 경로사상 속에 예절이야말로 인간가치 기준을 가늠하는 척도로 삼아왔고 이를 바탕으로 한민족 의식 속에서 뿌리 깊게 전승된 단일민족이다.

예로부터 뿌리 없는 나무 없고 근원 없는 물이 없는 것이다. 부모님 없이 태어난 인간은 존재할 수 없다. 뿌리가 상하면 나무가 자랄 수 없고, 물의 근원이 마르면 물이 흐를 수 없다. 효친경로사상의 붕괴는 인간성의 상실이다. 우리는 그동안 경제와 산업의 급속한 발전에 힘입어 세계에서 손꼽히는 무역국이 되었고 국민의 소득과 생활수준도 선진국 대열에 진입할 만큼 물질적으로는 풍요롭고 윤택해졌다. 그러나 정신적인 면에서의 특히 문화, 도덕, 윤리 등에서는 조상들의 삶과 비교해 볼 때 너무나 개탄스러울 뿐이다.

우리 한민족은 옛 부터 효와 충과 경로의식이 투철한 예절과 예의를 존중한 민족이다. 효는 이미 우리 한민족에게 있어서는 오래 전부터 유가 윤리의 핵심적인 사상으로 자리 잡았으며 모든 인간행동의 근본으로 삼아왔다. 한민족에 있어 효사상이 고취되기 시작한 것은 삼국시대 교육기관을 통해서였다. 고구려의 경우 372년 (소수림왕 2년)에 설치된 태학에서 상류층 자녀들에게 유교교육을 실시하였으며 백제와 신라에서도 유교경전을 교육하였다. 통일신라시대를 거치면서 고려시대에서도 국가 교육기관인 국자감에서 『논어』, 『효경』을 필수과목으로 효교육을 강력하게 실시하였다. 특히 조선시대에 들어오면서 효는 더한층 장려되었는데 임금조차도 스스로가 효에 실천자로 여기고 행동하여야만 했다.

또한 효행을 장려하기 위해서 각종 제도가 만들어졌다 관리에게는 부모님을 돌보기 위한 휴가를 주었으며, 노부모님을 모신 관리는 부모님의 거주지로부터 너무 먼 곳으로 부임하지 못하게 하였다. 그 밖에 효행자들에게는 관직을 내리거나 세금과 노역을 면제하는 등 여러 가지 혜택을 주었다. 그럼으로써 모든 계층의 사람들에게 효에 관한 사상이 뿌리내리게 되었다. 이렇듯 우리민족은 수천 년 간 효·충·경로사상이 투철하여 면면히 단절되지 않고 오늘에까지 이어져 왔다.

그러나 최근 서구문물의 거센 유입으로 인해 삼강오륜의 명맥은 이제 그 생명을 잃게 될 위기에 직면하고 있는 것이 오늘의 현실이다. 이에 본 논거에 있어서 과거 한민족의 삼국시대, 통일신라시대,

고려시대를 제외한 조선시대에 있어서의 기로정책에서 시행한 바 있는 「효행정표제(孝行旌表制)」, 「양로연설행(養老宴設行)」, 「기로혜양책(耆老惠養策)」, 「급가제(給暇制)」등을 우선 사료를 통해 고찰했다. 이상과 같이 한국의 전통문화에서의 효와 기로 정책에 관하여 효사상의 본질과 개념을 고찰하고 조선시대에서의 효와 경로우대책이 어떻게 실시되었는지를 살펴보았다.

湖巖 金武鉉 『孝說圖』
(人生의 그림과 孝의 當爲性)

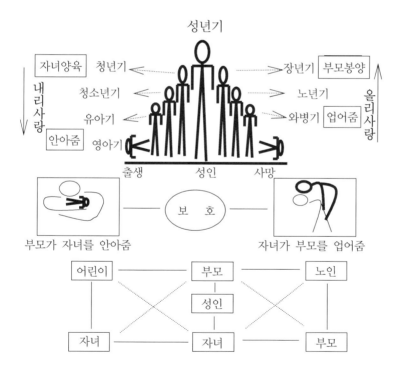

    부모가 자녀를 낳아 진자리를 마른자리로 갈아 뉘이시고 자녀의 대소변을 갈아주시면서 밤잠을 설치면서 자녀가 영아기를 거쳐 유아기, 청소년기, 청년기, 성인기에 이르기까지 불철주야 자녀를 **안아서** 보호하여 양육한 부모님을 자녀가 성인이 되면 부모는 노인이 되므로 자녀 또한 부모를 **업어서** 보호하는 행위를 그림으로 표기한 것임.

제3장

부모은중경에 나타난
효사상의 의미와 실천

장 정 태

(삼국유사연구원장)

1. 글의 시작

종교는 발생되는 지역 특성에 맞도록 구성된다. 또 다른 특징은 새로 전파되는 지역에 따라 기존의 사상과 혼합되어 새로운 모습을 보이기도 한다.

불교는 인도 외의 여러 지역에서 발달함에 따라 각 지역, 민족의 신앙이나 의례 등과 습합하고, 그들을 불도의 방편으로 인정했기 때문에 상당히 크게 변질했다. 이 중 하나는 힌두교와 공통되는 인도사상의 종교적 관용성에 의하는데, 불교가 본질적으로 비인격적인 진리를 절대시 하고, 만상에 그 구현을 발견하는 범신론적 종교라는 것에 유래한다.[1]

불교는 석존에 의해 탄생되었다. 석존은 히말라야 신록의 카필라바스투를 수도로 하는 석가족의 왕자로 태어났다. 29세 때 인생의 고뇌로부터 해탈을 구해서 출가하고, 6년 고행 후 35세에 마가다국 가야성 교외(현재 보드가야) 보리수 아래에서 선정에 들어가고 번뇌가 일어나는 원인과 극복에 관한 연기의 이치를 깨달아 석존이

---

1) 차용준, 『종교문화의 이해』, 전주대학교 출판부, 2002, 195쪽.

되었다. 석존에 의해 창조되는 초기 모습은 힌두교에 대한 반발과 석존의 깨달음이 어우러져 나름의 독특성을 가지게 된다. 불교는 아쇼카 대왕 이후 넓은 지역으로 포교에 이르게 된다. 여기서 티벳, 몽고와 중국을 거쳐 전파된 한국 불교는 많은 차이를 보이게 된다. 즉 중국 도교와 유교를 만나 중국화 된 불교가 전파되었다.

한국불교에서 보이는 공안의 선불교는 도교의 수행과 은둔적 모습으로 변하게 된다. '오는 사람 막지 않고 가는 사람 잡지 않는다.'는 용어도 불교의 고유사상이라기보다는 도교에서 유입된 것으로 보인다. 유교와 혼합된 것으로 효를 중시하는 모습이다.

이와 같은 효 개념은 일연의 『삼국유사』가 역사서임에도 불구하고 「효선」편에는 5편의 글이 소개되고 있다. 진정사효선쌍미(眞定師孝善雙美), 대성효이세부모(大成孝二世父母), 향득사지할고공친(向得師知割股供親), 손순매아(孫順埋兒), 빈녀양모(貧女養母), 등이 별도로 편집되어 있다. 김부식의 『삼국사기』 열전에도 효행과 관련하여 향득(向得), 성각(聖覺), 효녀 지은(孝女 知恩) 등의 전을 수록했다. 성리학을 통치이념으로 출발한 조선에서 불교는 중국으로부터 유입된 『부모은중경』을 중시하는 신앙으로 받아들였다.

불교는 석존의 가르침을 기억하는 제자들에 의해 구성 편집된 불교에 제자들의 편의 시대적 요청 등에 의해 재구성되는 경전으로 나누어진다. 전자를 정경이라 한다면 후자는 위경이라고 구분한다. 정경을 추구하는 입장에서는 현대 한국불교의 대표적 종단 대한불교 조계종의 소의경전인 『금강경』 조차 위경으로 구분하고 있다. 위경이란 석존이 직접 설한 경전이 아닌 후대에 만들어진 경이다.[2]

---

2) 김승동 편저, 『불교사전』, 민족사, 2011, 838쪽.

위경의 역사를 양은용은 중국 남북조시대를 거치면서 도·불 이교 내지 유·불·도 삼교 간에는 격한 우열논쟁이 전재하는데 그 가운 데『노자화호경(老子化胡經)』,『청정법행경(淸淨法行偈)』 등이 성립 되었다. 위경은 문화체계가 다른 두 교의가 이 문화(異文化) 세계를 만났을 때 원래의 교의에 의거하여 새로운 형태3)로 이어지는 것이 라고 정의하고 있다. 광범위하게 보급되어 있는 위경은 결코 편찬 자의 개인적 의견이 아니라 석존의 생각을 새롭게 해석하려는 불교 학자, 수행자들의 공동작품이라 할 수 있다. 위경으로 대표되는『부 모은중경』조차 불교경전 체계를 갖추고 있다. 석존이 아난에게 말 씀하는 구조로 시작된다.

위경연구의 권위자인 마키타 타이료(牧田諸亮)는 이러한 위경을 6가지로 분류한다. 첫 번째로는 주권자의 의도에 부합한 것, 둘째 주권자의 시정(施政)을 비판한 것, 셋째 중국의 전통사상과 조화나 우열을 고려한 것, 넷째 특정의 교의나 신앙을 고취한 것, 다섯째 현존하는 특정의 개인의 이름을 표한 것, 여섯째 병을 치료하고 복 을 불러들이는 것 등을 위해 단지 미신류에 속하는 것이다.4)

2. 동·서양의 효사상

불교경전 가운데 효를 중심하는 경전으로『불승도리천위모설법 경』,『불설대비도반니원경』,『불설정반왕열반경』,『불설보살섬자

---

3) 양은용, 「효사상의 전통에서 본 원불교의 효」,『국제원광문화학술논집』제1권3호, 원광보건대학 원광문화연구원, 2010, 26쪽.
4) 원영상, 「불교의 효사상에 대한 고찰」,『한국선학』제23호, 한국선학회, 2009, 578쪽.

경』, 『대방편불보은경』을 들 수가 있다. 특히 『불설정반왕열반경』
에서는 부처님의 부왕이신 정반왕께서 돌아가심에 따라 부처님께
서는 내세의 사람들이 흉포하여 부모의 길러준 은혜를 갚지 아니
할 것을 생각하시고 불효하는 이들을 위하여, 또 내세의 모든 중
생을 위하여 예법을 세워야겠으므로 당신 스스로 부왕의 관을 메
시려고 하였다. 그러나 주변의 완강한 만류로 상여는 메지 못하고,
마침내 손에 향로를 들고 상여 앞에 서서 장지까지 가시었다고 하
는 다소 사실이라고 받아들이기 어려운 이야기로 효를 설명하고
있다. 초기경전에서는 『유행경』, 『대반열반경』, 『기세인본경』, 『십
상경』 등 다수의 경전에서 효에 대해 설명하고 있다.

　불교에서 강조하는 효는 부모의 은혜에 감사하고 보답할 뿐만 아
니라 그 부모가 불법승 삼보에 공양하고 나아가서는 성불을 이루게
하는 것이다. 불교에서는 이미 효경전으로 『효자경』, 『부모은난보
경』 같은 경전이 있음에도 불구하고 『부모은중경』을 만들었다. 그
것은 유교사회에서 유교적 가치관으로 볼 때 출가라는 행위는 인륜
을 저버리는 행위로 지탄을 받았다. 수세적 입장에서 간행되었다고
본다. 『부모은중경』은 조선시대 목판본으로 많이 간행되었는데 양
적으로 『묘법연화경』과 『금강경』 다음으로 많이 간행되었다.

　효와 관련 공자는 "무릇 효는 덕(德)의 근본이요, 교육이 여기에
서 비롯된 바니라."고 하였고, "효는 모든 행동의 근원이요 모든 착
함의 첫 머리이다."라고 하였다. 그래서 『효경』에서는 '효, 즉 부모
공경은 만행의 근본'이라고 말하고 있다. 성경에도 "네 부모를 공
경하라"[5]고 전한다.

---

5) 『출애굽기』20: 12; 『마태복음』15: 4, 19: 19.

퇴계 이황6)도 '효, 백행지원(孝, 百行之源)'이라고 하였고, 율곡 이이7)는 '효위백행지수 정가지도, 이효경위선(孝爲百行之首 正家之道, 以孝敬爲先)'이라 하였다. 다시 말하면 효를 백행의 근원이요, 우두머리(首)이며, 『효경』이야말로 첫째가는 행동규범임을 분명히 하였다.

효의 개념을 두고 '효'자에 대해 『설문해자』에서는 효의 비(匕)가 생략된 부분에 자(子)가 종속되어졌으며, 자(子)가 노(老)를 받들고 있는 것을 의미한다고 하였다. 따라서 '효'자는 자녀가 부모를 받들어 섬기는 것임을 알 수 있다. 또 일흔 이상의 늙은이라는 뜻을 나타내는 회의문자이다. '효'와 관련된 문자들을 살펴보면

孝 는 '老'와 '子'가 합쳐져서 형성된 형성문자이다.
'耆'는 늙은이 기(예순이나 일흔 이상의 늙은이)
'耄'는 늙은이 모(칠, 팔십 세 된 늙은이),
'耇'은 늙은이 구(늙은이의 검은 얼굴, 검버섯 난 얼굴)
'耋'는 늙은이 질(팔십 세 혹은 칠십 세가 됨)
'考'는 상고할 고(장수하다)

요약해보면 '효'자는 글자의 뜻이 혈연 속에서 윗사람과의 관계에서 형성되는 의무적 도리라는 것을 알 수 있다.8) 일찍이 조선조

---

6) 경상도 예안현(禮安縣) 온계리(溫溪里: 지금의 경상북도 안동시 도산면 온혜리)에서 좌찬성 이식(李埴)의 7남 1녀 중 막내아들로 태어났다. 생후 7개월에 아버지의 상(喪)을 당했으나, 현부인이었던 생모 박씨의 훈도 밑에서 총명한 자질을 키워 갔다. 12세에 작은 아버지 이우(李堣)로부터 『논어』를 배웠고, 14세경부터 혼자 독서하기를 좋아해, 특히 도잠(陶潛)의 시를 사랑하고 그 사람됨을 흠모하였다. 18세에 지은 「야당(野塘)」이라는 시는 그의 가장 대표적인 글의 하나로 꼽히고 있다. 20세를 전후하여 『주역』 공부에 몰두한 탓에 건강을 해쳐서 그 뒤부터 다병한 사람이 되어 버렸다 한다.

7) 이이(李珥, 1536-1584, 중종31-선조17)는 조선 중기의 학자이며 정치가로서, 자는 숙헌(叔獻)이고 호는 율곡(栗谷: 집안의 농장이 있는 경기도 파주 파평면 율곡리의 이름을 딴 것)이며, 관향은 풍덕군 덕수현(豊德郡德水縣)이다.

8) 노태구, 「정조대왕 효사상의 현대적 조명」, 『민족사상연구』제14호, 경기대학교, 2006, 6쪽.

정조시대도 신료는 물론 군주까지도 효의 새로운 문화를 향해 제각기 이단과 사학의 추구를 불사할 만큼 정조시대의 사상의 변화 양상은 확연했다.

효사상은 바로 이러한 역사적 존재와 인간의 특수성을 배경으로 해서 생겨난 사상이다. 따라서 효는 어제와 오늘을 연결해서 내일로 이어가는 윤리이고 가치관이며 자기 정체성을 확인해주는 도덕이다. '친친이애인(親親而愛人)'이란 말처럼 '가까운 이를 가깝게 사랑하고 바로 그 사랑을 미뤄 널리 사람을 사랑하는 것'이 실천윤리인 효의 본질이라는 것을 감안하면 역사적 존재로서의 인간의 논리를 쉽게 이해할 수 있다.

'효'는 자식이 부모를 잘 섬기는 것을 말한다. 즉 자식이 어버이를, 아랫사람이 연장자를 잘 받드는데서 유래된 것임을 짐작할 수 있다. 왜냐하면 '효'자의 구성을 보면, 耂(老)와 子의 결합으로 이루어진 것으로 보아 그러하다. 당초의 효 개념은 어버이와 친자지간에 형성되는 원초적인 관계로부터 발생하여 그 관계를 유지발전하기 위하여 규율하는 일종의 질서라고 말할 수 있는 것이다. 『후한서』에도 효를 '백행지원(百行之源)'이라 하였고, 또한 '중선지초야(衆善之初也)'라 하여 모든 행실의 기초로 삼았다. 공자는 효에 대하여 '부효덕지본야 교지소요생야(夫孝德之本也 敎之所繇生也)'[9]라 하였다. 그것은 무릇 효가 덕의 근본이 되며 덕성 함양의 중심을 효도에 두었던 것으로, 인간의 모든 덕이 인심을 기르기 위하여서는 인간의 본성의 발로이기도 한 부모와 자식 간의 애정에 기본을 두고 요순을 주입하는 데서 비롯되어야 하는 것이다.

---

9) 『효경』

공자는 효도의 개념에 대하여 다음과 같이 말하였다. 『논어』, 「위정」편에 보면, 맹의자가 효도에 대하여 여쭈자, 공자는 "어기지 않는 것이다."고 하였다. 번지가 스승의 수레를 모시고 돌아갈 때에 "살아서 섬기고 장사지내고 제사를 지내는 것은 어버이를 섬기는 처음과 끝을 갖춘 것이다. 사람이 그 어버이에게 효도를 하고자 하는 마음은 비록 한이 없으나 분수를 지키는 문제가 한도가 있으니 충분히 할 수 있으나 하지 못하는 것과 할 수 없으면서 결국 하는 것은 모두 불효가 되는 것이니 예로써 하는 것은 전부 할 수 있는 것이다." 공자는 번지에게 말하기를 "맹손씨가 나에게 효도를 묻기에 '어기지 않는 것'이라고 대답하여 주었다." 번지가 또 물었다. '무엇을 말씀하신 것입니까?' 공자는 답변하기를 "부모는 생전에 예를 다하여 모시고, 돌아가시면 예로써 장사지내며, 제사를 지낼 때는 예를 어기지 않고 예를 다하는 것이다"고 하였다.

유교의 측은지심(惻隱之心)이란 불교의 자비에 해당된다고 생각할 수 있다. 자비란 대지도론(大智度論)에서 '자비시불도지근본(慈悲是佛道지根本)'이라고 명시하고 있으며 자비는 불도의 근본으로, 자는 기쁨을 주고 비는 고통을 없앤다는 의미이다. 대자대비(大慈大悲)란 부처님의 마음 가운데에 있으므로 대라 하는데, 비란 자기의 존재로서 주위 사람들에게 행복을 가져오는 마음으로 중생을 위해서 이익이 없는 것을 대비라고 하고 비는 자기 자신으로써 주위 사람들의 고뇌를 없애려고 노력하는 마음으로 모든 중생에게 무량의 이익과 즐거움을 주고자 하는 것을 대비라고 한다. 이러한 의미에서 자비의 정신은 괴로움을 없애주는 발고(拔苦)와 기쁨을 주는 여락인 발고여락(拔苦與樂)의 덕으로 매우 넓고 큰 이타적 정신이라 하겠다. 더구나 자비의 구현자를 보살이라 한다면 불교의 효는 유교의 효보다 더욱 적극적이라고 볼 수 있다.

유교는 인의 실현을 먼저 가정을 통하여 사회, 국가로 점차적으로 확충 교화해간다면 자비인 보살행은 친소원근을 막론하고 포괄적으로 원융무애하게 실현하려는 데에 그 차이가 있다. 물론 자비란 편애와는 다르다. 자비인 인간의 본성의 발로는 대중의 차별이 있을 수 없다. 따라서 불교의 자비란 곧 평등성의 구현이요 요익중생(饒益衆生)인 것이다. 모든 인간에게 동일한 질과 양으로 아픔을 함께하고 즐거움을 함께 하는 그러한 덕이다.

유교의 대표적인 효의 가르침을 주는 『효경』과 불교의 『부모은중경』은 모두 각각의 독자적 사상과 배경을 바탕으로 하여 효에 관하여 주장을 하고 있는데, 유교의 『효경』에는 '부자의 도는 천성이다.', '효는 하늘의 법도다.'하는 대전제 아래 부모에 대한 자식의 사랑과 공경을 강조하고 있다. 그리고 부모와 자식의 관계에 있어서 친애를 강조하는 측면이 있다. 그러나 이러한 것들은 봉건적 체제 하에서 쌍방적 관계를 강조하기보다는 자식의 부모에 대한 사랑과 공경이 지나치게 요구되었다.[10] 유교의 경전이 지배자의 정치 일환으로 활용된 반면, 불교의 『부모은중경』은 서민들의 현실생활을 바탕으로 꾸며졌다.

---

10) 황재편, 『불교 효사상의 현대적 의미 "-부모은중경을 중심으로-'』, 동국대학교 불교대학원 석사논문, 2003, 9-41쪽.

3. 『부모은중경』의 내용 분석

　　『부모은중경』의 내용은 크게 세 부분으로 만들어졌다. 첫째는 낳아서 길러주시는 부모님의 은혜를 사실적으로 보여주는 부분이고, 둘째는 그렇게 기른 자식이 부모에게 불효하는 부분을 기록하는 부분이고, 셋째는 부모의 은혜를 갚는 방법에 관한 부분이다.[11]

　　『부모은중경』은 『대보부모은중경(大報父母恩重經)』이요, 간략히 『은중경』이라 하고, 때로는 불설(佛說) 두 글자를 더해『불설대보부모은중경(佛說大報父母恩重經)』이라고도 한다. 이 경의 주된 내용은 효, 특히 불교적인 효를 가장 간절하고 구체적으로 서술한 것이 특색이다. 부모은혜에 대해 갚아야 할 은혜로서 '뼈 속에 품고 지켜주신 은혜'에서 끝까지 사랑해 주신 은혜까지 모두 열 가지요, 은혜를 갚는 방법으로서 이 경을 베껴 쓰는 사경에서부터 '보시의 공덕'까지 모두 여섯 가지를 열거하고 있다. 이러한 효행을 통해 살아 계신 부모를 편안하고 즐겁게 모시고 사후에는 왕생극락하셔서 다시는 생사의 길에 들지 않게 도와드리는 것을 불교에서 주장하는 효의 완성으로 가르치고 있다. 이렇듯 효를 강조한 경은 이 경뿐이 아니다. 전적으로 효를 말씀하신 경으로서『부모은난보경』, 『우란분경』, 『보은봉분경』, 『효자경』, 『대승본생심지관경』, 『보은품』의 「부모은중장」등이 있다.『부모은중경』은 십분으로 나뉘어 있는데 1분은 서분이고 제2분은 정종분으로 되었다.

---

11) 김윤섭, 『국제논총』제2집, 「불교 효사상의 의미와 실천방향-부모은중경을 중심으로-」, 2010, 99쪽.

1) 태중에서 열 달의 고통

『부모은중경』에는 석존이 제자 아난에게 한 말씀으로 시작된다. 어느 지역을 지나다가 한 무더기의 뼈를 보게 된다. 석존은 아난에게 '너는 이 한 무더기의 백골을 두 몫으로 나누어 살펴보라, 만일 남자의 뼈라면 희고 무거운 것이요, 만일 여자의 뼈라면 검고 가벼울 것이니라……여자라면 마음대로 음욕을 생각하고, 아들딸 낳아 기름에 있어 아기를 낳을 적마다 세말 석 되의 피를 흘리고 여덟 섬 너 말의 젖을 먹였나니, 그러기에 검고도 가벼우니라. 그리고 회임 후 10개월에 태중에서 아이가 성장하는 것을 순서대로 가르치고 있다.

> 1개월 풀끝의 이슬과 같아서 아침에 저녁을 보존할 수 없나니, 아침에 모였다가 낮에 흩어지고 하기 때문이다.
> 2개월 땅에 쏟아진 식은 우유와 같다.
> 3개월 엉킨 핏덩이 같다.
> 4개월 사람의 모습이 비슷하게 이루어지고 있다.
> 5개월 뱃속에서 오포가 이루어지는데, 오포라 함은 머리와 두 팔과 두 무릎이다.
> 6개월 아기의 육정이 이루어진다. 육정은 눈, 귀, 코, 입, 혀, 뜻을 이루는 정기다.
> 7개월 3백 60 뼈마디와 8천 4천의 털구멍이 생긴다.
> 8개월 의지가 생기고 구규가 자라난다. 구규는 두 눈과 두 귀와 코와 입과 배꼽과 대변도 소변도이다.
> 9개월 아이가 뱃속에서 먹을 것을 먹되 복숭아, 배, 마늘, 과일, 오곡의 음식을 직접 먹지 않는다.
> 10개월 태어날 때 효순한 자녀라면 주먹을 모아 합장하고 나와서 어머니를 괴롭히지 않겠지만 만일 오역의 자식이면 어머니의 포태를 쥐어뜯거나 간을 움켜잡거나 발로 엉덩이뼈를 버티어 어머니로 하여금 천 개의 칼로 배를 가르듯 만 개의 창으로 가슴을 쑤시듯 고통을 느끼게 한다.

4개월에 들어서면 사람의 모습을 어느 정도 갖추게 된다. 법적으로 낙태를 금지하는 이유가 여기에 있다. 6개월부터 의식이 생기며 7월에 3백20 뼈마디와 4천의 털구멍은 아이가 숨을 쉬고 생각하고 있다고 본 것이다. 9개월에는 자극적인 음식으로 커피와 고기가 포함되는데 육류를 금하는 것은 교리적인 부분으로 공격적인 아이가 태어나는 것을 보고 있다.

2) 부모은혜 열 가지

부모십중은으로는

①뱃속에 품고 지켜주신 은혜
②낳으실 때 고생하신 은혜
③해산한 뒤에 근심을 놓으신 은혜
④쓴 것은 삼키시고 단 것은 뱉아서 먹여주신 은혜
⑤젖은 데로 누우시고 마른 데로 뉘여 주신 은혜
⑥젖을 먹여 길러주신 은혜
⑦더러운 것을 씻어주신 은혜
⑧멀리 떨어져 있으면 걱정하신 은혜
⑨자식들을 위하여 궂은일을 하신 은혜
⑩끝까지 사랑하신 은혜

어머니가 태실에 들어가면서 방금 자신이 벗어놓은 신을 수 있을까 하는 두려움에 다시 한 번 뒤돌아보고 들어간다. 그 만큼 탄생은 신비로움과 함께 죽음보다 더 한 고통을 느끼게 된다.

3) 보은의 어려움

① 왼쪽 어깨에 어머니를 받들고 오른쪽 어깨에 아버지를 받들고

살가죽이 닳아 뼈에 이르고 뼈가 뚫어져 골수에 이르기까지 수
미산을 백 천 번 돌더라도 부모의 깊은 은혜는 다 갚지 못한다.
② 흉년 겁을 만나 부모를 위하여 자기의 몸이 다하기까지 살을
베어 질게 썰기를 먼지 같이 하고 그렇게 하기를 백 천겁을 지
나더라도 부모의 깊은 은혜는 다 갚지 못한다.
③ 부모를 위하여 자기 손에 칼을 들고 자기의 눈알을 뽑아 부처
님께 바치기를 백 천겁을 지나더라도 부모의 깊은 은혜는 다
갚지 못한다.
④ 부모를 위하여 칼을 들고 자기의 심장과 간장을 베어내는데 피
가 흘러 온 땅덩이를 다 덮더라도 그 고통을 마다 않기를 백
천겁을 지나더라고 부모의 은혜는 다 갚지 못한다.
⑤ 부모를 위하여 자기 몸을 등불로 삼아 여래에게 공양하기를 백
천겁을 지나더라도 부모의 깊은 은혜는 다 갚지 못한다.
⑥ 부모를 위하여 뼈를 부셔 골수를 꺼내고도 부모의 은혜는 다
갚지 못한다.
⑦ 부모를 위하여 달구어진 무쇠탄자를 삼키기를 백 천겁을 지나
면서 온몸이 타서 문드러지더라도 부모의 깊은 은혜는 다 갚지
못한다.

'수미산을 백 천 번 돌더라도'는 매우 먼 거리를 뜻하며 수미산
은 수미루, 소미로 줄여서 미로 번역하여 묘고, 묘광, 안명, 선적으
로 지구를 4개의 주로 나눈다. 중앙에 있는 높은 산을 말한다. 둘레
에 7산(山) 8해(海)가 있다는 불교의 우주관을 말한다. 수미산에서
말하고 있는 4개의 주는 서쪽에 구야니주, 북쪽에 구로주, 남쪽에
섬부주, 동쪽에 승신주가 있다.

4) 부모은혜에 보은하는 방법

① 부처님께서 제자들에게 말씀하셨다. 은혜를 갚고자 하거든 부
모를 위하여 이 경을 쓰고, 부모를 위하여 이 경을 읽고, 부모
를 위하여 허물을 참회하고, 부모를 위하여 삼보께 공양하고,
부모를 위하여 재계를 지키고, 부모를 위하여 보시하고 복을

닦으라. 만일 능히 이와 같이 하면 효순한 아들딸이라 하겠지
만 만일 이러한 행을 닦지 않으면 지옥의 식구가 될 것이니라.
② 은혜를 갚고자 하거든 부모를 위하여 경전을 펴내라. 이것이
진정 부모의 은혜를 갚는 길이니라, 한 권을 만들면 한 부처님
을 뵈올 수 있고, 열 권을 만들면 열 부처님을 뵈올 수 있고,
백 권을 만들면 백 부처님을 뵈올 수 있고, 천 권을 만들면 천
부처님을 뵈올 수 있고, 만 권을 만들면 만 부처님을 뵈올 수
있다. 이 사람들이 경을 만든 공덕으로 모든 부처님들이 항상
오셔서 그 사람을 옹호하시어 그의 부모로 하여금 하늘세계에
태어나서 모든 쾌락을 받고 지옥의 고통을 영원히 여의게 해
주시느니라.

보은의 구체적 방법으로『정토삼부경』에서 왕생극락 하기 위해서
는 부모에 효도하고 공양하며 스승과 어른을 섬기고, 받들 것을 가
르치고 있다. '중품하생 하는 이'란 선량한 이가 부모에게 효도하고
세상 사람들에게 인자하게 행세하는 사람이다. 석존께서 위제희 부
인이게 말하기를 저 극락세계에 왕생하고자 하는 이는 마땅히 세
가지의 복을 닦지 않으면 안 됩니다. 그 첫째로는 부모에게 효도하
고 스승과 어른을 받들어 섬기며 자비한 마음으로 살생하지 말고
지성으로 십선업을 닦는 것입니다.[12] 중생이 고통 받는 것은 전생에
오역죄[13]와 불효에 있다. 부모의 은혜를 갚는 것은『부모은중경』의
유포에서 찾고 있다.

외형적인 효도와 더 차원 높은 효도를 위해 참회를 가르치고 있

---

12) 석효란 편역,『정토삼부경독본』, 도서출판 반야회, 1985, 357-398쪽.
13) 무간지옥에 떨어질 다섯 가지의 큰 오행이다. 오역(五逆)・오무간업(五無間業) 소승의 오역죄
와 대승의 오역죄가 있다. 소승의 오역죄는 1.아버지를 죽이는 것 2.어머니를 죽이는 것 3.아
라한을 죽이는 것 4.화합승단을 파괴하는 것 5.부처의 몸에 피를 내는 것. 대승의 오역죄는 1.
탑(塔), 사(寺)를 파괴하고, 불경, 불상을 불사르면 삼보의 재물을 훔치는 것, 2.삼승법(三乘法)
을 비방하고 성교(聖敎)를 천하게 여기는 것, 3.출가 수행승을 욕하거나 부르는 것, 4.소승의
오역죄를 범하는 것, 5.인과의 이치를 믿지 않고, 악구(惡口), 사음(邪淫) 등의 열 가지 불선업
(不善業)을 짓는 것이다.

다. 슬픔을 표현하기보다 첫째 은중경을 쓰는 사경, 둘째 읽고, 셋째 지난날을 참회하고, 넷째 삼보(불법승)께 공경, 다섯째 재계, 여섯째 보시하여 복을 닦을 것을 가르치고 있다. 유교와 민간신앙에서 말하는 유택과 제사를 잘 지내는 것보다 실질적으로 고통 받는 지옥에서 벗어나는 복전의 방법을 가르쳐 주고 있다.

『부모은중경』의 유통과정을 살펴보면 번역되었거나 만들어진 것은 수나라(A. D. 589-616)말기나 당나라(A. D. 618-922) 초기일 것이라는 주장이 있다. 이는 송나라 때 발견된 돈황문서라는 고문서 속에 부모은중경변문이란 것이 있기 때문이다. 1250년 고려 고종 37년 중국 서명사 체청(신라 승으로 알려짐)의 『부모은중경소』가 필사본으로 전하고 있다고 한다. 1381년 고려 우왕 7년에 간행한 판본이 있다. 우리나라의 것으로는 가장 오래다. 그 후 조선조에 들어와 1562년 명종 12년에 간행한 안동 광흥사판, 1592년 선조25년 소백산 희방사판, 1681년 숙종 7년에 간행한 은진 쌍계사판, 1687년 숙종 13년에 개판한 천보산 불암사판, 1689년 숙종 15년에 간행한 향산 조원판, 1739년 고종 15년에 간행한 대엽산 고정판, 1796년 정조 20년에 간행한 화산 용주사판 등 50여 종이 있다고 하는데, 이상 열거한 조선조에 간행한 『부모은중경』의 판본은 모두 동국대 도서관에 소장되어 있다.

개화기 이후에는 우리말 번역본도 상당히 많았다. 요즘 서울시내에 유통되는 은중경으로는 『불설대보부은중경』 권상로 번역, 1920년 간행, 1991년 대홍기획에서 발행한 표제의 경 서문에서 강무구 스님은 권상로 스님의 번역본을 편집하여 낸다고 밝히고 있다. 『목련경』, 백용성 번역, 1939년 간행. 1991년 홍법원에서 펴낸 지장,

목련, 은련, 합본경 서문에서 불심도문 스님은 1939년 용성 큰 스님께서 번역하신 것을 자신이 편집하여 낸다고 밝히고 있다.

『부모은중경』,『관음경』, 광덕 역, 1977년, 대각출판사 발행.

『신역부모은중경』, 권오석 역해, 1982년, 홍신문화사 발행.

『불설대보부모은중경』, 이일영 편역, 1988년, 선문사 발행.

『부모은중경』,『관음경』, 일지 역, 1990년, 민족사 발행.

『은중경』,『목련경』,『우란불경』, 설조 역, 1994년, 불국사 발행.

『부모은중경』(사경본), 우리출판사, 2015.

『부모은중경』, 법회연구원, 2016.

『부모은중경』, 편집부, 지영사, 2005.

『부모은중경』(아름다운 우리말 경전2), 김현준, 효림, 2003.

『부모은중경』, 편자 미상, 홍익출판사, 2002.

『부모은중경』, 안춘근, 범우사, 2005.

『부모은중경』, 무비스님, 창, 2005.

이외 사암에서 부모를 보낸 자신들이 개인적으로 법보시용으로 쓰이는 것도 상당히 있어 이 경의 유통이 활발하다.『부모은중경』은 『대보부모은중경(大報父母恩重經)』이다. 간략히 『은중경』이라 하고, 불설 두 글자를 더해『불설대보부모은중경(佛說父母恩重經)』이라고도 한다.

4. 끝맺으며

불교에서 말하는 효사상은 보은윤리다. 『부모은중경』은 충효사상을 근간으로 중국사상에 대해 불교의 대응논리를 가지고 있다. 유교의 경전이 현세 중심적 사상이라면 불교는 삼세의 부모와 돌아가신 부모의 천도를 말하고 있다. 유교 논리로는 받아들이기 어려운 주장이다. 중국에서 지은 경전으로 부모의 은혜가 한량없이 크고 깊음을 10대은(大恩)으로 나누어 설했다. 이 경전은 효사상을 중시하는 중국 전통의 문화·정서에 맞추어 제작된 위경이다. 그러나 시사한 바는 역사적 사실을 떠나서 효도에 있다. 이 경에 대하여 개원록(開元錄) 십팔의혹상재상록(十八疑惑再祥錄)에는 "경(經)에 정란(丁蘭)·동암(董黯)·곽신(郭臣) 등을 인용하였으므로 후인의 저서임을 알 수 있다."라고 하였다. 일반서민들에게 인기 있는 경전이다. 우리나라에서 가장 오래된 『부모은중경』은 1378년에 간행된 것이며, 조선시대에는 이 경전이 다른 경전에 비하여 가장 많이 간행되었는데 그것은 이 경전의 내용이 유교의 덕목과 관련 있는 효이기 때문이다.14)

윤회는 돌고 도는 것이다. 말 그대로 바퀴가 돌 듯 지금의 인간관계가 전생 혹은 내생에 어떤 인연 이었는지는 알 수 없다. 전생에 부부, 부자, 형제, 자매일 수 있다. 지금의 인연만 생각한다면 갑질을 할 수 있지만 인과의 법칙과 윤회를 안다면 그럴 수 없다. 한 번 죽음으로 과거와 단절이 아니라 순환한다는 불교를 생각한다면 오늘 이 순간 만남도 소중하다. 그것은 전생부터 인연이 이어지고

---

14) 김성동, 『불교사전』, 민족사, 2011, 389쪽.

있다. 지배원리에 따라 저술된 윤리서적 성격이 강한『효경』과 달리『부모은중경』은 서민들의 효실천을 석존의 가르침으로 설명하고 있다. 집 떠난 자식을 그리워하는 부모의 마음, 불효하는 자식의 모습을 현실감 있게 묘사하고 있다. 불교에서 말하고자 하는 효란 자신의 부모에 국한되지 않고 일체중생으로 하여금 정신적 완성으로 인도하는데 있다는 사실을 알게 된다.

제4장

명심보감의 효윤리와
인성교육론

이 미 숙

(청주대학교 교수)

1. 글의 시작

『명심보감』은 우리나라에서 원본1)보다 초략본2)이 오랫동안 전해져 내려왔다.3) 특히 조선에서의 『명심보감』은 주자학과 밀접한 관련을 가지면서 장착하였으며, 도덕 기본서로서 많은 지식인에게 애독되었고, 도덕의 규범서로서 서민생활에도 큰 영향을 끼쳤다. 그중에서도 조선시대 중기이후에는 『명심보감』본문의 내용을 필요에 따라 가감시키면서 일상생활 속에서 유학의 윤리도덕을 실천하는 기본교양서로서 역할을 해왔다.4)

---

1) 『명심보감』의 저자에 대해 고려 문헌공(文憲公) 추적(秋適)이 저자라고도 하였으나, 조선 초 단종 2년(1454)에 청주(淸州)에서 간행된 『신간교정대자명심보감(新刊校正大字明心寶鑑)』이 이우성(李佑成)교수에 의해 발견되면서 중국 명의 범입본(范立本)이 원저자로 밝혀졌다. 범입본은 관직에는 나아가지 않고 은둔하면서 후학들을 키우다가 1394년 상·하 20편으로 『명심보감』을 편찬한 것으로 알려져 있다.

2) 우리나라에서 간행된 『명심보감』의 초략본 중 현존하는 최초의 판본은 한국정신문화원도서관 소장본인 『명심보감초략』으로 간행된 시기는 조선 선조 29년(1601)이전으로 추정하고 있다.(김동환, 「초략본 『명심보감』의 간행경위와 그 내용」, 『서지학연구』10집, 1994, 191쪽 참조)

3) 우리나라에서는 고려 문헌공(文憲公) 추적(秋適)에 의해 우리의 실정에 맞게 새롭게 정리된 초략본에 의거하여 아이들을 교육하였다. 조선 중기부터 보급되기 시작하여 조선 후기에는 본격적으로 방각본(坊刻本)의 대상이 되어 수종이 간행되었으며, 현대의 번역본은 무려 60여종이 넘게 출판되었다. 그러나 판본마다 수록된 편(篇), 장수(章數)가 다르고 저자의 표시 또한 서로 다르게 수록되어 있다. (김동환, 「『명심보감』의 저자 문제」, 『서지학연구』21집, 2001, 61쪽 참조)

4) 성해준, 「한국 『명심보감』의 전파와 수용 양상에 관하여」, 『퇴계학과 한국문화』39집, 2006, 273쪽.

그러므로 그 판본도 번역본의 수도 많다. 이러한 것은 책명에서
도 나타나듯이 '마음을 밝히는 보배로운 거울'이라는 뜻을 가진 책
으로서, 이 책(冊)에는 우리에게 주는 교훈적 내용을 담고 있어서
아이들이 한문을 익힌 이후에 배우는 아동교육서이면서 윤리도덕을
실천하는 기본 교양서로서 중요한 위치를 차지하고 있었기 때문이
라 하겠다.

범입본(范立本)의 『신간교정대자명심보감(新刊校正大字明心寶鑑)』
은 그 구성면에서 상·하권이 그 내용을 구별하여 2권으로 편성되
어 있으나, 초략본은 상·하권이 따로 구별하지 않고 익히기 간편하
도록 1권으로 재편성을 하였다. 내용면에서도 『신간교정대자명심보
감』은 유가(儒家)뿐만 아니라 도가(道家)나 불교(佛敎)의 내용을 담
고 있다. 즉 유학과 관련된 내용은 483편, 도가는 102편, 불교는 36
편을 차지하고 있었으나, 초략본은 유가에 관련된 내용도 166편으
로 줄었으며, 불교와 도교의 내용은 대폭 감소되어 서로 다른 면을
보이고 있다.5)

이처럼 범입본의 원본과 초략본은 서로 차이를 보이지만, 『명심
보감』은 유가사상을 중심으로 도가와 불교를 수용하는 융합적 입장
에서 서술되어 어느 특정 종교에도 얽매이지 않았으며, 중국 경전
과 사서(史書), 제자백가, 문집 가운데서 아동들이 마음을 깨치고
몸을 바르게 하는데 필요한 금언(金言), 명구(名句)들을 가려 뽑아
선행이나 권선징악과 같은 보편적인 윤리 규범을 익힐 수 있도록
편집되어 있다. 따라서 여기에 수록된 글들은 평생을 두고 가슴에
간직하고 지켜야 할 좋은 가르침으로 나라에 충성하고 부모에게 효

---

5) 박경연, 「조선시대 초학교재로서의 『명심보감』성격 연구」, 『교육사학연구』9집, 1999, 78~79쪽.

도하며, 인간으로서 갖추어야 할 중요한 인성을 기를 수 있는 서적인 것이다.[6]

『명심보감』을 편별로 간단히 살펴보면, 선행을 권면하는 「계선(繼善)」편, 하늘의 명에 순응할 것을 권하는 「천명(天命)」편, 타고난 운명에 순응할 것을 권하는 「순명(順命)」편, 부모에게 효도를 하자는 「효행(孝行)」편, 언행을 바로잡도록 하자는 「정기(正己)」편, 분수를 지키자는 「안분(安分)」편, 마음을 바르게 쓰라는 「존심(存心)」편, 성품을 경계하라는 「계성(戒性)」편, 학문에 힘쓰라는 「근학(勤學)」편, 자식을 가르치는 「훈자(訓子)」편, 자신의 마음을 스스로 살피고 단속하라는 「성심(省心)」편, 가정교육의 기본을 말한 「입교(立教)」편, 나라를 다스리는 도리를 말한 「치정(治政)」편, 가정을 다스리는 도리를 말한 「치가(治家)」편, 의리의 중요성을 다룬 「안의(安義)」편, 예의를 지키라는 「준례(遵禮)」편, 말 한마디의 중요성을 다룬 「언어(言語)」편, 친구관계의 중요성을 다룬 「교우(交友)」편, 아내와 어머니로서의 덕과 도리를 다룬 「부행(婦行)」편 등 19편이다.

여기에 우리나라에서는 초략본에 내용이 따로 추가된 증보판이 포함되고, 유학교육을 위한 서적으로 변화하면서 더욱 널리 유통되었다. 후대에 추가된 증보편은 중국의 문헌이나 작가들의 작품에서 일부 끌어와 넣고, 우리나라의 이야기를 추가한 것인데, 즉 아래부터는 청주판에 없으나 초략본에 추가된 내용인 「증보(增補)」편, 자식이 어버이에 행하여야 할 도리에 관한 노래인 「팔반가(八反歌)」편, 3인의 효자이야기인 「효행(孝行)」편, 염치와 의리를 아는 3인의 이야기인 「염의(廉義)」편, 학문에 힘쓰라는 내용인 「권학(勸學)」편

---

6) 성해준, 앞의 논문, 285쪽.

이다. 현재의 통행본은 『명심보감』 19편과 「추가본」 5편이 합쳐져 24편 282구절로 이루어져 있다.

『명심보감』에는 공자(孔子)와 맹자(孟子) 등 유가(儒家) 인물들의 어록이 상당히 많지만, 장자(莊子)나, 열자(列子), 현제(玄帝), 동악 성제(東嶽聖帝) 등 도교 관련 인물도 적지 않으며, 소열제(消熱劑) 유비(劉備), 당(唐) 태종(太宗)이나 송(宋) 휘종(徽宗) 등의 제왕들, 태공(太公)이나 마원(馬援), 사마온공(司馬溫公)(사마광), 소강절(邵 康節)(소옹)과 같은 인물들, 도연명(陶淵明)과 소동파와 같은 문인 들, 주돈이, 주희 등 성리학자의 금언과 격언들이 두루 실려 있다. 그리고 이 책에서 가려 뽑은 중국의 고전들은 『시경』, 『경행록』, 『 설원(說苑)』, 『익지서(益智書)』, 『성리서(性理書)』 등 다양하다. 이 처럼 다양한 고전과 널리 알려진 인물들의 언행을 중심으로 엮었기 에 많은 고전과 선현들의 주옥같은 문장을 접할 수 있는 통로를 열 어 준다는 점이 『명심보감』의 미덕이다.[7]

이러한 『명심보감』은 오랫동안 유학교육의 초학교재로 사용되며 다양한 격언(格言)과 금언(金言)을 통해 인간의 품위(品位)인 인격 (人格)을 유지·성장시키고 안목을 키우게 하였다. 바로 현대의 인 성교육에 의미 있는 메시지를 줄 수 있는 것이다.[8]

『명심보감』에 대한 연구는 특정 교재 한 권을 대상으로 내용과 덕목 분석 및 체계를 정리하거나[9], 『명심보감』을 통한 아동교육 활 용 방안에 대해 연구하였다.[10] 또 『명심보감』을 서지학적으로 살펴

---

7) 김성원, 『명심보감』, 글항아리, 2013, 15~16쪽.

8) 김유리, 「『명심보감』의 교육적 가치」, 『대동문화연구』84집, 성균관대학교 대동문화연구원, 2013, 105쪽.

9) 변종환, 『명심보감의 내용분석』, 창원대학교 대학원, 2009. 조연심, 『초등학교 덕교육론 연구 - 『명심보감』활용사례 분석을 중심으로』, 서울시립대학교 교육대학원, 2010.

보기도 하였으며,[11] 현대적 시선을 가지고 『명심보감』의 교육적 가치를 논하기도 하는[12] 등 다양하게 이루어지고 있다.

필자는 김원중이 번역한 『명심보감』을 근저로 해서[13] 이 책에 나타난 효 윤리의 성격을 분석하고, 『명심보감』의 가치를 바탕으로 한 인성교육론에 대해 고찰해 보고자 한다.

2. 『명심보감』에 내재된 효윤리

인간의 백가지 행실 중에 부모님께 효도하는 것이 가장 기본 된 행실이다. 그러므로 우리나라에서는 예로부터 효를 모든 인간 교육의 으뜸으로 삼고, 다른 어떤 덕목보다도 효를 더욱 중시하여 통치와 국민교육의 근간으로 삼아왔다. 또 효에 대한 윤리성은 그 본질에는 변함이 없는 타당한 것으로 입증되어 오고 있고, 효는 가치를 다루는 교육으로서 우리나라 전통의 인성교육이었다. 따라서 효를 현대적 모양으로 되살려 우리의 생활윤리로 정립하고, 인성교육의 실천 방법으로서 효를 세워야 할 필요성이 제기되고 있다.[14]

『명심보감』에서 효 윤리와 깊게 관계가 있는 문장은 본문 「효행」

---

10) 강환명, 『도덕형성체계론 분석을 향한 명심보감의 효 교육연구 : 초등학교 효교육지도방안을 중심으로』, 성산효도대학교 대학원, 2006. 송규, 「『명심보감』을 활용한 도덕교육 방법 모색」, 전주교육대학교 교육대학원, 2004.

11) 김동환, 「초략본 『명심보감』의 간행 경위와 그 내용」, 『서지학연구』10집, 1994. 김동환, 「『명심보감』의 저자 문제」 『서지학연구』21집, 2001.

12) 김유리, 「『명심보감』의 교육적 가치」, 『대동문화연구』84집, 성균관대학교 대동문화연구원, 2013.

13) 김성원, 『명심보감』, 글항아리, 2013.

14) 권순학, 「우리나라 청소년 효교육의 실태와 개선방안」, 『효학연구』8호, 한국효학회, 2008, 136쪽.

에 5편이 있고, 부록인 「팔반가(八反歌)」 8수(首)에, 「효행속(孝行續)」 3편에 각각 수록되어 있다. 이것을 통해 『명심보감』에 내재된 효 윤리에 대해 자세히 고찰해 보겠다.

먼저 효행편 첫 조목에서 무한한 부모의 은혜에 대한 효행을 강조하고 있다. 부모에게서 받은 은혜는 하늘보다 큰 것이기 때문에 자식 된 자로서 효행은 너무나 당연한 일이라는 그 당위성을 『시경(詩經)』의 글귀를 인용하여 강조하였다.

> 『시경』에 말했다. "아버지는 나를 낳으시고, 어머니는 나를 기르셨네. 애달프다 부모님이시여. 나를 낳아 기르시기에 애쓰고 수고스러웠네. 깊은 은혜를 갚고자 한다면 넓은 하늘처럼 끝이 없구나."[15]

이 글은 나에게 생명을 주시고, 나를 길러주신 부모의 은혜(恩惠)와 은덕(恩德)이 너무도 깊고 넓어 보답하려 해도 보답할 길이 없음을 강조한 것이다. 우리 인간은 누구나 부모로부터 태어났다. 부모께서 나를 낳으셔서 기르면서 무한이 애타게 힘이 들고 애쓰셨다. 자식은 부모의 은혜와 은덕을 갚기 위해 효를 다하는 것은 당연한 것이다. 그러나 부모의 은혜와 은덕은 하늘과 땅과 같아서 그 크기와 깊이를 헤아릴 수 없을 정도이므로 부모의 은혜와 은덕을 자식은 다 갚을 수 없다. 우리는 부모가 나를 낳아서 길러주어 성장하게 된 은혜를 절대로 망각해서는 안 된다. 항상 감사하는 마음을 가지고 부모의 은혜를 잊지 말고 어떻게 하면 보은(報恩)할까를 생각하여야 한다.[16]

---

15) 『명심보감』효행편, 「詩曰 父兮生我 母兮鞠我 哀哀父母 生我劬勞 欲報深恩 昊天罔極」
16) 김익수, 「공자의 인효사상과 인성교육의 원리를 통한 청소년 교육방향(1)」, 『청소년과 효문화』

공자께서는 부모에게서 받은 신체를 잘 보전 하는 것이 효도임을 말씀하셨다.

> 몸과 머리카락과 피부는 부모에게서 이를 받았다. 감히 훼상하지 않는 것이 효도의 시작이다.17)

이처럼 자식에 대한 부모의 무한한 사랑과 은혜를 강조하여 자식의 도리인 효의 근본을 밝히고, 효의 시작이 나로부터 시작되고 있다는 것이다. 효도란 자기 몸을 지키는 것이 가장 중요한 것이기 때문에 사람의 자식이 된 자는 제 몸을 아끼고 소중히 여겨서 조금도 상하지 않는 것이 효도의 시작이라 한 것이다.

다음으로는 공자를 비롯한 여러 선인(先人)들의 명구(名句)를 인용하여 자식이 부모에게 효행하는 그 실천적 방법을 제시하고 있다.

> 공자가 말했다. "효자가 어버이를 섬기는 법이란, 기거함에 그 공경을 다하고, 봉양할 때에는 그 즐거움을 다하며, 병드신 때에는 그 근심을 다하고, 돌아가신 때에는 그 슬픔을 다하며, 제사(祭祀) 지낼 때에는 그 엄숙함을 다한다."18)

자식이 부모를 섬김에 있어서 효의 실천윤리로서 공경(恭敬), 봉양(奉養), 시봉(侍奉), 상장(喪葬), 제사(祭祀)를 받드는 도리를 설명하고, 거기에 따른 자식 된 자의 마음가짐을 말한 것이다. 평상시 부모를 대할 때는 항시 공경하는 마음을 가져야 하는데, 부모를 공경하는 것은 정신적인 것으로 진심으로 존경해야 하는 것이므로 모

22집, 한국청소년효문화학회, 수덕문화사, 23쪽.

17) 김성원, 『명심보감』 「효행」편. 「子曰 身體髮膚 受之父母 不敢毁傷 孝之始也～」

18) 위의 책, 「子曰 孝子之事親也 居則致其敬 養則致其樂 丙則致其憂 喪則致其哀 祭則致其嚴」

든 효 중에서 가장 중요하다. 공자께서는 무엇보다도 부모의 공경
에 대한 중요성을 강조하였다.

> 자기 부모를 사랑하지 않고 남을 사랑하는 사람을 덕(德)에 어긋
> 났다고 하고, 자기 부모를 공경하지 않고 남을 공경하는 사람은
> 예(禮)에 어긋났다고 말한다.[19]

　이처럼 자식 된 자의 도리로서 정신적으로 부모를 공경하는 것은
가장 우선하는 것이며, 부모에 대한 봉양은 즐거운 마음으로 해야
하며, 부모님의 마음도 즐겁게 해드려야 하는 것이다. 자식이 부모
를 봉양함에 있어서 물질적으로나 정신적으로도 모든 정성을 다하
여 부모를 즐겁게 해드려야 한다는 것이다. 또 병이 나시면 어떻게
고쳐드려야 할까 하고 항시 걱정하며 나으시도록 노력해야 한다.
공을 들여 키워준 은혜를 잊어버리고 자기만 편안하다고 부모의 건
강이나 불편한 것을 돌보지 않는 것은 있을 수 없는 일이다. 자식
은 부모의 건강이나 불편한 점에 대해서도 세심한 관심을 갖고 정
성을 다하여 극진히 보살펴 드려야 하는 것이다.
　현대 청소년들을 보면 부모에 의하여 태어나고 양육되었지만 그
은혜를 쉽게 망각하고 오히려 부모를 원망한다. 그러나 사람다운
자식이라면 당연히 자식들은 날로 허약해지는 부모를 도와 생업(生
業)이 잘 이뤄지게 하여 튼튼한 가정경제를 조성해야 할 것이며,
이로 인해 가업(家業)이 잘 이루어지고 자신의 생활이 윤택해 진다
면 부모 봉양도 충실히 행할 수 있을 것이다.[20]

---

19) 김성원 『명심보감』「효행」편.「子曰故 不愛其親 而愛他人者 謂之悖德 不敬其親 而敬他人者 謂
　　之悖禮」
20) 김익수,「공자의 인효사상과 인성교육의 원리를 통한 청소년 교육방향(1)」,『청소년과 효문화』

효의 요체는 살아계실 때에는 어떻게 하든 부모의 마음이 즐겁도록 하는 일이며, 돌아가셨을 때에는 항시 마음속에 내 부모를 모시고 있는 것이다.[21] 자식 된 자는 항시 부모를 잊을 수 없는 것이다. 따라서 상장(喪葬)에는 그 슬픔을 다하고 제사는 어버이가 그 자리에 살아계신 것 같이 엄숙해야 한다. 그러므로 제사에 있어서는 무엇보다도 엄숙하고 진실 된 마음으로 정성이 지극해야 하는 것이다. 자신의 근원이 되어준 분들에 대한 공경을 밖으로 드러낸 형식이 제사라는 의식인 것이다.[22]

우리나라의 대유학자인 율곡 역시 '사장(死葬)의 도(道)'에 대해 '상례(喪禮)의 도리를 다하여야 한다.'고 강조하면서 상장례(喪葬禮)의 본질에 대해서 증자(曾子)의 말을 인용하여 다음과 같이 말하였다.

> 증자(曾子)의 말에, "사람이 스스로 그 극진한 정성을 다할 자 있지 않으나 반드시 부모의 상을 당하였을 때에는 정성을 다한다." 하였으니, 상사는 부모를 섬기는 큰 예절이다. 여기에 정성을 쓰지 않으면 어디에 정성을 쓰겠는가, 예전에 소련(少連), 대련(大連)이 거상(居喪)을 잘하여, 3일 동안 게을리 하지 않고 3개월 동안 늦추지 않고 1년 동안 슬퍼하고 3년 동안 근심 하였으니 이것이 바로 거상하는 방법이다. 효성이 극진한 사람은 힘쓰지 않아도 이렇게 할 수 있으나 미치지 못하는 자는 힘써 이것을 따라야 한다.[23]

22집, 한국청소년효문화학회, 수덕문화사, 37~38쪽.

21) 이종찬, 『명심보감』, 새문사, 2008, 64쪽.

22) 이미숙, 「『사자소학』에 내재된 효사상」, 『청소년과 효문화』21집, 한국청소년효문화학회, 2013, 93쪽.

23) 『栗谷全書』卷27 「擊蒙要訣」「喪制章」.

이처럼 상례(喪禮)도 부모를 섬기는 큰 예절이므로 진실 되고 슬픔과 애도(哀悼)의 정을 다하여 정성되게 하여야 하며, 미치지 못할 때는 힘써 행하여한다고 하였다. 또한 율곡은 부모가 돌아가셨을 때에는 예절이 조금 부족하더라도 슬픔과 서러움으로 애통해 하는 것이 인간의 입장에서 부모에게 효도하는 것이라고 하였다. 그리고 제사에 있어서는 무엇보다도 전심(專心)으로 제사 받을 부모와 조상을 생각하고, 몸을 정결히 하고 삼가 엄숙 되고 진실 된 마음으로서 정성이 지극해야 한다고 강조하였다.

> 무릇 제사는 애경(愛敬)의 정성을 다하기를 위주로 할 뿐이다. 가난하여도 가산(家産)의 유무에 따라 하고, 병이 있으면 자신의 기운을 헤아려 제사를 행할 것이나 재물과 근력(筋力)이 할 수만 있으며 마땅히 예법(禮法)대로 할 것이니라[24]

무엇보다 제사에 있어서는 애경(愛敬)의 정성이 위주가 되어야 하므로 재물에는 구애되어서는 아니 된다고 강조하였다. 즉 부모가 돌아가신 뒤에 행하여야 할 효는 무엇보다도 부모를 사랑하고 공경하는 마음이 중요하다는 것이다. 부모가 돌아가신 뒤에 행할 효 중에는 상례와 장례뿐 만아니라 성묘하는 것을 빼놓을 수 없다. 적어도 1년에 한 번씩 추석명절이 다가오기 전에 벌초를 하고 성묘를 하는 것은 우리민족의 세시풍속으로 여전히 남아 있다. 이처럼 한국인의 효정신은 대대로 이어지고 있는 것이다.

그리고 부모를 근심하도록 하는 것은 자식으로서 부모를 모시는 효가 아니라고 하면서 공자의 말을 인용하여 설명하고 있다.

---

24) 『栗谷全書』卷27 「擊蒙要訣」「祭禮章」.

공자가 말했다. "부모님이 살아 계시면 멀리 놀러 가지 않고, 놀러 가면 반드시 놀러 가는 곳이 있어야 한다."[25]

이 글은 『논어(論語)』 「이인(里仁)」편에는 "공자가 말씀하시기를 부모가 계시거늘 멀리 놀지 아니하며, 놀되 반드시 있는 곳을 밝혀야 할 것이다."[26]라고 한 것에서 그 의미를 살펴 볼 수 있다. 부모의 마음은 언제나 자식이 곁에 있기를 바라고 또 곁을 떠나면 근심하고 걱정한다. 자식은 반드시 자기가 있는 곳을 알게 하여 부모가 근심하도록 해서는 안 되며, 자기를 부르면 바로 부모의 부름을 받고자 하는 것이다.

오늘날은 학업, 직장 등 다양한 생활환경으로 인해 자식이 부모의 곁을 떠나 생활하는 일 들이 많아졌다. 그렇기 때문에 오늘날도 자신이 있는 곳을 부모님께 알려 걱정을 덜어드리는 것은 올바른 행동이다. 만일 멀리 떨어져 있다면 전화나 편지 등을 통해 자주 연락을 드려 소식을 전함으로써 부모님이 걱정하지 않도록 하여야 한다. 부모는 자식의 나이가 많아도 어린아이처럼 늘 걱정을 하신다. 이런 부모의 마음으로 부모를 섬긴다면 자신의 부모를 버리거나 돌보지 않는 패륜(悖倫)의 일은 일어나지 않았을 것이다.

또 자식으로서 부모에게 효를 행하는 기본에 대해 공자의 말을 인용하여 말하고 있다.

공자가 말했다. "아버지께서 명하여 부르시면 '예'하고 머뭇거리지 말고 음식이 입에 있거든 그것을 뱉어내야 할 것이다."[27]

---

25) 『명심보감』 「효행」편.
26) 『論語』 「里仁」, 「子曰 父母在 不遠遊 遊必有方」
27) 『명심보감』 「효행」편.

이 말은 부모님의 말씀을 존중하고 어렵게 생각하여 행동하라는 뜻으로 부모님의 말씀과 명에 절대적인 가치를 부여하여 존경하고 따르라고 하는 것이다.[28] 부모님의 부르심에는 우리는 효도라고 하면 거창하거나 아무나 할 수 없는 큰 것만을 생각한다. 그러나 효는 우리가 부모에게 할 수 있는 가장 기본적인 도리부터 시작하는 것이다.

오늘날 자식들은 자신의 일이 우선이며, 편하다고 부모에게 함부로 대하기도 한다. 또한 부모님이 부르셨을 때 귀찮다고 생각하여 빨리 대답하지 않고 꾸물거리기도 한다. 이러한 행동은 부모를 존중하고 공경하는 태도가 아니다. 아무리 중요한 일이 있더라도 '곧 가겠습니다.'라고 대답하고 일어나는 것이 부모에 대한 가장 기본적인 예절이며, 부모를 존중하고 공경하는 태도가 바로 효인 것이다. 즉 부모를 모시는 자는 그 행동에 있어서 한 가지 일과 한 가지 행동이라도 감히 제 마음대로 하지 말고, 반드시 명령을 받을 받은 후에 행할 것이며, 부모의 뜻에 거슬리지 않고 순종하는 태도가 중요한 것이다.[29]

이처럼 『명심보감』에는 자식 된 자가 행하여야할 효에 대해 간결하면서도 아동들이 쉽게 익힐 수 있도록 효행의 실천을 제시하고 있다. 그러면서 자신이 효행을 실천한다면 자식들도 효행을 본받아서 자신에게 효도를 행한다는 인과응보의 결과를 제시하고 더욱 효의 실천을 강조하고 있다.

---

28) 김원중, 앞의 책, 42쪽.

29) 김익수, 「한국인의 효사상과 가정윤리」, 『한국인의 가정윤리』, 율곡사상연구원, 1997, 277~ 278쪽.

태공(太公)이 말했다. "내가 어버이에게 효도하면 자식도 나에게 효도할 것이나, 나 자신이 효도하지 않으면, 자식이 어찌 효도하겠는가?"[30]

어버이에게 내가 효도하는 것은 자식 된 자의 당연한 도리인 것이다. 그러나 만일 자신이 효도를 행하지 않았으면서 자식들이 자신에게 효도하기를 바랄 수는 없는 것이다. 즉 자식들이 불효를 한다하여도 부모로서 할 말이 없을 것이다. "부모가 온 효자가 되어야 자식이 반 효자"란 말이 있다. 효자가 나오려면 부모는 자식의 두 배 이상 효도해야 한다.[31] 이 글은 태공의 말씀을 인용하여 부모에게 불효하지 말고 효도하여야 자신에게도 자식이 효도한다는 최소한 인과응보의 결과를 바탕으로 효행하는 마음을 유도하기 위한 것으로 여겨진다. 또 부모에게 효도를 행하는 것은 자식된 자로서의 당연한 도리이지만 효도를 행하면 보답을 받는다는 글을 통해 효행을 권하고 있다.

효도하고 순종한 사람이 또 효도하고 순종하는 자식을 낳으며, 거스르고 패역한 사람은 또 거스르고 거스르는 자식을 낳는다. 믿지 못하겠거든 단지 처마 끝의 물을 보라. 한 방울 한 방울 떨어지는 것에 어긋남이 없구나.[32]

내가 불효하고서 나는 효도하는 자식을 두겠다고 한다면, 그것은 이치를 거스르는 독선일 수밖에 없다. '효도는 본받음이다.'라고 풀이하기도 한다. 부모의 내리사랑을 본받아 위로 되돌리는 것이 효

---

30) 『명심보감』「효행」편.
31) 김원중, 앞의 책, 42쪽.
32) 『명심보감』「효행」편.

도인 것이다.[33)

다음으로는 추가본에 수록된 「팔반가(八反歌)」8수(首)에 대해 살펴보겠다.

「팔반가」는 그 처지를 바꾸어 보라는 말이 있듯이 그 처지를 바꾸어 살피라는 것이다. 즉 자식에게 사랑이 갈 때 부모가 나에게도 그렇게 했을 것을 생각하여 되짚어 보며, 그러한 마음가짐을 가지고 부모를 정성껏 봉양하라는 의미를 밝힌 것이다. 이것을 살펴보면, 다음과 같다.

> 어린아이가 간혹 아에게 대들더라도 내 마음엔 화사한 마음이 느껴지지만, 부모님이 나를 꾸짖고 노여워하시면 내 마음도 도리어 달갑지 않다. 한쪽은 화사하고 한쪽은 달갑지 않으니 아이를 대하는 것과 부모님을 대하는 마음 어찌 그다지도 현격한가. 그대에게 권하노니, 오늘 어버이께서 화를 내시는 것을 대하면 꼭 부모님을 아이로 바꾸어서 보라.[34)

> 아이들이 천 마디 말을 해도 그대는 들으면서 늘 싫어하지 않고, 부모님이 한번 말을 꺼내시면 쓸데없이 참견한다고 하네. 쓸데없이 참견하는 것이 아니라 친한 마음에 이끌려서 그러신 것이니, 흰머리가 되도록 사셨기에 많은 것을 알고 계신다네. 그대에게 권하노니 노인 말씀 공경하여 받들고 젖내 나는 입으로 길고 짧음을 다투지 말라.[35)

이 말은 부모를 모시는데 있어서 자식을 사랑하는 것과 같은 마음으로 모시라고 한 것이다. 우리는 자식이 나에게 못된 말을 하거나 잘못된 행동을 하여도 싫어하지 않고 너그럽게 대한다. 그런데

---

33) 이종찬, 위의 책, 69쪽,
34) 『명심보감』 「팔반가」편.
35) 『명심보감』 「팔반가」편.

부모가 나의 잘못된 점을 지적하거나 꾸짖으면 싫어한다. 부모는 내가 미워서 꾸짖거나 노여워하시는 것이 아니다. 그분들이 살아오시면서 많은 일들을 겪어 오셨기 때문에 미리 이를 알고 내가 잘못될까봐 염려하신 것이다. 그런데도 우리는 부모의 말씀을 쓸데없이 참견한다고 싫어한다. 우리가 자식들을 생각하듯이 부모도 우리를 생각하신다. 우리는 부모가 왜 나를 꾸짖으셨는지 노여워하지 말고, 부모의 뜻을 받들고 부모의 말씀을 공경하여야 할 것이다.

> 어린아이의 오줌과 똥은 더러워도 그대 마음에는 싫어하거나 거리낌이 없는데, 늙은 어버이의 눈물과 침이 떨어지면 도리어 미워하고 싫어하는 마음이 있네. 여섯 자나 되는 몸뚱이 어디로부터 왔는가. 아버지의 정기와 어머니의 피로 그대의 몸을 만드셨도다. 그대에게 권하노니, 늙어가는 부모님을 공경하여 대접하라. 젊으셨을 때 그대를 위하여 살펴 뼈가 닳으셨도다.36)

이 말은 나의 몸은 단순히 내 몸이 아니라 부모로부터 물려받은 것이다. 부모는 젊은 시절 자식을 위해 살과 뼈가 닳도록 고생해서 키워주셨다. 고슴도치도 자기자식은 귀엽다는 말이 있다. 자식은 눈에 넣어도 아프지 않다는 말도 전해온다. 나의 자식을 위해서는 거리낌이 없이 모든 일을 다 하지만 부모에게는 그렇게 대하지 못한다. 이것을 반대로 생각하여 자식을 사랑하듯이 부모를 사랑하며, 부모의 마음을 헤아려서 부모를 공경하고 효행을 하라는 것이다. 부모는 아픔과 고통을 이기고 자식을 키우기 위해 가지신 모든 것을 희생하셨다. 그러므로 자식들은 부모의 커다란 은혜를 잊지 말고, 날로 허약해지시는 부모를 공경하고 봉양하여 편안하게 보살펴

---

36) 『명심보감』 「팔반가」 편.

드려야 한다.

> 그대가 새벽에 시장에 들어가 밀가루 떡과 쌀떡을 사는 것을 보았
> 는데, 부모님께 드린다는 말은 거의 들리지 않고 아이들에게 준다
> 는 말만 있네. 부모님은 맛도 보지 않으셨는데 아이들이 먼저 배
> 부르니, 자식의 마음은 부모의 마음이 좋아하는 것에 비하지 못하
> 리라. 그대에게 권하노니, 떡을 살 돈을 내어 흰머리에 세월이 얼
> 마 남지 않은 부모님을 봉양하라.[37]

　부모는 가난에 굶어죽을지언정 자식이 배고프지 않도록 먼저 밥
을 먹여 주시고, 추위에 헐벗고 떨지 않도록 따뜻하게 옷을 입혀
주신다. 그러나 오히려 자식들은 자신이 먹고 입는 것이 남보다 못
하다고 오히려 부모를 원망하기도 한다. 자식은 부모보다 먼저 자
신의 자식을 먼저 챙기고 보살핀다. 그러면서 늙고 병든 부모는 돌
보지 않아 종종 나쁜 일이 발생하기도 한다. 과거 부모도 먹고 입
을 것이 없을망정 자식에게만은 먹이고 입히려고 모든 노력을 기울
이셨다. 그러한 끝없는 부모님의 은혜를 자식은 다시 한 번 깊이
새겨 부모님을 먼저 잘 받들고 봉양해야 한다.

> 잘살고 귀하면 부모님을 모시기는 쉽지만 부모님은 늘 편안한 마
> 음이 아니라네. 가난하고 천하면 아이를 기르기 어려우나, 아이는
> 배고프고 추운 것을 겪지 않는다. 한 갈래 마음에 두 갈래 길이
> 있으니 아이를 위하는 것은 끝까지 부모를 위하는 것에 미치지 못
> 한다. 그대에게 권하노니, 부모님 봉양하길 아이를 기르듯 하고
> 모든 일을 집안이 부유하지 않다고 미루지 말라.[38]

---

37) 위의 책, 「팔반가」 편.
38) 위의 책, 「팔반가」 편.

어버이를 받드는 일에는, 두 분뿐인데 늘 형제들과 다투고, 아이
를 기를 때는 열 명이 있더라도 그대는 혼자 스스로 떠맡네. 아이
가 배부른지 따뜻한지 부모님은 늘 물어보지만, 부모님께서 주리
신지 추우신지 마음에 두지 않네. 그대에게 권하노니, 부모님을
봉양함에 모름지기 힘을 다하라 처음부터 입는 것과 먹는 것을 그
대에게 **빼앗겼기에.**39)

집안 형편이 가난하면 우리는 부모보다 자식을 먼저 생각하고 배
고프거나 춥지 않도록 돌본다. 부모도 먼저 자식(우리)을 생각하고
자신은 먹고 입을 것이 없을망정 자식에게만은 먹이고 입히려고 모
든 노력을 기울이셨다. 자식이 어떤 상황에 처해 있든 항상 자식을
먼저 생각하는 것이 부모의 마음이다. 부모는 자식이 눈에 보이지
않는 때도 자식에 대한 근심을 떨쳐 버리지 못한다. 공들여 키워준
은혜를 잊어버리고 자기만 편안하다고 부모의 건강이나 불편한 것
을 돌보지 않는 것은 있을 수 없는 일이다.

또 자기 자식을 기르는 것은 누구에게도 맡기려 하지 않으면서도
부모를 봉양하는 것은 형제들 간에 서로 맡으려 하지 않아서 늘 다
툼이 벌어진다. 부모는 자식을 기르시는데 있어서 모든 정성을 기
울이셨다. 자식은 부모를 다른 사람에게 미루지 말고 자기의 자식
을 키우듯이 그 봉양에 힘써야 한다. 음식을 잘 대접해 부모의 구
복(口腹)을 기르고, 잠자리와 거처를 편안하게 살펴서 부모의 건강
을 돕는 일은 아주 중요한 것이다.40)

저자거리 사이로 있는 약 파는 가게에는 오직 아이 살찌울 환약만

---

39) 위의 책, 「팔반가」편.
40) 김익수, 「공자의 인효사상과 인성교육의 원리를 통한 청소년 교육방향(1)」, 『청소년과 효문화』
22집, 한국청소년효문화학회, 수덕문화사, 37쪽.

있고, 부모님을 튼튼하게 할 약은 없으니 무슨 이유로 다른 것으로 보는가. 아이도 병들고 부모님도 병들면 아이를 치료하는 것이 부모님의 병을 치료하는 것에 비하리오. 허벅지살을 베더라도 여전히 부모님의 살이니, 그대에게 권하노니, 빨리 두 부모님의 목숨을 보전하시오.[41]

이 말은 아이도 어버이도 동시에 병이 났다면 당연히 어버이의 병을 고치는 것이 우선되어야 한다는 뜻이다.[42] 부모는 자식을 지극히 사랑하기 때문에 그 몸을 늘 걱정하여 혹시 질병에 걸릴까 늘 고심하신다. 또 부모는 자식이 아프면 식사도 거르시면서 밤낮을 가리지 않고 곁에서 자식을 정성스럽게 간호하신다. 공들여 키워준 은혜를 잊어버리고 자식만 돌보고 부모의 건강이나 불편한 것을 돌보지 않는 것은 있을 수 없는 일이다. 자식은 부모의 건강이나 불편한 점에 대해서도 세심한 관심을 갖고 정성을 다하여 극진히 보살펴 드려야 하는 것이 '봉양의 효'인 것이다.

부모님은 지극히 자애로우시나 그대는 그 은혜를 생각하지 않고, 자식이 조금이라도 효도를 하면 그대는 곧 그 이름을 빛내려 한다. 부모님 대하는 것은 어둡고, 아이를 대하는 것은 밝으니, 누가 부모님께서 자식을 기르는 마음을 알리요. 그대에게 권하노니, 부질없이 자식들의 효도를 믿지 말라. 그대가 바로 아이들의 어버이이자 어버이의 자식인 것을.[43]

이 말은 자신이 부모에게 효도를 해야만 자식들도 그것을 본(本)받아서 효도를 한다는 것이다. 즉 아이들이 자기 아버지가 할아버

---

41) 『명심보감』 「팔반가」 편.

42) 최승호, 『보편화 가능성의 효윤리체계에 의한 『명심보감』분석-초등학교 효교육지도방안을 중심으로』, 성산효도대학교 대학원, 2003, 37쪽.

43) 『명심보감』 「팔반가」 편.

지에게 불효하는 것만을 보았다면, 아이도 자기 아버지에게 불효한 짓을 하게 된다는 것이다. 또 자신은 부모에게 효도하지 않으면서 자식들에게서 효도받기를 원하지만 자식들은 불효를 하는 어버이의 행동들을 보고 자랐다면 부모에게 효도를 하지 않을 것이다. 내가 부모에게 효도를 하면 그 효는 아래로 내려가 자식들에게도 이어지는 것이다.

마지막으로 「효행속(孝行續)」에는 효행을 실천한 인물로 우리에게 널리 알려진 손순(孫順), 향덕(向德), 도씨(都氏)의 이야기를 수록하였다. 손순은 자식이 부모의 밥을 빼앗아 먹자 부모를 위해 자식을 땅에 묻으려 하였고, 이 지극한 효성에 하늘도 감동하여 복을 내린 인물이며, 향덕은 부모를 봉양하기 위해 자신의 허벅지살을 베어 드린 인물이다. 도씨는 그의 지극한 효성에 숲의 소리개와 호랑이 등과 같은 동물도 감탄한 인물이다. 「효행속」의 세 인물들은 지극한 효성으로 동물뿐만 아니라 하늘까지도 감동하여 복을 받은 사람들이다. 이처럼 지극한 효도를 실천한다면 하늘로부터 복을 받는다는 본보기적 인물들의 이야기를 기록하여 효의 실천을 권장하고 있다.

앞에서 살펴본 바와 같이 『명심보감』은 부모의 은혜는 하늘과 같이 크고 높으며, 자식은 이러한 부모의 은혜에 대해 효도하는 것이 자식 된 자의 도리라는 것을 자연스럽게 말하고 있다. 그리고 부모를 극진한 효성으로 섬기는데 있어서의 자식의 태도로서 부모를 공경하면서 부모에게 순종하고, 부모를 봉양하고 시봉을 하는 도리, 그리고 상장과 제사를 받드는 도리 등을 구체적인 덕목으로 삼아 아동들이 이해하기 쉬운 방식으로 효의 실천을 제시하고 있다.

「팔반가」에서는 생각을 되짚어서 자식을 키우면서 애정과 정성을 다하듯이 부모에 대한 효도도 정성을 다하라는 것이다. 부모가 걸어온 인생은 자식도 걸어가야 하는 길이다. 우리의 조상들이 살아온 길이기도 하다. 그 속에는 온갖 어려움과 기쁨, 그리고 슬픔과 고통도 함께한다. 자식은 부모가 걸었던 길을 또한 걷는다.[44] 그렇기 때문에 효행은 당연한 것이지만 내가 불효를 했다면 미래에 자식에게 효도를 받을 수 없을 것이라는 인과응보의 결과론을 가지고 효도를 실천해야 한다는 것을 말하고 있다.

부모에게 효도를 하는 것은 당연한 일이다. 내가 부모에게 효도를 하였으니, 그 대가로서 나도 효도를 받아야 한다는 것은 아니다. 윗사람부터 부모에게 효도하고 어른께 공경하고 자애하여야 한다. 그러면 자식도 자연히 바르게 되고 저절로 따르게 된다. 그러므로 차후에 자식에게 효도를 받기를 원한다면, 부모에게 효도를 하라는 소박한 논리로서 효의 실천을 말하고 있다.

3. 『명심보감』을 통한 인성교육론

우리나라에서는 예로부터 삼성(三聖: 환인천제, 환웅천왕, 단군왕검)을 계승한 공자의 인효(仁孝)교육이 행해지고 있었다.[45] 모든 사람이 본성으로 간직하고 있는 인(仁)은 사랑(愛)의 원리로서 아주 착한 덕성(德性)인데, 이것이 바로 사람을 사람답게 만드는 근본사

44) 지봉환, 「『조선왕조실록』에 나타난 효도와 경향」, 『청소년과 효문화』21집, 한국청소년효문화학회, 2013, 49쪽.
45) 김익수, 앞의 책, 13쪽.

상이며, 인을 실천하는 것이 효라는 것이다.46) 이로 인해 우리 사회는 노인을 공경하고 부모에게 효도하며 형제간에는 우애가 있는 아름다운 전통이 이어져 내려 왔다. 그중에서도 부모에게 행하는 효는 백가지 행실 중에 으뜸이었고, 효를 다하지 못한 자를 금수(禽獸)처럼 여겨왔다. 특히 가정의 질서와 화목한 관계를 유지하기 위해서 가정윤리의 근본으로서, 또한 사회윤리로서 효를 강조하여 왔다. 이러한 효의 본질은 전통사회뿐만 아니라 오늘날에도 변할 수 없는 것이다.

오늘날의 현대 교육은 역사상 최대의 교육위기를 초래하고 있다. 현대 교육은 오직 교육을 신분상승과 출세지향의 도구로 인식하고 입시위주의 교육이 실시되면서 우리교육의 본질이 되어야 할 인성교육이 소외되는 양상을 보여주고 있다. 또한 가정도 핵가족화 되면서 어른을 공경하기보다는 자녀들을 우선시하는 경향으로 자녀들의 독선과 이기심만 키워 주고 있다. 또 조부모와 함께 살지 않은 가정이 보편적인 형태가 되면서 세대 간의 단절현상이 생기게 되고, 효 가치관을 교육할 기회도 사라지게 되었다. 또 노인들은 존경의 대상이 아니라 부양의 대상으로 전락하면서 효와 밀접한 가치를 찾는 경로자세도 가르치기 어렵게 되었다.47)

이처럼 교육은 본연의 자녀교육을 실시하지 못하고, 지나친 경쟁의식으로 지적능력의 신장을 위한 교육만 중점적으로 실시하고, 사실상 효제(孝悌)교육과 인성교육이나 인륜(人倫)교육은 무시되고

---

46) 김익수, 「옛사람의 효정신과 현대 청소년의 효행사례」, 『청소년 효문화와 인성교육』, 한국효문화연구원, 2013, 157쪽.

47) 조성남 외 2인, 『고령화·정보화 시대의 신효문화 실천방안 연구』, 이화여자대학교 사회과학연구소, 2004.

있다.48) 따라서 부모를 공경하고 사람을 존중하는 인성교육은 사라지고, 가정과 학교에서 지식과 기술만을 가르치는 교육이 되었으며, 어려서부터 가정에서부터 입시위주의 교육을 실시하여 공교육은 완전히 황폐화되고 사교육이 강성해지면서 학교교육에서도 인성교육은 무너지고 있다. 심지어 몰지각한 학자들은 도덕적 규범을 전통문화와 연결시켜 생각하는 것은 비합리적이고, 보수적이라 매도한다. 그들은 새 술은 새 부대에 담아야 하듯이 새 시대에는 새로운 윤리가 나와야 한다고 주장하기도 한다. 그러나 성현들께서는 후세인들의 바른 마음과 올바른 정신을 갖도록 가르치고 있다. 이것을 망각하는 어리석음은 갖지 말아야 할 것이다.

오늘날 우리 교육의 시대적 위기를 극복할 방안으로는 전통적 인성교육인 효 교육 이외는 다른 대안이 없다는 것이다. 인성교육은 마음의 근본을 교육하며, 인간을 인간답게 길러내는데 있다. 그렇기 때문에 전통 교육에서는 효 교육을 통해 인간의 도리와 도덕적인 삶의 가치를 생각하는 인성교육을 실시하였다. 즉, 효 사상을 바탕으로 어려서부터 자녀에게 부도덕한 행위를 예방하는 것을 중요하게 생각하도록 하였으며, 어린자녀들에게 날마다 격언이나 올바른 이론을 보고 듣도록 하였다. 그리하여 어린 자녀들이 다른 말에 현옥되거나 동요되지 않도록 하였다.

『명심보감』은 조선시대에 도덕적 행동의 실천을 위한 초학교재로서, 한자에 대한 이해를 높이면서 우리나라의 전통적인 정신요소인 인성교육을 통한 새로운 인격을 형성할 수 있는 방법과 본이 제

---

48) 김익수, 「율곡의 효사상과 청소년 문화교육의 세계화 방향」, 『한국의 청소년 문화』7집, 한국청소년문화학회, 2006, 45~48쪽.

시되어 있다. 앞에서 살펴본 바와 같이『명심보감』에 내재한 효 윤리는 부모에 대한 효행에 가장 중점을 두고, 나를 낳아주시고 길러주신 부모님의 은혜에 감사하는 마음을 갖도록 가르쳐 준다. 그리고 부모님의 은혜에 보답하기 위해서 자식들이 해야 할 효행의 당위성과 정당성에 대해 결과론적 윤리론을 들어 강조하고 있다.[49]

인간 자신이 본래 가지고 태어난 선한 본성을 최대한 발현하며 살아가는 것 즉 사람다운 사람이 되어 사람 가치를 실현하는 것이 중요한 교육목적이다. 이것은 현대 교육의 목적과도 일치한다. 전인(全人) 즉 지적·신체적·정서적 조화를 이룬 사람을 키우는 것이다. 이처럼 인간의 도덕성을 도야시키기 위한 교육적 안목은 동양의 전통교육에서 얻을 수 있다.[50] 효는 우리나라에서는 전통적으로 인간윤리와 인성교육의 원천이었다.『명심보감』에 나타난 효 윤리는 가장 선행되어야 할 덕목들이다. 특히 요즈음 같은 핵가족시대에 노부모들이 소외당하고 자식들과의 윤리가 사라지고 있는 시대에 인성교육의 틀과 개념을 바로 세울 수 있는 것은 우리의 전통적이 효 교육인 것이다.

4. 끝맺으며

오늘날 교육의 부재 속에서 우리가 역점을 두어야 할 것은 청소년의 인성교육이다. 청소년 교육을 위한 인성교육의 중핵은 효이다.

---

49) 조연심,『초등학교 덕교육론 연구 -『명심보감』활용사례 분석을 중심으로』, 서울시립대학교 교육대학원, 2010, 31쪽.

50) 김유리, 「『명심보감』의 교육적 가치」,『대동문화연구』84집, 성균관대학교 대동문화연구원, 2013, 123~127쪽.

효는 부모가 자식에게 베푼 은혜를 갚는 의무가 아니라 마땅히 해야 할 도리임을 알아야 한다.[51]

요즘 사람들은 부모에게 효도해야 한다고 말로만 하고는 실제로는 그 은혜를 인식하지 못하고 망각하고 만다. 부모의 은혜를 항상 잊지 말고 항상 기쁘게 해드리며, 감사한 마음을 갖도록 교육해야 한다. 오늘의 현실에서 볼 때에 오늘의 실정에 맞는 효행교본을 편찬하여 가정이나 학교에서 늘배우고 익히게 하는 교육이 필요하다.[52] 인간의 기본교육이요, 기초교육인 인성교육이 잘 이루어져야만 장차 큰사람으로 성장해서 이웃과 지역사회를 위하고 국가사회를 위하여 공헌 할 수 있는 길이 열린다. 다시 말하면 부모에게서 태어난 인성(人性)이 수성(獸性)으로 변하여 청소년들이 포악한 이 때에 인성(仁性)으로 바뀔 때에 남을 위하고 사회를 위하여 공헌할 것이다.

『명심보감』에서 말하고 있는 효는 단순히 부모를 공경하고 보살피는 것에 대한 일들뿐만 아니라 내 형제를 아끼고 사랑하는 마음을 이웃에까지 미루어 발전시켜야 함을 강조하고 있다. 그리고 『명심보감』에 나오는 효 금언(金言)과 효 예화(禮話)는 평생을 두고 가슴에 간직하고 지켜야 할 윤리로서 가정과 국가를 원만하게 이끌어가고 건전한 사회를 만들기 위한 원칙들이다. 그러므로 청소년의 인성교육을 실시하는데 있어서 이 책만큼 도움이 되는 지침서는 없으리라 본다.

한편 사단법인 한국효문화연구원에서는 이시대의 교육위기에 처

---

51) 조연심, 앞의 논문, 41쪽.

52) 한관일, 「한국교육의 위기를 극복하기 위한 교육계획과 효교육」, 『한국의 청소년문화』18집, 한국청소년효문화학회, 2011, 115쪽.

하여 절박한 소명의식에 따라 '효 교육사'를 양성하여 학교교육에 기여하려고 시도하고 있다.

제5장

서애 유성룡 선생 종가의 효문화

이 정 화

(동양대학교 교수)

1. 글의 시작

호성공신(扈聖功臣) 서애(西厓) 유성룡(柳成龍, 1542~1607) 선생은 여러 벼슬을 두루 거치시는 동안 특히 임진왜란 때 영의정으로 전쟁의 어려운 상황을 이겨내는데 많은 공헌을 하셨으며 청백리로 선정되셔서 벼슬아치들의 귀감이셨다. 서애 선생의 『징비록(懲毖錄)』은 임진왜란사 연구에 빼놓을 수 없는 귀중한 자료로 평가받고 있다. 서애 선생의 본관은 풍산으로, 풍산 류씨 가문이 하회에 이거(移居)하게 된 시기는 공조전서(工曹典書)를 역임한 류종혜(柳從惠) 공 때부터라고 한다.

서애 선생의 부친 입암(立巖) 류중영(柳仲郢) 공과 입암공의 장남 겸암(謙巖) 류운룡(柳雲龍) 선생이 거처하신 양진당(養眞堂) 또는 입암고택(立巖古宅)은 불천위(不遷位) 제사를 받아 두 분의 신위를 모신 사당을 두게 되었다. 입암공의 차남인 서애 선생도 그 주손이 대대로 거처하시는 충효당(忠孝堂)의 사당에 불천위로 모셔지게 되었다.

서애 선생께서 농환재(弄丸齋)에서 돌아가신 후, 장손(長孫)인 졸재(拙齋) 유원지(柳元之, 1598~1674)공 때에 충효당(忠孝堂)이 지어졌으며, 증손자 눌재(訥齋) 유의하(柳宜河, 1616~1698) 공에 의해 확장되었다. 충효당의 행랑채는 8대손 일우(逸愚) 유상조(柳相祚, 1763~1838) 공이 지은 건물로 전형적인 사대부(士大夫) 가옥인데, 대문간채, 사랑채, 안채, 사당이 있다.

충효당 경내에는 영모각(永慕閣)이 별도로 건립되어 서애 선생의 귀중한 저서와 유품 등이 전시되고 있으며, 영국 엘리자베스 2세가 충효당의 방문을 기념하여 심은 '구상나무'가 바깥마당에 서 있어서 눈에 띈다. 사랑채 대청에 걸려 있는 '충효당(忠孝堂)' 현판은 미수(眉叟) 허목(許穆, 1595~1682)선생이 쓴 것이다. 충효당은 건물을 지을 당시의 외관이 잘 유지되고 있어서 조선시대 반가(班家) 건축 연구에 귀중한 자료가 되고 있다.

이글에서는 효의 도리를 몸소 실천함으로써 그 정신이 자손 대대로 사라지지 않도록 힘쓰신 서애 선생의 지극한 마음을 살펴봄과 동시에 서애 종가를 빛낸 후손들의 실천적 삶과 효행의 자취를 조명하고자 한다.

2. 서애 선생의 효

서애선생은 중종 37년(1542년) 10월에 의성현 사촌(沙村) 마을의 외가에서 아버지 입암 유중영(柳仲郢) 공과 어머니 안동 김씨 부인 사이에서 둘째 아들로 태어났다. 실록에서는 선생은 타고난 기질이 총명하고 기상은 단아하며 언행이 온화하고 공손하였다고 기록하였다.[1]

총명한 기질과 단아한 기상을 바탕으로 입신한 서애 선생은 일찍이 가학(家學)을 통해 군자의 풍모를 갖추게 된다. 어린 시절의 선생에게 행해진 가학의 근간은 간성군수로 재직한 바 있는 조부 유공작(柳公綽) 공과 여러 고을의 목사(牧使)를 역임한 아버지 류중영 공의 가르침에 의한 것이었다.

14세 때 서애 선생은 조부의 부임지를 찾아 가 향교에서 학우들과 글을 읽었다는 기록이 전해진다. 특히, 부친 유중영 공은 정주목사로 재임하시는 동안 퇴계선생이 집주한 『주자서절요(朱子書節要)』를 목판본으로 간행함으로써 퇴계선생의 학덕을 널리 끼치게 한 공로가 있었다.

또한 선생의 부친은 평소 사장(師匠)으로 높이 받든 퇴계 선생에게 자제들을 보내 가르침을 받도록 권면하셨다.[2] 서애 선생의 조부 및 부친이 어린 시절의 선생에게 행하신 가르침은 캄캄한 밤길을 밝혀주는 촛불과도 같았으며, 장차 훌륭한 인재로 성장할 수 있도록 촉진제를 준 것과도 똑같았다.

서애 선생께서 효심이 매우 깊으셨다는 사실은 선생이 오랜 세월에 걸쳐서 부친의 건강을 염려하며 서술해 간 <아버님 병환을 시중들며 쓴 일기(先考 侍病記)>를 통하여 확인할 수 있다. 서애 선생의 부친은 일찍이 병치레를 많이 하셨다고 전한다. 하지만 가족의 지극한 정성으로 곧 병세가 사라졌는데, 기운은 해가 지날수록 약해지셨다.

1566년에 선생의 부친이 정주목사로 부임하셨을 때에는 복잡한 업무가 많았다. 선생의 부친은 변방 고을을 두루 시찰하고 사신을 대접할 객관의 연회상황까지 밤낮 없이 확인하면서 피로가 겹치셨는데 이때 명종이 승하하셔서 국상 조문 사신들의 영접 임무까지 맡게 되어 가족

---

1) 『朝鮮王朝實錄』 宣祖 40年 5月 13日 乙亥條.
2) 『立巖逸稿』, 豊山府院君記念事業會, 2006, 518쪽.

이 모두 부친의 건강을 걱정하는 지경에 이르렀다.

그럼에도 불구하고 선생의 부친은 평생 한 결 같이 주어진 업무에 대해 진력을 다해 수행할 따름이셨을 뿐 조금이라도 안이한 마음가짐을 갖지 않으셨다. 이로 인하여 객혈을 하시며 천식도 심해지셨으나 요양하지 않으시고 근무에만 충실하셨다. 1568년 부임지에서의 임기를 마치신 후에는 병세가 악화되어 여러 달 치료를 받으셔야 했으나 또다시 청주목사가 되어 임지로 향하셨다.

1569년 서애 선생이 서장관으로 연경으로 향할 당시에 선생의 부친은 종성 지역까지 배웅해주셨는데, 이때부터 병세가 더욱 악화되고 몸에 더운 기운이 뻗쳐서 냉수를 수없이 마시고 다리의 힘마저 쇠약해지는 지경에 이르셨다. 1571년 겨울철에는 담이 끓어오르고 천식이 심해지며 객혈까지 보여서 봄 무렵까지 약을 복용한 후에야 비로소 거동이 자유로워지셨다.

그 해 여름 병조참지(兵曹參知)를 제수 받고 서울에 올라가셨으나 안색이 매우 창백하고 입술이 다 갈라져 터지도록 기운이 떨어지셨다. 8월 동부승지(同副承旨)로 이임(移任)되셨는데 그 자리는 워낙 책임이 막중하였으므로 젊고 기세가 강건한 벼슬아치라 하더라도 감당하기가 매우 힘든 자리였다.

선생의 부친은 늘 쉬지 않고 봉직하셨으니 11월 1일에 이르러 마침 임금을 모시고 사신을 영접하는 일에 몰두하실 때에는 땀으로 등이 온통 젖으셨다. 찬바람이 불자 냉랭해진 기운이 부친의 몸을 엄습하였으므로 병가(病暇)를 내셨다가 결국 그 자리를 그만두셨더니 병세가 호전되셨다. 12월에 다시 승지(承旨) 벼슬이 내려지니 선생의 부친은 성은(聖恩)에 보답하기 위해 완쾌도 되기 전에 조정으로 향하셨다.

1573년 3월 병환이 깊어 버슬을 그만두셨는데 얼마 지나지 않아 승지(承旨) 버슬에 다시 제수되셨다. 5월 30일 조부(祖父) 시사를 지내신 뒤에 선생의 부친은 왼쪽 다리에 콩알 크기 정도의 종기가 두 군데 생겼는데 이것에 신경 쓰지 않으신 채 맡으신 임무에 충실하셨다. 그러나 이 종기들은 날이 갈수록 많아져서 예닐곱 군데로 퍼졌고 옷을 편하게 입지 못할 정도가 되었다. 의원들은 한 목소리로 살갗에 축적된 열이 한꺼번에 발산된 결과라고 하였다.

　　6월에 부친은 사직하려 했으나 동료들이 거듭 만류하였으므로 사직하지 못하셨다. 이러한 병세가 처음이 아니었기 때문에 모두 크게 걱정하지는 않았다. 예전에 하반신에 종기가 수십 개 생겼을 때에도 일일이 침으로 따서 없애버리니 호전되셨던 적이 있었다. 일주일도 지나지 않아 허리 왼쪽에 종기 하나가 더 생겼음에도 부친은 이를 알리지 않으셨다. 부친의 머리 오른쪽 밑으로 녹두알만한 종기가 생겼을 때에는 그 병의 원인이 무엇인지 알 수가 없었다.

　　명의로 소문이 난 양예수와 안덕수 두 의원에게 환부를 보이니 그들은 나쁜 종기가 아니고 우연히 생긴 것이라고 말할 뿐이었다. 선생의 부친은 안심하셨고 예전처럼 맡으신 일을 하시느라 여념이 없으셨고 약도 제대로 쓰지 않으셨다. 이 상황에 대해 서애 선생은, "내가 무지하여 적절한 때에 맞추어 병환에 잘 듣는 처방전을 마련하지 못하고 세월만 보내다가 이윽고 병세가 악화되셨으니 하늘이 무너지는 이 망극한 고통을 어찌하겠는가."라고 하며 슬픔과 분노를 터뜨리셨다.

　　서애 선생은 침술로써 병을 다스린다는 고기(高積) 의원에게 치료를 맡겼는데, 이때 선생의 부친은 이미 온 몸에 종기가 퍼져 있었다. 부친은 손가락으로 목 뒤에 난 종기를 가리키면서 "이 종기가 생긴 지 한참

되었으니 침을 놓아 없애게."라고 하셔서서 침을 놓았더니 피가 전혀 나오지 않았다. 부친은 이때 침으로 종기를 따서 피가 나오지 않을 경우 이미 독이 많이 퍼진 상태일 것이라고 짐작하셨다.

얼마 후에 이 종기는 갑자기 붉은 색을 띠면서 넓어졌고 부어오르지는 않았어도 그 뿌리가 더 깊어졌다. 상황이 이렇게 되니 고기(高穊) 의원은 서애 선생께 부탁하기를 지금부터 부친 옆에 항상 있어야 하며 먼 곳으로 외출하지 말라고 했다. 이튿날 목 뒤에 난 종기는 검붉어지며 손바닥 넓이까지 늘어났으므로 의원이 여러 군데 침을 놓아 보았다.

해가 질 무렵에는 왼쪽 귀밑머리까지 종기가 부어올라서 선생의 부친께서 겪는 통증은 매우 심해지셨다. 종기의 독이 퍼져서 열꽃이 온 머리에 생기게 되니, 결국 의원은 선생 부친의 병환을 치료하는 것은 더 이상 의미가 없다고 말하였다. 이 말을 듣고 서애 선생은 부친의 별세가 곧 눈앞에 닥쳤음을 예감하시고는 비통함에 휩싸여서 다음과 같이 통곡하시고야 만다.

목숨이 짧고 긴 것은 하늘이 하시는 일이라 하지만, 사람이 불민하게 대처함으로써 천명을 거스르는 일이 자주 발생하기도 한다. 지금 이 상황이야말로 어찌 내 죄가 쌓이고 쌓여 급기야 천우신조(天佑神助)가 이루어지지 않은 것이라 하지 않을 수 있겠는가. 이 세상사람 중에 슬픔이 없는 사람이 어디 있겠는가마는 지금 나에게 밀려오는 슬픔은 끝이 없으니 이를 어이 하리.

1573년 7월 13일 아침, 선생의 부친이 별세하시자 별좌(別坐) 김취려(金就礪) 공을 비롯하여 10여명의 지인이 통곡하고 초상 치를 준비를 하였다. 소재(蘇齋) 노수신(盧守愼) 대감이 호상을 담당하셨는데 지인들도 모두 통곡하며 부친과의 두터운 정감을 보이지 않은 분들이 없었다. 일찍이 많은 사람들을 감복케 하신 부친의 도량과 덕행에 힘입어 조정에서의 큰 활약을 기대하다가 뜻밖의 변고로 운명을 달리 하시니 모든 사람들이 추모하며 이를 안타깝게 여겼다.

서애 선생은 34세 때 부친상을 당하여 낙향해 계시는 동안 원지정사(遠志精舍)가 완공되어 이곳에서 주로 은거하셨다. 이 시기에 도연명의 초연한 시정신을 흠모하고 하늘의 이치와 같은 순수한 본성을 간직하며 살아가는 것이 바로 선비의 지조가 될 수 있음을 자각하신다. 선생이 추구하신 학문의 목적은 평생 하늘이 내린 사명인 '충'과 '효'를 제대로 행하시기 위한 것이었다.

1573년 부친상을 당한 시기, 1580년 상주 목사(牧使) 시기, 그리고 1583년 경상도 감사 시기를 제외하고는 대체로 중앙에서 청요(淸要)한 내직(內職)을 맡아 오셨다. 서애 선생은 뛰어난 역량과 학덕으로 인하여 관직에서 빠르게 승진되셨다. 서애 선생은 「포은집발(圃隱集跋)」에서도 남의 군신(君臣)과 부자(父子)가 된 사람들은 스스로 직분을 다하지 않은 바가 있는지를 항상 자성하라는 뜻을 밝히신 바 있다.

실제로 선생은 39세(선조14년, 1580년)에 승지에서 홍문관 부제학에 제수되셨으나 어머니를 봉양하기 위해 사직상소를 올리게 된다. 이때에 조정에서는 특명으로 안동과 가까운 지역인 상주로 내려가서 목사(牧使)로 봉직하도록 하였으므로 선생은 모부인을 모시고 그곳에서 목민관 생활을 하셨다.

1598년 이순신 장군이 전사하신 그날 서애선생은 파직되어 서울을 떠나게 되셨다. 이때의 파직 사건에 대해 사관(史官)은 다음과 같이 기술하였다.

유성룡은 평소에 두터운 신임을 얻어 여러 해 동안 나랏일을 맡았기 때문에 여러 소인배들로부터 미움을 받게 되었다. 그들은 처음에는 사신 가기를 자청하지 않은 것으로 죄를 삼더니, 곧 기회를 틈타 근거 없는 말과 이치에 맞지 않는 비난을 마음대로 만들어 결국 자애로운 어머니가 베틀에서 북을 내던지는 지경에 이르렀으니 슬픈 일이다. 당시 사헌부와 사간원의 여러 신하들 가운데 어찌 한두 명의 지식인 없었겠는가마는 소인배들의 유혹과 협박을 받아 같은 말로 헐뜯어 배척하였으니 더욱 애석하다.3)

서애 선생이 관작(官爵)을 삭탈 당하신 일은 어머니가 가족의 안녕을 위해 수고해온 길쌈 일을 갑자기 끊어버리는 것과 똑같은 것으로 파악하였던 것이다. 집안이 어려울 때에야 비로소 효자가 나고 나라가 위급할 때에야 충신이 나오듯이 전쟁의 시기에 어려운 국정을 헤쳐나가신 분이 곧 서애선생이셨다. 위의 글은 선생의 도량을 자애로운 어머니의 마음에 빗대어 그 공훈이 참으로 컸다는 점을 강조한 것이다.

57세인 선생은 동짓달에 서울을 떠나 하회로 내려가시는 도중에 봉화로 가셔서 모부인을 뵙고 거기에서 1년 동안 함께 지내셨는데, 그곳이 바로 '도심(道心)'이란 장소에 있었다. '도심'이라는 지명을 시제(詩題) 삼아 선생이 추구하시는 도의 경지를 표출하신 작품이 바로 다음의 시다.

---

3) 『宣祖修訂實錄』 卷32, 宣祖31年 11月 壬午.

寓居道心里民家偶題
도심리의 민가에 머무르며 우연히 지음

我來道心里 내가 도심리에 왔는데

愛此道心名 이 '도심'이란 지명이 사랑스럽네.

臨溪弄泉水 계곡에 가서 물을 즐기노라면

心與水較淸 마음과 물이 서로 맑음을 다투네.

溪深可垂釣 계곡이 깊으니 낚싯대 드리울만하고

谷邃宜躬耕 골짜기가 깊숙하여 밭을 갈기에 마땅하네.

三復欽明訓 세번씩 되풀이하여 흠명(흠명문사, 堯帝의 덕)의

 교훈을 우러르는데

誰知千載情4) 그 누가 천 년의 뜻을 알겠는가.

　　서애 선생은 만년(晩年)의 10여년을 옥연정사와 같은 조용한 공
간에 계시면서 징비록(懲毖錄)을 위시한 다수의 저서를 완성하셨을
뿐만 아니라 노모(老母) 곁에서 사는 것을 꿈꾸어 온 일도 이루어
지셨다. 그러다가 1601년 3월에 겸암 선생이 어머니보다 먼저 별세
하셨을 때, 서애선생은 어머니께 이를 알려 드리지 않으셨다.

　　그렇기 때문에 선생의 어머니는 아들 잃은 슬픔을 겪지 않으신
채 1601년 7월에 눈을 감으셨다. 이 일이 자식 잃은 어머니가 겪게
되는 단장(斷腸)의 고통을 헤아린 선생의 지극한 효심에서 비롯되
었음은 물론이다. 서애선생은 60세 때 모친상을 당하셨다. 의례에
따라서 대상(大喪)을 마치시고 부묘(祔廟)를 하기 위해 사당 문 앞

---

4) 『西厓先生文集』卷1 「寓居道心里民家偶題」.

에 이르셨는데 갑자기 어머니를 생각하시며 눈물을 비 오듯 흘리시
니 이를 본 주위 사람들 가운데 함께 눈물을 흘리지 않는 이가 없
을 정도였다고 한다.

3. 서애 선생 유훈(遺訓)의 실천

'충효당'이란 서애 선생 종가의 택호는 선생께서 자손들의 앞날
을 염려하며 지으신 <유훈(遺訓)>시에 근거를 두고 있다.

林間一鳥啼不息	수풀 속에 새 한 마리가 쉬지 않고 우는데
門外丁丁聞伐木	문 밖에는 나무 베는 소리가 정정하게 들리네.
一氣聚散亦偶然	한 기운이 모였다가 흩어지는 것도 우연이지만
只恨平生多愧作	평생 부끄러운 일 많았던 것이 한스러울 뿐이네.
勉爾子孫須愼旃	자손들에게 권하노니, 모름지기 삼가라
忠孝之外無事業5)	충효 이외에 행해야 할 다른 일은 없음을.

선생은 66세에 이르러 이미 와병 중임에도 불구하고 자손에게
유훈을 내리시면서 영원한 가르침을 전하셨는데, '면이자손수신전
충효지외무사업(勉爾子孫須愼旃 忠孝之外無事業;자손들에게 권하노
니, 모름지기 삼가라 충효 이외에 행해야 할 다른 일은 없음을)이
그 핵심이다. 자손들의 안녕(安寧)한 삶을 바라는 선생의 마음은 애
써 충효의 본분을 잊지 말고 실천하는 것이 평생의 사업이 되어야

---

5) 『西崖先生年譜』35년 丁未 先生66歲.

함을 간곡히 말씀하셨다. 선생은 충효만이 유자가 행해야 할 중요한 사업이며 본분이 됨을 알려주셨다. 그 후손들 역시 선생의 유훈(遺訓)을 받들어서 마침내 종가의 택호를'충효당 '이라 명명하게 된 것이다.

현대에서 바라는 선비상은 전통적인 가치와 현대적인 가치는 물론이고 개인 가정 사회의 가치를 조화롭게 추구할 수 있어야 한다. 이는 그가 온고지신의 태도를 지녀야 하기 때문이다. 예컨대 현대가 요구하는 바람직한 선비상은 전통적인 가치 덕목인 효도 경로효친, 공경에 입각한 각종 예의범절, 품위 있는 언어와 태도에 익숙하고, 나아가 현대적인 가치인 개체존중, 자유, 양성 평등, 공정, 행복, 친절 봉사, 생명존중 등의 가치를 중시해야 한다.[6] 손병욱 교수는 앞으로의 선비를 육성하는 방안의 하나로, 가정교육을 강조한다. 즉 가정의 내력과 조상들의 활동상을 소상히 알려주어서 자녀들로 하여금 자기 뿌리에 대하여 자부심과 긍지를 갖도록 아버지들이 앞장서야 할 것을 제시하였다.[7] 이러한 내용들은 충효당(忠孝堂)을 지켜 온 종손의 삶과 사유와도 일치하고 있다. 이점에서 14대 주손 류영하 선생께서 현대적 선비의 롤 모델이라 사료되는데, 다음의 구절을 통해서도 이점을 확인할 수 있다.

> 저는 류가의 풍속이나 주변 집성촌의 가계도 자세히 몰랐지요. 시간의 흐르면서 종손으로서 많은 어른들을 뵙고 하다 보니 자연스럽게 제가 꼭 알아야 할 지식의 법도를 몸과 마음으로 쌓을 수 있었던 것 같아요. 서애 집안의 종손이라는 사실 때문에 직장생활을

---

6) 손병욱, 「선비의 수양과 삶」, 『2011년 학술대회: 왜 선비문화인가』, 사단법인 남명학연구원, 2011, 78쪽.

7) 손병욱, 앞의 책, 79쪽.

할 때보다 더 조심하고 절제하게 되더군요. 그 덕분에 건강도 유
지할 수 있었습니다.(종손 유영하선생의 말씀)[8]

　일찍이 류영하 선생은 제사의 중요성을 거듭 말씀하곤 하셨다.
즉 그 요지는 후손들이 제삿날에 종택으로 모여 조상의 제사를 모
시는 가운데에서 듣고 보며 느끼는 것이 다 있게 되어 있다는 말씀
이시다. 이는 곧 자손에 대한 교육이 반드시 책을 통해 이루어지는
반복적인 학습에 의해서만 가능한 것은 아니다.

　오히려 말없이 묵묵히 조상의 얼을 추숭하며 정성을 다해 제사를
올리는 모습에서 이심전심(以心傳心)의 감화가 일어나고 이로 인해
교육 효과 및 조손(祖孫)의 화합까지 도모할 수 있다는 뜻이었다.
하회마을의 충효당에서는 서애 선생의 불천위 제사가 해마다 거행
된다. 이때 50여명의 후손들이 참석하며 그 의식은 새벽 1시에 진
행되는데 매우 엄숙하면서도 거룩하다.

　한편 병산서원의 향사는 매우 중요한 의식에 해당된다. 병산서원
(屛山書院)의 전신은 풍악서당(豊岳書堂)인데, 이 서당은 1572년(선
조5년) 서애선생께서 31세 때 후학을 가르치기 위해 마련하신 곳으
로 풍산에서 병산으로 이거(移居)하였다.

　선생께서 서세하신 후 1614년에 이르러 제자 우복(愚伏) 정경세
(鄭經世)선생이 중지(衆志)를 모아 존덕사(尊德祠) 사우를 창건하고
서애 선생을 제향하면서 서당에서 서원으로 그 위상이 바뀌게 되었
다. 1629년 선생의 셋째 아들인 수암(修巖) 류진(柳袗)공을 추가로
배향하였다. 향사(享祀)는 봄 가을에 한 번씩 행해지며 향교 석전제
(釋奠祭)를 마친 다음에 행해진다.

---

8) 대구은행 홍보부,『향토와 문화 특집호』, 대구은행, 2007, 89쪽.

또한 음력 정월 초하루 설 질사에 만두를 제물로 올리는 것은 충효당에서 지켜 온 전통이라 한다. 하회 충효당에서는 섣달 그믐날이면 사당에서 참배한 후 가까운 어른들을 찾아뵙고 세배를 올리는데 이를 가리켜 '묵은 세배(구세배;舊歲拜)'라고 한다. 이 예법은 대대로 행해져왔는데, 거기에는 어른들이 돌보아주신 덕택에 한 해를 잘 보낼 수 있었다는 답례의 뜻이 깃들어 있다.

하회 충효당의 효 문화는 여러 대에게 걸친 종손, 종부들의 고귀한 삶을 통해 더욱 더 창성해졌다고 할 수 있다. 첫째, 서애선생 증손자 눌재(訥齋) 유의하(柳宜河, 1616-1698) 공의 삶에서 우리는 깊은 감명을 받지 않을 수 없다. 눌재 공께서는 기계 유씨 부인과 정혼하였는데, 불행하게도 문둥병에 걸렸다는 비보를 전해 듣는다.

문중 어른들은 이분이 어쩌면 정혼한 여성과 파혼할 수도 있겠다고 생각하였다는데 오히려 기계 유씨 부인과의 혼인할 마음을 굳히시고는 마침내 혼인을 강행하셨다. 문둥병 환자라서 합방을 하시지 못하셨음에도 소실을 두시거나 후처를 맞이하시지도 않으신 채, 오로지 기계 유씨 부인과 해로하셨을 따름이었다.

스스로의 영달을 위해 새로이 정혼하지 않으셨을 뿐더러, 강한 신념으로 부부의 의리를 지키신 눌재 공의 진실한 삶 앞에서 부귀영화는 한갓 먼지처럼 하찮은 것이었다. 눌재 공께서는 결국 조카를 양자로 받아 길러 가문의 대를 이으셨다고 한다.

둘째, 서애 선생 10대 종부이신 연안 이씨 부인의 헌신적인 삶은 우리들을 눈물짓게 한다. 그 당시 종손께서 일찍 타계하셨기 때문에 이분은 자식을 낳지 못하신 채 청상과부가 되셨다. 식산 선생의 후예이기도 하신 종부께서 청상의 몸으로 가문의 창달을 위해 평생토록 애쓰신 점이 더욱 눈물겹게 한다. 즉 이분은 상처(喪妻)하신 시부께서 재취로 맞이하신 진성 이씨 부인을 새 시어머니로 섬기시며 지극정성으로 봉양하셔서 마침내 새 시어머니께서 아들을 순산하셨다.

이때부터 이 어린 시동생을 키우시고 장가를 보내셔서 결국 종가는 절손(絶孫)되지 않았다. 이로써 보면 스스로의 안락을 도모하기보다는 가문의 앞날을 위해 항상 노심초사하며 살아가는 것이 종부의 일생임을 확인할 수 있다. 이러한 점은 이 시대 종부의 삶에서도 살펴볼 수 있으니, 다음의 내용이 그러하다.

> 처음 시집와서 새벽 5시에 문을 열러 나갔지. 그러니 어른들이 '네가 이집 주인노릇을 하는구나.'하셨어. 지금도 새벽 5시에 일어나면 대문부터 열어. 그리고 오후 5시면 대문을 닫지. 이 일은 시집온 이후로 지금까지 남의 손에 맡긴 적이 없어. 대문을 열고 닫으면서 '내가 이집 주인이다.'하고 다짐을 하곤 해.(박필술 종부의 말씀)9)

서애 선생 13대 종부이신 박필술 여사는 종가의 맏며느리 자리에 한평생을 걸고서 올바로 썩을 줄 아는 밀알처럼 살아가셨으니, 이분이 행하신 삶의 진실은 『명가의 내훈』10)을 통하여 익히 알 수 있었다. 14대 종부이신 최소희 여사 또한 경주 최씨 명문가의 후예로써 빼어난 솜씨를 지니셔서 가양주를 비롯해서 정성 깃든 음식의 맛으로, 엄숙한 예법으로 종가의 전통을 이어가시는 분이다.

최근 들어 서애 선생 문중의 조손(祖孫)이 화합하여 서애 선생의

---

9) 대구은행 홍보부, 앞의 책, 대구은행, 2007, 91쪽.
10) 박필술, 『名家의 內訓』, 현암사, 1985, 참조.

유훈을 재조명하는데 힘쓰고 있다. 사단법인 서애 선생 기념사업회에서는 서애 선생의 저서를 국역하는 일에 박차를 기함으로써 서애 선생의 삶과 학문정신을 널리 일깨우고 있다.

지난 2007년은 서애 선생이 서세(逝世)하신 지 400주년이 된 해였으므로, 풍산 류씨 문중의 조손들과 사회 지도층 인사들을 주축으로 한 400주년 추모위원회가 결성되었으며, 선생의 가르침을 재조명함으로써 새로운 천년을 준비하자는 취지 아래 추모의식(追慕祭典) 의식을 거행하였다.

서애 선생은 군친(君親)의 은혜에 보답하지 못한 것을 평생의 한이라고 여기셨다. 임금과 어버이 섬기기를 한결같이 하신 서애 선생의 숨결은 '충효 외에 힘써야 할 다른 일은 없다(忠孝之外無事業)'는 유훈 속에 살아계신다. 서애 선생은 국가가 용사(龍蛇)의 난(亂)이라는 누란지세(累卵之勢)에 처하였던 당시에 수상(首相)의 자리에 오르시어 국난을 극복하는 데에 큰 기여를 하셨다. 이는 바로 선생께서 추구하신 실천적 삶의 중요한 성과라 할 것이다.

51세 때 용사의 난이 발발하자, 전란의 초기에는 병조판서까지 겸임하시고 군사와 관련된 모든 일을 지휘하셨으며 이어 도체찰사에 제수되셨다. 1592년 5월 선생은 영의정으로 승진되신 이후에도 환로에서의 진퇴를 거듭하시다가 전란 초기의 패전에 대한 책임을 통감하고 석고대죄하셨고 파직되셨다가 다시 6월에 풍원부원군이 되셨다.

이러한 가운데 임진왜란을 승전으로 이끄시며 조국을 살리겠다는 일념으로 재조산하(再造山河)의 공을 세우신 선생의 진실한 삶은 왜곡될 수가 없는 것이었다. 이는 현재 '사단법인 임진란 정신문화 선양회'가 새로이 창립된 것과도 무관하지 않으니, 이를 통해 서애선생처럼 국난의 위기를 잘 극복하신 분들의 진실한 삶을 더욱 더 소중하게 인식할 수 있는 계기의 장이 되기를 바란다.

4. 끝맺으며

『서애전서』에 의하면 입암 류중영 선생은 자제에게 다음과 같이 훈계하셨다고 전해진다. "나는 젊었을 때 학문에 뜻이 있었으나 중간에 벼슬길에 올랐기 때문에 학문으로 크게 성취하지 못한 것을 아직도 부끄럽게 생각한다. 너희는 앞날이 창대하니 아침저녁으로 마음을 가다듬고 몸을 단속하여 날마다 조금이라도 발전하기를 힘써라. 단지 화려한 문장이나 출세를 위해서만 공부한다면 고귀한 사람이 될 수 없다."고 하셨다.

또한 입암 선생은 자제를 반드시 훌륭한 스승에게 나아가 배우게 하고, 귀가하면 배운 것을 물으셨는데 자제가 공부를 게을리 하지 않아서 그 결실이 나타나면 매우 기뻐하시고 그렇지 않으면 몹시 꾸중하셨다고 한다. 또 벼슬살이를 하실 때에도 성심껏 직무를 수행하시면서 자제에게 늘 동료들과 경쟁하거나 패거리를 짓지 말라고 가르치셨다.

이와 같은 입암 선생의 가르침은 마침내 아들인 서애 선생의 인생행로를 밝혀주는 가로등처럼 작용하였다. 그것은 서애 선생의 삶과 학문을 흠모한 수많은 제자들이 서애학맥이라는 학문 계보를 독보적으로 창도한 사실, 정조대왕과 다산 정약용과 같은 후대인들에게 교감의 대상 및 시대를 뛰어넘는 그리움의 대상으로 자리하고 있다는 사실을 통해 입증되었다. 선생께서는 부모님의 은혜를 다 갚을 수 없는 것이 한(恨)이라고 고백하셨다.

하지만 <선고(先考) 시병기(侍病記)>만 보아도 선생께서 생전에 지극한 효를 다했던 분이셨음을 미루어 짐작할 수 있다. 서애 선생은 생의 마지막 순간까지 자손에게 <유훈(遺訓)>시를 지으셔서 "충효 외에는 행할 사업이 없다는 것을" 알려 주시면서 충효의 도를 완성하시고 숨을 거두셨다. 2011년 현재 <유훈>시에 서린 서애 선생의 가르침은 풍산 류씨 문중의 종훈(宗訓)이 되어 찬란하게 빛나고 있으며 자손만대의 귀중한 문화유산으로 자리매김하였다.

제6장

세종시대의 법률과 효사상

김 용 길

(원광대학교 법학전문대학원 교수)

1. 글의 시작

고려시대 말기에 국정과 민정이 쇠퇴해지고 어지러워지자 백성들이 비분강개하여 일어선 결과 태조 이성계를 낳게 하였으니, 이 태조(李太祖)는 그 당시의 각종 폐해를 구하고 어지러운 정치를 수습하여, 새로운 정치의 기초를 세우면서 역성혁명에 성공하였다. 1392년에 탄생한 조선왕조는 고려시대의 경제적 불평등과 신분적 갈등을 완화하고 외세의 침략으로부터 국토를 보호함으로써 부국강병의 나라의 세우려는 문인과 무인들의 힘을 합하여 하층민의 지지를 얻어 개국하였다.[1]

조선이 건국한 후 태종시대까지는 기본적인 제도를 마련하였으므로 국가를 운영할 수 있는 기틀이 조성되었다. 세종시대까지는 전제개혁과 사전혁파, 수리관개시설의 정비, 조세부담의 경감을 위한 조치, 제반 법률의 제정 및 시행 등으로 백성들이 잘 살기 위한 제도적인 정비를 완성하였다. 세종시대에는 그 이전보다 백성들의 사회범죄가 훨씬 급증하였고, 건국초기부터 관행으로 통용되던 일

---

1) 崔鍾庫, 『韓國法思想史』, 서울대학교 출판부, 2004, 89쪽.

들이 점점 더 문제를 일으키게 되었는데, 여기에다 행정을 맡은 관리들의 부패가 더욱 두드러지게 나타났다. 세종실록에는 살인, 강도, 강간, 패륜 등의 사회범죄에 대한 기록과 처벌들이 많음을 보게 된다.[2]

조선조는 나라를 세운 이후에 유교 국가를 전면적으로 지향하였다. 이러한 면에서 세종시대에는 삼강(三綱), 오상(五常) 등의 윤리가 필연적으로 중요시되었다. 건국 후부터 태종대에 이르는 격변의 혁명적인 과정을 거치면서 국가의 정치적인 안정과 왕권을 강화하는 등 집권초기의 통치체제를 구축하기 위해서는 유교의 이념 하에 실천원리로서 삼강윤리를 강조하게 되었던 것이다. 세종실록의 기록들을 살펴보면 소학(小學)이나 삼강행실도(三綱行實圖)와 같은 유교적 윤리의 교화정책과 병행하여 법적 처벌을 강력하게 시행하였음을 알 수 있다. 따라서 나라를 통치하고 국민들을 위한 정치를 제대로 시행하기 위해서는 법률과 윤리가 필연적으로 조화를 이루어야 한다. 이하에서는 세종시대의 법률과 세종의 효사상을 살펴봄으로서 오늘날 우리가 어떠한 문제에 초점을 맞추어야 긴 호흡으로 살아갈 수 있는지 살펴보고자 한다.

---

2) 세종은 형벌이란 정치를 돕는 수단이라고 보았다. 그는 국가에서 형벌제도를 둔 것은 국가의 질서유지를 위한 불가피한 일이라 여겼으며, 덕으로 감화시키는 정치가 제일이나 그것만으로 나라를 다스릴 수 없기 때문에 형벌을 쓰지 않을 수 없다고 한다. 박현모,「세종의 법 관념과 옥사(獄事) 판결 연구」,『한국정치연구』제23집 제1호, 2014, 5쪽.

2. 세종시대의 법률

1) 의의

법제사적으로 볼 때에 고려시대에는 제반 법령이 개별적인 왕법과 관습법을 기반으로 하고 있었다. 이에 대하여 조선시대는 고려시대의 제반 법령을 체계적으로 편찬한 통일 법전의 제정과 시대의 변화에 맞추어 지속적인 수정 및 편찬 작업 그리고 명나라의 대명률을 포괄적으로 계수한 법치주의에 따른 통치라고 할 수 있다. 따라서 조선시대를 통일법전의 시대라고 부를 수 있다는 것이다. 기본적인 통일 법전을 갖추면서 형법인 대명률(大明律)을 전폭적으로 계수하여 통치 수단으로 삼으면서 전 국토와 국민을 조직적, 통일적으로 지배, 규율하였다.[3]

그러나 세종은 크고 작은 형벌을 애써 삼가고 불쌍하게 보도록 늘 관리들에게 경계하셨으며, 비록 한 대의 매라고 하더라도 모두 조정의 율문(律文)에 의거해서만 하고, 형벌을 남용하지 못하게 금지하였다.[4]세종은 정치의 가장 중요한 책무는 '백성의 억울함을 최소화하는 것'이라 강조하였는데, 태종이 사망한 이후에 '생생지락(生生之樂)의 나라'라고 하는 미래의 이상을 제시하면서 그를 위하여 약소한 백성의 원억(冤抑)을 없도록 하겠다고 말했으며[5] 수령들의 그릇된 판결을 바로 잡을 수 있도록 길을 터놓는 것이 정치의 존재 이유라고[6] 하였다.[7]

---

3) 朴秉濠, 『韓國法制史』, 민속원, 2012, 39쪽.
4) 大小刑罰, 克用愼恤, 戒飭官吏, 雖一笞一杖, 皆用朝廷律文.
5) 『세종실록』, 5년 7월 3일.
6) 『세종실록』, 13년 1월 19일.
7) 박현모, 전게논문, 2면.

조선시대에 제정법의 기본은 왕의 명령이다.[8] 왕의 명령은 처음에는 왕지(王旨)라고 하다가 후에 교지(敎旨)라고 했는데 각 관청에 내려진 교지를 수행한다는 의미에서 수교(受敎)라고도 하였다. 왕의 명령은 그 내용의 경중에 따라 교지와 전지(傳旨)로 구분하는데 의정부(議政府)에 명하여 중외(中外)에 널리 알리고자 하는 내용은 교지로 하고, 세부적인 내용은 전지로 하였다. 입법절차는 대부분 관계 관청이 상신하여 왕이 재결함으로써 성립하며, 수교(受敎)가 법조문화된 것을 조례(條例), 조령(條令), 조획(條劃), 조건(條件)이라고 하였다.

2) 태조 및 태종시대의 법률

(1) 경제육전의 편찬

태조 이성계는 즉위식을 마치고 7월 정미의 즉위교서(卽位敎書)를 통하여 국가의 운영체계를 확립하기 위한 각종 제도와 법령은 모두 급속한 개혁 방식에 의하지 않고 기왕에 사회 질서를 확립했던 고려시대의 법제를 그대로 이어 가겠다는 선언을 하면서 국가의 질서를 기본법전에 의하여 법치주의로 통치할 것이라고 하였다.[9] 정도전(1337~1398년)은 태조 3년인 1394년 5월에 통치에 관한 기본이념을 더욱 구체화하는 조선경국전(朝鮮經國典)을 지어 임금에게 드렸는데, 이는 주례(周禮)의 육전[10]을 본받아 치(治), 부(賦),

---

8) 황제의 명령은 制詔(제조), 聖旨(성지), 勅旨(칙지)라고 하며 왕의 명령은 敎(교)라고 한다.

9) 朴秉濠, 전게서, 39쪽.

10) 주나라의 정치가인 주공(周公)은 치국평천하의 기본적인 6가지 조목인 치(治), 교(敎), 예(禮), 정(政), 형(刑), 사(事)를 정하고 이를 육전이라 하였는데 여기에서 '전(典)'은 책으로서, 그 내용이 성현의 가르침으로 만인교화의 기본이 되는 경우에는 경전이라 하고, 법칙일 경우에는 법전이라고 한다.

예(禮), 정(政), 헌(憲), 공(工)의 육전(六典)으로 분류하였는데 이는 그 후 법전의 편찬을 촉발하는 원천적인 계기가 되었다.[11]

특히 조선시대의 사회구조는 젊고 유능한 학자들이 역성혁명에 대거 참여하면서[12] 국가의 권력구조를 계획할 때부터 합리적인 체계와 함께 비판과 감독기능이 높아지게 되었다. 경제적으로도 토지의 재분배를 통해서 자작농 등이 많아지게 되고 물산이 풍부하게 되어 국가 수입도 점점 향상되었다.

조선왕조의 기틀이 어느 정도 마련되자 태조는 조선에 맞는 법전을 편찬하도록 하였는데, 이때에는 구체적으로 고려의 우왕 14년(1388년)부터 시행된 제반 법령 중에서 당시까지 유효한 법령과 향후 통치에 필요한 법령을 골라서 편찬하도록 지시하였다. 이에 정부는 법제기능을 담당하는 검상조례사(檢詳條例司)를 설치하고, 조준(趙浚)의 지휘 하에 법전 편찬 작업을 시작하였다. 태조 6년(1397년) 12월에 완성하고 이를 경제육전(經濟六典)으로 명명해 시행하였는데, 이것이 조선시대 최초의 통일성문법전이다. 경제육전은 이처럼 매우 귀중한 법전이나 오늘날 현존하지 않으므로 그 자세한 법적 체계나 조문 내용은 구체적으로 확인할 수 없다. 이것은 이전(吏典), 호전(戶典), 예전(禮典), 병전(兵典), 형전(刑典), 공전(工典)의 체계로 구성되어 있다.[13] 경제육전은 단행법령을 원문을 있는 그대로 편찬하였는데 이에 따라 법령의 공포연월일과 고유의 이두(吏讀)와 방언을 이전에 있는 상태인 채로 두었다. 그리고 이 법전

---

11) 한충희, 『조선전기 六曹와 통치체계』, 계명대출판부, 1998, 36~66쪽.
12) 조선을 건국한 세력들은 고려가 망한 원인으로는 무엇보다도 관리들이 국가권력을 사유화하고, 이를 남용하여 자기의 이익으로 취한 데에 있다고 보았다.
13) 崔鍾庫, 전게서, 90쪽.

은 비교적 짧은 기간 내에 서둘러 완성되었기 때문에 법조문의 내용이 일반화, 추상화되지 못한 다소 투박한 것이었다.[14]

(2) 속육전의 편찬

태조에 이어 정종시대에도 법전편찬의 노력은 계속 이어졌다. 정종 원년(1399년) 11월에 법전을 수정, 보완하기 위하여 조례상정도감(條例詳定都監)을 신설하고, 경제육전의 개정 및 증보작업을 시작하였다.[15] 정종에 이어 등극한 태종은 조선조의 혁명정신을 더욱 구체화하여 실현하기 위하여 태종 7년(1407년) 8월에 경제육전을 보완하고 아울러 경제육전을 제정한 이후에 시행된 법령을 체계적으로 법전화 작업을 시작하기 위하여 속육전수찬소(續六典修撰所)를 설치하였다. 이에 하륜(河崙)은 경제육전에 있는 조문의 용어 중 이두문과 방언을 삭제하고 이를 법률용어로 대체하는 한편 경제육전 제정할 때에 누락된 부분과 수정할 내용을 반영하여 속육전(續六典)을 편찬하였다. 이에 따라 태종 12년(1412년) 4월에 경제육전 원집상절(元集詳節) 3권과 속집상절(續集詳節) 3권을 완료하면서 이를 다시 재검토하였는데, 태종 13년(1413년) 2월에 이를 경제육전원전(經濟六典元典)·경제육전속전(經濟六典續典)이라고 명명하여 시행하였다. 아울러 태종 15년(1415년) 8월에는 원육전과 속육전 사이에 모순 및 저촉되는 내용을 수정하면서, 법전편찬에 있어서 가장 중요한 원전을 존중하는 형식으로서 조선시대 법전편찬의 제1원칙인 조종성헌 존중주의(祖宗成憲 尊重主義)를 천명하였다.[16]

---

14) 朴秉濠, 전게서, 40쪽.

15) 崔鍾庫, 전게서, 90쪽.

16) 모든 법령은 한결같이 元典(원전)의 규정을 本位(본위)로 해야 하며, 元典(원전)의 규정과 모순

3) 세종시대의 법률

(1) 육전 수찬색의 신설

세종은 세자시절부터 성군이 되기를 꿈꾸고 있었으므로 즉위 직후부터 법의 기틀을 더욱 바로 세우고 그러한 법의 지배 하에서 백성들을 잘 다스리는 등 정치를 올바르게 하기 위하여, 신료들에게 나라에 필요한 입법을 건의하도록 하였다. 법제적 측면에서 세종조는 유교적 민본주의와 법치주의가 강화된 시기이다. 세종 2년 윤정월 무술일에 의정부와 육조에서 논의를 거쳐 건의한 16개 입법건의를 받아들여 시행하였고, 형조판서 김점(金漸) 등은 법령의 개정을 건의하였는바[17] 예조와 상정소가 함께 검토하여 세종에게 보고하도록 하였다. 세종 2년 11월 기사에 각 도의 수령들이 업무수행에 필요한 법령제정을 건의하였는데 이때에도 18개 조항을 법으로 제정하였다.[18] 완벽한 속육전의 편찬을 목적으로 하는 육전수찬색(六典修撰色)을 세종 4년(1422년) 8월 을미에 신설하고[19] 세종은 법전의 수찬에 직접 참여하기도 하였다. 이때에 총책임자로 성산부원군(星山府院君) 이직(李稷)과 좌의정 이원(李原)을 도제조(都提調)로 임명하고, 찬성사인 맹사성(孟思誠)과 참찬인 허조(許稠)를 제조

되는 것과 元典(원전)의 규정을 개정한 續典(속전)의 규정은 모두 삭제하여야 한다는 것이다. 다만 부득이한 경우에는 元典(원전)의 규정은 그대로 두고 그 조문 밑에 割註(할주)로 작게 표시함으로써 법의 통일을 유지하도록 하였다. 朴秉濠, 전게서, 40~41쪽.

17) 건국 초부터 당시까지 수십 년간 많은 법령이 제정되었는데, 새 법령을 제정하는 경우에 사전에 예측하지 못하는 부작용이나 폐단이 있게 되고, 수많은 법령을 인지하지 못하거나 설사 현직에 있더라도 제대로 알기가 어렵다. 따라서 의정부와 육조에서 원전에 실린 법령과 부득이하여 공포한 것으로서 영구히 시행할 법령을 제외하고는 모두 조사 검토하여 모두 폐지할 것을 건의하였다. 박병호, 『세종시대의 법률』, 세종대왕기념사업회, 1986, 16쪽.

18) 세종 2년 11월 경오에는 예조의 건의를 받아 원육전과 속육전의 법령 중에서 관리들이 제대로 지키지 않은 중요한 30개 조항을 반드시 지키도록 하고 이에 위반한 자는 논죄하도록 하였다. 상게서, 16~17쪽.

19) 崔鍾庫, 전게서, 91쪽.

로 임명하여 법전의 개정 작업을 착수하였다.[20]

(2) 이직의 속육전

수찬색에서는 속육전의 편찬을 주업무로 하였는데 그 편찬방식
은 먼저 검토 대상 법령 중에서 삭제할 내용, 조문 내용을 변경할
부분, 추가로 보충할 부분을 각 전(典)을 분류하여 세종에게 보고하
여 확정하도록 하였다.[21] 이때에도 세종은 법령마다 개정작업에 참
여하면서 법전 편찬에 참고하기 위하여 원나라의 지정조격(至正條
格)과 명나라의 이학지남(吏學指南), 어제대고(御製大誥)를 각 50부
씩 인쇄하여 나누어 주었다.[22] 검상조례사(檢詳條例司)의 검상관
(檢詳官)은 적임자를 겸임하도록 하되 변동이 자주 없도록 하되, 검
상관들은 제반 법령(敎旨)을 빠짐없이 모두 등록하도록 하고,[23] 그
중 원육전과 속육전에 수록되지 않은 것들 중에서 법령으로 편찬할
만한 내용은 계속 수집하여 추후에 참고하도록 정리하여야 하며,
이러한 지침을 위반하는 자는 처벌하였다.[24] 수찬색은 영의정 이
직, 찬성 황희, 이조판서 허조 등이 세종 8년 2월 임신에 완성된 속
육전(續六典)을 세종에게 보고하였다.[25] 수찬색은 세종 8년 12월
임술에 마무리된 속육전을 세종에게 보고하고[26] 완료하였다. 이 속

---

20) 박병호, 전게 『세종시대의 법률』, 17쪽.

21) 『세종실록』, 5년 7월 신묘.

22) 『세종실록』, 5년 10월 경술.

23) 박병호, 전게 『세종시대의 법률』, 17쪽.

24) 『세종실록』, 6년 6월 기해.

25) 이때에 고려시대의 법령이라 하더라도 시행할만한 것들은 원전에 수록하였으나 禑王(우왕)13
년 정묘에 제정한 의관제도(衣冠制度)는 누락되어 있어서 고려의 史記(사기)와 그에 관한 공문
서를 참조하여 수록하였다. 『세종실록』, 8년 11월 기유.

26) 『세종실록』, 8년 12월 임술.

육전은 현재 전해 내려오지 않으나 세종실록에는 그 서문이[27] 실려 있다.[28] 이 속육전은[29] 조선시대 법전편찬의 제2원칙인 전록체계(典錄體系)를 도입하였다. 이것은 영구하게 시행해야 할 법령인 조종성헌과 임시 또는 일시적으로 적용할 법령을 구별하여 전자를 전에 수록하고, 후자를 록(錄)에 수록하는 방법이다.[30]

(3) 황희의 경제속육전

하윤(河崙)과 하연(河演)이 개정한 속육전은 공포와 동시에 계속 수정하도록 하였다. 세종은 12년 3월 정묘에 경연(經筵)에서 속육전을 강론하게 하고 신료들에게 검토하도록 지시하였다. 그러나 하연(河演)이 개정한 원육전(元六典)과 조준(趙浚)이 만든 방언육전(方言六典)의 시행에서 다소 논란을 거친 후 방언육전이 알기 쉽고 준수하기에 편리하므로 이를 간행하여 배포, 시행하였고, 원육전은 이를 회수하였다.[31] 그 후에도 속육전에 대한 정밀한 검토는 집현

27) 修撰色撰進(贖六典)及謄錄. 其序曰: (經濟六典), 乃我太祖康獻大王朝定制, 左政丞趙(俊) 等撰集, 自國初至于丁丑年而止, 一國制度之規模, 已具於此. 其撰集各因元本, 故間有方言者, 太宗恭定大王朝, 左政丞河崙等, 以文易之, 刪其繁辭, 名之曰(經濟六典元集詳節). 又撰(續典), 始自戊寅, 終於丁亥. 至乙未年八月十八日, 太宗命禮曹, (續六典)內, 更改(元典)者, 竝皆削除, 其不得已而存之者, 註脚於(元典)本條之下. 其後仍因累歲, 又戊子年以後條例, 未經修撰, 前後或相戾, 或重複, 官吏眩於遵用, 殿下特命修撰. 臣等敬此叅詳(續典)內更改(六典)之條, 敬依太宗之命, 刪除戊子以後條例, 移牒中外, 裒集修撰, 不論年月, 各以其類, 合錄於(續典). 其有更改增補(元典)者, 互註於(元)·(續典)本條之下. 各年受敎, 互相發明, 可合爲一者, 合爲一條, 亦註其下云: "某年某司受敎某事竝合." 各曹所屬各司內, 新設則云: "某年設立." 改號則云: "古某司某年改號." 甲辰年以後, 有更改之節, 亦註於逐條之下. 若一時可行, 而非永世之典, 則各別撰集, 名曰(元典謄錄). 其(詳)戾重複者, 悉皆削去, 而所撰(續六典)六冊, (續錄)一冊, 謹繕寫以進, 伏望睿鑑施行.

28) 박병호, 전게 『세종시대의 법률』, 19~20쪽.

29) 續六典(속육전)은 禮曹(예조)의 건의에 따라 鑄字所(주자소)로 하여금 800부를 발간하여 京外(경외)의 관청에 배포하고 2권의 원전과 속전을 모두 환수하도록 하고, 인쇄용지와 먹은 평안도와 함길도를 제외한 각도로 하여금 그 산하 관청의 수요대로 매 관청마다 3부 발간할 종이와 먹을 모아서 上送(상송)하게 했으며, 등록은 영구히 시행할 법령이 아니기 때문에 10부만을 베껴서 1부는 궁중에 드고 나머지는 議政府(의정부)와 六曹(육조), 臺諫(대간)에게 나누어 주도록 禮曹(예조)가 주청했으나 100부만 발간하여 배포하게 하였다. 『세종실록』, 8년 12월 갑술.

30) 崔鍾庫, 전게서, 91쪽.

전 학자들과 의견교환을 하면서 지속되었다.32) 이때에 세종은 황희(黃喜)를 속육전 개정의 상정소제조(詳定所提調)로 임명하여 본격적인 개정작업을 하였다. 황희 등은 속육전의 정리와 증보에만 전력으로 매달림으로써 세종 15년 정월 무오에 정전(正典) 6권과 등록 6권을 완료하여 보고하였으며, 세종은 이 신찬경제속육전(新撰經濟續六典)을 공포, 시행하였다.33)

4) 대명률의 적용

조선왕조 건국 후 세종조까지 경제육전 및 속육전 등 우리 고유의 법전을 편찬 및 시행하여 육전체제(六典體制)에 따른 통치의 기본구조를 갖게 되었다. 그러나 이러한 육전체제로서 모든 사안을 포섭할 수는 없으므로 새로운 제도나 법령을 정립할 경우에는 고사(古事)를 참조하거나 외국법을 빌려서 차용하는 방법을 쓰게 되었는데, 고사의 경우에는 주로 당률(唐律)이나 원률(元律)을 주로 참고하였다. 대명률은34) 건국 초기부터 형법(刑法)의 일반법으로 공식적으로 적용하였다. 고려 말부터 흐트러진 형벌에 대한 기준은 백성들의 원성을 극에 달하도록 하였다. 동일한 범죄에 대하여 관리나 관청에 따라 경중의 차이가 심할 뿐만 아니라 혹형도 많았다. 태조 이성계는 형법의 정비를 무엇보다도 급선무로 여기고 제반 범죄를 처결함에는 대명률을 적용한다는 원칙을 세웠다. 정도전은 조

---

31) 『세종실록』, 13년 5월 병자.

32) 『세종실록』, 13년 10월 기미.

33) 박병호, 전게 『세종시대의 법률』, 22~23쪽.

34) 원래 大明律(대명률)은 네 번의 개정을 거쳐서 확정되었는데 명의 태조가 吳王(오왕)이라고 칭하였던 오왕 원년(1367년) 12월에 공포한 것이 최초의 명률이다.

선경국전의 헌전(憲典)에서 대명률을 그대로 전부 채용하여 형사사
건을 처결하여야 한다고 주장하였다. 태조 4년에는 일반인들이 쉽
게 이해하도록 이두를 섞어 만든 대명률서(大明律書)를 발간하였는
데 오늘날에는 이를 대명률직해(大明律直解)라고 한다. 이러한 대
명률서는 해독하기가 매우 어려워서 관리들도 율문(律文)을 잘 몰
라 형벌이 공정하지 못한 사례도 있었다.[35] 따라서 기본 형법인 대
명률보다는 관습 형법이나 원나라의 형률을 적용하는 사례도 있게
되었다. 그 후 간행된 경국대전 형전(刑典)의 용률조(用律條)에는
대명률을 적용한다고 규정하였으므로 속대전 형전에도 경국대전에
의하여 대명률을 적용하게 되었다. 이에 따라 대명률은 조선을 건
국한 때로부터 광무 9년(1904년)에 형법대전(刑法大全)이 공포될
때까지 500여 년 동안 형법의 일반법으로서 적용되었으며, 경국대
전 형전은 특별법으로서 우선 적용되었다.[36]

3. 세종의 효사상

1) 삼강행실도

주자학(朱子學)이 도입된 고려 말엽에도 효사상이[37] 굳건하였는

---

35) 『태종실록』, 4년 10월 병신.

36) 대명률의 적용으로 사법관서의 관장과 형벌의 적용에 있어서는 통일을 기할 수 있었으나 특수
    한 사건이 생긴 경우에는 조선 고유의 사정을 무시하고 획일적으로 대명률을 적용하거나 유
    추, 적용하는 폐단이 생겨 고유 형법의 발전을 막은 것은 유감이다. 박병호, 『한국의 법』, 세종
    대왕기념사업회, 1999, 51쪽.

37) 우리나라는 일찍부터 하늘의 자손이라는 천손사상을 앞세워 주변의 세력을 정복하거나 연맹을
    맺으면서 큰 나라로 발전하였는데 전통적인 효에 대한 사상의 시원은 환국시대, 배달국시대, 단
    군시대인 삼성조 시대부터 있었다고 할 수 있다. 김용길, 「삼성조시대의 법률과 효사상에 대한
    고찰」, 『청소년과 효문화』27집, 한국청소년효문화학회, 2014, 34면; 김용길, 「신라시대의 법률

데, 이때에 권부(權溥)(1262-1346년)는 여러 사람의 효행을 모아 효행록을 지었다. 이 효행록은 백성들의 호응도가 높아짐에 따라 조선조에 들어와 1405년에 그 증손인 권근(權近)(1352-1409년)이 품격을 더하여 이를 발간하였다. 주자학적인 경향과 신유교주의적(新儒敎主義的)으로 국시를 설정한 조선조는 왕실과 사대부는 물론 백성들에 이르기까지 일상생활로부터 주자학에 따른 방식을 보급시키는데 주력하였다.[38] 특히 세종대왕 13년에 설순의 건의에 따라 삼강행실도를[39] 만들어 널리 보급하게 되었다. 그 후 성종조에 이르러 삼강행실도를 수정, 보완하였으며, 중종시대에는 속삼강행실도를 편찬하면서 이륜(二倫)으로 장유(長幼)와 붕우(朋友)를 새긴 이륜행실도를 완성하였다. 광해군 6년(1614)에는 동국신속삼강행실도를 널리 보급하였는데, 이는 임진왜란과 정유재란을 겪은 백성들을 위무하고 감화하여 한마음으로 만들기 위한 것이었다. 정조 21년(1797년)에 삼강행실도와 이륜행실도를 합쳐서 오륜행실도를[40] 편찬하였다.[41]

과 효사상에 대한 고찰」, 『청소년과 효문화』31집, 한국청소년효문화학회, 2018, 41면; 김용길, 「백제시대의 법률과 효사상에 대한 고찰」, 『청소년과 효문화』30집, 한국청소년효문화학회, 2017, 38면; 김용길, 「고구려시대의 법률과 효사상에 대한 고찰」, 『청소년과 효문화』28집, 한국청소년효문화학회, 2016, 73쪽.

38) 김익수, 「조선조에서 孝思想과 가정문화의 定礎」, 『한국사상과 문화』49집, 한국사상문화학회, 2009, 299쪽.

39) 삼강(三綱)은 군위신강(君爲臣綱), 부위자강(父爲子綱), 부위부강(夫爲婦綱)을 말한다.

40) 오륜은 부자유친(父子有親), 군신유의(君臣有義), 부부유별(夫婦有別), 장유유서(長幼有序), 붕우유신(朋友有信)을 말한다.

41) 조선조에서 이율곡(1536-1584년)은 효의 극치는 충(忠)인바 사군(事君)으로서 선조 8년 9월에 철학적인 군주로 이끌기 위하여 성학집요(聖學輯要)를 지었는데 그 중의 정가장(正家章)의 효경(孝敬)은 만세의 정치와 교육의 요도(要道)가 된다. 김익수, 전게논문, 299～302쪽.

2) 세종의 효제

세종대왕 이도(李祹)(1397~1450)는[42] 어린 시절인 왕자 때부터 효도와 형제간 우애의 모습이 남달랐으며 재위 32년간에도 변함이 없었다고 한다. 왕권이 안정되지 못했던 조선조 초기에는 왕자들 간의 왕권을 향한 각축으로 인하여 조선조의 기본 덕목인 효제(孝悌)를 실현하기가 쉽지 않았다. 조선조 시대에는 도덕을 중시하는 유교국가의 건설을 이상으로 삼았기 때문에 자식으로서의 부모를 공경하고, 형제들 간에 우애의식이 장려될 필요가 있었다. 태종시대에 세자 양녕대군을 세종으로 교체하면서 왕비가 세자의 교체를 반대하고, 아울러 왕권을 강화하기 위해서 인척들을 제거하는 과정에서[43] 왕실의 불안감이 높아져 가게 되었다. 이러한 어려운 환경 하에서도 세종은 부왕과 왕비의 불화에 휩싸이지 않고, 더구나 왕이 되지 못하는 형들의 섭섭함과 아울러 장남만이 세자가 되어야 국가의 안정을 유지시킬 수 있다는 신하들의 끊임없는 저항에도 동요하지 않으면서도, 부모님에 대한 효도와 형제간 우애를 바탕으로 조선 왕실의 안정성과 유교정치문화의 선구자적 토대를 굳건히 마련해 나갔다.

---

42) 세종의 이름은 이도(李祹)이다. 군호는 忠寧君(12세 때 책봉), 忠寧大君(16세 때 책봉)이고, 묘호는 世宗, 시호는 莊憲, 재위는 1418년부터 1450년까지 32년간이었다.

43) 태종은 조선조 초기에 정치적으로 왕권을 강화하였는데, 태조 7년인 1398년 8월에 정도전 등의 숙청, 정종 2년인 400년 2월에는 박포의 숙청, 태종 2년인 1402년에 함길도 조사의의 진압, 태종 10년인 1410년에 민무구·민무질 형제의 숙청 등을 단행하였다. 태종 8년인 1418년 6월에 양녕대군의 세자 지위를 폐하고 8월에 충녕대군(忠寧大君)을 세자로 봉하였다.

3) 세종의 효사상

(1) 조선초기의 왕권의 강화 등

세종의 부친인 태종은 26세 때 역성혁명의 일원인 민제(閔霽)의 딸과 결혼하면서 4남 4녀의 다복한 가정을 꾸리는[44] 동시에 그의 도움을 받아 제1차 및 제2차 왕자의 난을 제압하였다. 그러나 그 후에 태종이 즉위하면서 많은 후궁을 11명이나 가까이 두게 되면서부터 부인인 정비(靜妃)와[45] 불화가[46] 깊어지게 되었다. 아울러 태종은 왕자의 난을 제압하면서 왕권을 대대로 안정시키려면 상왕체제가 불가피함을 인식하게 되었는데, 이에 따라 재위 7년째에 13세와 10년째인 16세가 되던 해에 어린 세자인 양녕대군에게 양위하려다가 여러 신하들의 강력한 반대와 주변국과의 외교적인 이유 등을 들어 유보한 바도 있었다. 이러한 과정에서 외척인 민무구 및 민무질 형제들은 조정대신으로 있으면서도 왕권에 개입하거나 불충으로 보일만한 행동으로 의구심을 들게 함으로써 결국은 정비(靜妃)의 4명의 남동생이 모두 퇴출되었다.[47] 특히 세자인 양녕대군이 세자의 자리에 부응하지 못하고 난행을 거듭하게 되자 세자를 교체하게[48] 되는데 이때에도 정비(靜妃)는 이를 반대함으로써[49] 태종과

---

44) 내가 어릴 적에는 민씨 댁에서 자랐는데, 은덕과 사랑을 많이 받았다.『태종실록』, 5년 12월 13일(을해).

45) 정비(靜妃)는 혁명세력 민제(閔霽)의 딸이다. 태종 대왕인 이방원의 부인이며 세종의 모친인 원경왕후로서 제1차 왕자의 난이 일어났을 때에 이방원을 슬기롭게 도왔다.

46) 나는 주상과 함께 어려움을 이겨내고 환란을 함께 겪으며 나라를 가지게 되었는데 지금 나를 잊으심이 어찌하여 이 지경에 이르십니까.『태종실록』, 2년 3월 7일(경인).

47)『태종실록』, 7년 7월 10일(신유);『태종실록』, 8년 10월 1일(을해).

48) 태종 때에 세자인 장남 양녕대군의 비행이 나날이 늘어나자 태종은 '擇賢'의 명분으로 삼아 세자 교체를 전격적으로 단행하여 3남 충녕대군인 세종을 세자로 삼고 곧 즉위시켰다.

49) "형을 폐위시키고 아우를 내세우는 것은 화란(禍亂)의 근본이 됩니다.",『태종실록』, 18년 6월 3일(임오).

의 사이는 더욱 멀어지게 되고 왕실은 더욱 불안한 상태에 이르게 되었다. 이러한 상황들로 인하여 세종은 부모에 대한 효행을 실현하기가 어려웠을 것으로 보인다.

(2) 태종에 대한 효심

부모에 대한 효는 왕실이나 민간이나 다를 수가 없을 것이다. 태종도 또한 인간인지라 왕자들의 지극한 효심을 내심 기대했었으나, 조석으로 문안을 드린 왕자는 효령과 충녕이었던 듯하다.[50) 유교사회에서는 일찍부터 매일 부모님에게 문안드리는 것이 효행의 기본으로 삼아 왔는데, 예기(禮記)에도 혼정신성(昏定晨省)의[51] 태도를 중시하고 있었다. 효심이 깊은 세종은 효행록을 잘 해석하기도 하였으며, 겉으로의 형식적인 것이 아닌 마음에서 우러나오는 효행을 실천하였다. 세종은 비교적 어린 나이인 22세 8월부터 국왕이 되었는데 이때부터는 효행을 국가의 통치의 철학으로 하나로 삼게 되었다. 태종은 세종이 백성들에게 선정을 베푸는 것이 효행의 일면이라고 파악하고, 이를 신하들에게도 말하기도[52) 하였다. 태종은 1422년 5월에 56세의 일기로 일찍 별세하게 되는데, 세종은 태종이 발병을 한 이후에도 간병을 하는데 정성을 다하면서도[53) 국가

---

50) "이전에는 조석으로 효령과 충녕이 출입하면서 잠자리를 잡아주고 문안을 했는데 지금은 충녕이 국왕이 됨에 자주 볼 수 없는 것이 두 번째의 한스러움이다.",『세종실록』, 즉위년 8월 15일(임진).

51) 凡爲人子之禮冬溫而夏淸昏定而晨省.

52) 아들이 국왕이 되어 지극한 정성으로 봉양을 받게 되니 이는 고금에 흔치 않은 일이다. 주상의 효행으로 먹고 입는 것들이 넉넉하니 더 무엇을 걱정하고 무엇을 얻겠는가. 주상이 현명한 줄은 이미 알았지만, 국정에 관한 노련함이 이러한 정도에 이를 줄은 몰랐다. 주상은 실로 주(周)나라의 문왕과 같다. 내가 나라를 맡길 자를 잘 얻어서 한가로이 산수를 즐기면서 걱정이 없이 지내는 사람은 천하에 나 혼자일 것이다.『세종실록』, 2년 5월 6일(계미).

53) "왕이 모시고 간병을 하시면서 내복약과 음식물은 직접 올리셨으며, 병환이 심해 질 때에는 밤새동안 곁을 지키면서 잠시라도 의복을 벗거나 잠을 자지 않았다."『세종실록』, 4년 5월 8

수호를 위한 제반 조치를 체계적으로 취하였다. 세종 즉위 4년 (1422년)에 태종이 별세한 후에 신하들이 상복기간에[54] 대하여 역월제(易月制)를[55] 주청하였으나 세종은 여러 가지 문제점을 들어 새로운 상복기간을 제시하면서 3년상을 치루는 효심을 보였다.[56] 한편 세종은 태종의 혼령을 위로해드리기 위하여 광효전과 내불당을 건립하였다. 광효전은 유교식 사당이고 내불당은[57] 불교식 기도처임을 살펴볼 때에 세종의 효행은 숭유억불정책의 당시의 상황을 초월한 것이었으며, 이는 1420년에 별세한 모후인 정비(靜妃)는 장례에서도 같은 것이었는데[58] 이는 모두 세종의 효사상이 발현된 것이라 하겠다.

일(갑자).

54) 조선시대에 있어서 장례기간은 선비는 1개월장, 왕은 5개월장이었고, 상례기간은 3년으로 규정했다.

55) 한나라의 국왕은 나라의 일을 돌봐야 하므로 오랫동안 자리를 비울 수 없으므로, 장례기간을 정할 때에 1일을 1개월로 계산하는데 이를 역월제(易月制)라 한다. 평민들은 해당이 아니 되고 오직 왕만 가능하다. 태종은 이때에도 세종에게 자기의 장례식을 13일 만에 끝내라고 당부했는데, 이는 만약이라도 양녕대군이 정변을 일으킬지 몰라서이었다.

56) 만일 25일 만에 상복을 벗는다면 이는 대비의 상사 시만도 못하게 된다. 나는 상복으로 3년간 衰服을 입을 것이다. 다만 그러한 차림새로는 정사를 돌보기가 어려우니 권도로 졸곡 뒤에 상복을 벗고, 흰옷, 검은 사모, 각대 차림으로 정사를 돌보도록 하되, 상례 행사 때에는 상복을 입고, 소상 · 대상 · 담제에서도 모두 고례(古例)에 따르고자 한다.", 『세종실록』, 4년 5월 13일(기사).

57) 세종이 1448년(세종 30)에 왕실불교를 위하여 경복궁 안에 세운 사찰이다. 조선은 태조 이래로 억불숭유정책을 유지하였지만 세종이 만년에 유생들의 반대에도 불구하고 궁궐에 사찰을 건립하고 그 안에 황금부처 3구를 안치해 불교를 보호하기 시작했다. 조선시대에는 대외적인 정책면으로는 불교를 인정하지 않았지만 개인적으로나 왕실에서는 선왕의 유지를 받든다는 명목으로 보호되다가 조선 중기까지 유지되다가 선조 이후에 없어진 것으로 보인다. 1483년에 예조에서는 내불당에 대한 특별경계와 순시를 명했으며, 1507년(중종 2)에도 사찰을 보호하도록 명령을 내렸다.

58) 조남욱, 「세종대왕의 효제(孝悌)에 관한 연구」, 『유교사상문화연구』59집, 한국유교학회, 성균관대학교 유교문화연구소, 2015, 17쪽.

(3) 정비에 대한 효심

세종의 모후인 정비(靜妃)는 아들들이 성장하기 전에는 효도에 문제가 없었지만 세자를 옹립하는 방법에 있어서는 태종과 갈등을 빚게 되고 이 과정에서 모후는 세종의 즉위를 반대하기도 하였으므로, 모후에 대한 세종의 효행이 태종에게 보여드린 것과 동등하다고 여기기는 것은 어렵다. 그렇지만 세종은 모후에 대하여 어머니로서의 공경을 다하여 모셨다고 할 수 있다. 세종은 국왕에 등극한 이후, 모후의 생신날에 종친과 양녕대군까지 참여하도록 하여 형제 간의 불화를 불식시킬 수 있도록 잔치를 크게 열어 모친에 대한 효심과 함께 공경의 예를 다해드리고자 하였다.59) 그리고 모후가 발병이 된 후에는 모든 방법을 다하여 병구완을 하였는데 이에는 피접은 물론 왕실에서는 도저히 생각할 수 있는 굿판이나 도교적인 방법까지도 동원하였으며, 혼자 모시며 기도하는 때도 있었다.60) 또한 모후가 별세하셨을 때에는 통곡 등으로 슬픔을 이기지 못하였으며61) 장례절차에 있어서도 주자가례를 지키는 것이었지만, 상례에 있어서도 역월제를 조정하여 시행함으로써 효심을 다하였다. 장례를 마치고 나서도 모후의 혼령을 위한 사찰을 건립하고자 했으나 태종의 반대로 무산되었으며,62) 그 후 불교를 신앙하는 모후의 뜻을 헤아려 대신들의 반대에도 불구하고 내불당을 건립함으로써 불교의식을 통하여 모후를 위안하기도 하였다.

---

59) 『세종실록』, 1년 7월 11일(갑인).

60) 『세종실록』, 2년 6월 7일(갑진)·10일(정미)·21일(무오) 등

61) 『세종실록』, 2년 7월 10일(병자).

62) 『세종실록』, 2년 7월 11일(정축).

(4) 왕자들 사이의 우애

왕자의 난등을 일으키며 왕권을 놓고 치열한 투쟁을 경험한 태종은 다시는 그러한 사태가 재발되지 않도록 하기 위하여[63] 형제들의 우애를 중시하는[64] 등 많은 노력을 기울였다. 그러나 세자인 양녕대군이 폐위에 이르는 과정에서, 형제들 사이에 화목은 쉽지 않은 문제였다. 특히 양녕대군이 세자로 14년간 재위하고 있었기 때문에 그를 옹립하려는 세력들이[65] 존재하는 동시에 세자의 교체에 따라 양녕대군을 배척하는 신하들이 늘어가게 되고, 태종은 공식적으로 양녕대군을 보기도 어려운 상황도 있었으므로[66] 왕자들 사이의 우애는 어려움이 있었다. 불교를 유달리 좋아했던 효령대군의 경우에는 대신들의 효령대군의 호불 행위를 강력하게 규탄함으로서 세종의 처지를 남감하게 만들기도 하였다. 세종은 이러한 여러 상황을 잘 인지하고 태종의 당부를 소신으로 삼아 형들을 공경하는 것은 물론이며 여러 왕제들에게도 화목한 관계를 지속하였다. 태종이 양녕대군과 충녕군을 비교하여 말하는 경우도 있었고,[67] 어린 충녕이 세자에 대해서 조언이나[68] 충언 또는 직언을 하는 경우도 있었는데 세자인 양녕대군은 겉으로는 태연한 듯 했으나 불쾌하게

---

63) 태종은 비교적 한창 때인 40세 때에 13세의 어린 세자 양녕대군에게 왕권을 이양하겠다는 사건을 일으키기도 하였다.

64) 왕은 세자 양녕대군과 효령군, 충녕군, 5세의 어린 아들인 褆을 불러서 '화목의 의(義)'를 가르쳤다. 말을 마친 후 눈물을 흘렸다. 처남인 민무구 형제들이 세자 이외의 왕자들을 일찍이 없애려한다는 것에 상심했기 때문이다. 『태종실록』, 9년 5월 19일(경인).

65) 세자 양녕대군을 옹립하려는 세력을 선행적으로 제거하기 위하여 태종은 최측근 대신인 황희를 격리하여 유배시키기도 하였다.

66) 『세종실록』, 즉위년 8월 30일(정미).

67) 충녕대군이 20세 때에 시경에도 밝은 것을 보고 부왕이 "세자가 미칠 바가 아니다."라고 하니, 세자는 "충녕은 용감하지 못합니다."라고 응수하였다. 『태종실록』, 16년 2월 9일(임신).

68) 세자가 "몸단장은 어떤가."라고 하자, 충녕은 "우선 마음을 바로하신 후에 용모를 닦으세요." 라고 말하니 주변 사람들이 감탄했다고 한다. 『태종실록』, 16년 1월 9일(임인).

여긴 경우도 있었다. 그러나 충녕대군에서 세종대왕이 된 이후에는 그러한 행동이나 언사를 사용하지 아니하고 양녕대군을 잘 모시면서[69) 보호하는 모습을[70) 보였다. 효령대군에 대하여도 세종은 형님으로서 공경을 다하면서, 종친들의 모임이나 국정외교에서도[71) 어른으로서 높이고자 하였으며, 불교를 숭앙하는 효령대군을[72) 보호하고자 하였다. 14세에 요절한 유일한 남동생인 성령대군(誠寧大君)에 대하여도 각별히 사랑하고 완두창의 치료에도[73) 적극적이었으며, 남동생을 사별함에 이르러서도 부모님들이 불교의식으로 치룰 때에도 대신들의 반대를 물리치고 이에 따름으로써 세종의 효심은 더욱 빛났던 것이다. 이렇듯 세종의 내면에는 언제나 효애(孝愛)가 가장 중요한 가치였으며 세월이 지나갈수록 불교에 대한 긍정적인 마음으로 적극적으로 수용하는 태도를 보였다.[74)

---

69) 세종이 즉위한 5일 후에 환관으로 하여금 양녕대군에게 술, 고기, 비단 옷감 등을 보내며 위로하였다. 『세종실록』, 즉위년 8월 15일(임진).

70) 대신들은 양녕대군을 향한 경계의식을 강화하다가 그 다음 해 2월이 되어서는 탄핵의 성격으로 비화시키기도 하였다. 『세종실록』, 5년 2월 16일(정묘)·17일(무진). 이런 경우에도 세종은 "법으로 처리하는 것은 차마 내가 할 수가 없구나. 행동을 규제하는 것을 사정을 보며 하겠다."라고 하면서 해결하였다. 『세종실록』, 5년 2월 19일(경오).

71) 1423년 4월에 명나라의 사신을 영접하면서 효령대군이 술을 따를 때 세종이 일어서서 받는 일이 있었다. 『세종실록』, 5년 4월 7일(정사).

72) 사헌부에서 회암사의 불교행사를 금지하도록 주청하였으나, 세종은 회암사 수리 시에 자신도 도와주었다는 뜻을 밝히며 효령대군을 보호했다. 『세종실록』, 17년 3월 8일(경진).

73) 충녕대군은 밤낮으로 아우의 옆에서 계속 살피면서 직접 약을 달여 먹이고 치료하였다. 부왕과 모후께서는 그 지극한 정성에 감복하였다. 『태종실록』, 18년 2월 4일(을유).

74) 조남욱, 「세종의 불교수용에 관한 연구」, 『윤리교육연구』제24집, 한국윤리교육학회, 2011, 299쪽 이하.

4. 끝맺으며

조선시대를 통일법전의 시대라고 할 수 있다. 이 당시에는 기본적인 통일법전 및 형법인 대명률을 계수하여 통치 수단으로 삼으면서 전 국토와 국민을 조직적, 통일적으로 지배, 규율하였다. 세종은 정치의 가장 중요한 책무는 '백성의 억울함을 최소화하는 것'이라 강조하면서 크고 작은 형벌을 애써 삼가고, 형벌을 남용하지 못하게 하였다. 조선시대에 제정법의 기본은 왕의 명령인데 이는 그 내용의 경중에 따라 교지와 전지로 구분하였다. 조선 초기에 있어서 입법자들의 법사상 내지 법률관은 조종성헌의 존중, 법의 영원성, 법령개정의 경직성 등이다.

조선시대에 있어서 법령은 천지사시(天地四時)의 자연질서와 어그러짐이 없어야 하며, 법령은 민심에 합치된 것이라야 한다는 사상적, 철학적 바탕을 두고 있었다. 이에 대한 근거로서 조선조는 유교 국가를 전면적으로 지향하였는데 세종시대에는 삼강, 오상 등의 윤리가 필연적으로 중요시되었다. 건국 초기의 통치체제를 구축하기 위해서는 유교의 이념 하에 실천원리로서 삼강윤리를 강조하게 되었던 것이다. 세종실록의 기록들을 살펴보면 소학이나 삼강행실도와 같은 유교적 윤리의 교화정책과 병행하여 법적 처벌을 강력하게 시행하였음을 알 수 있다.

특히 세종은 어릴 적부터 왕자로서의 도덕적으로 가장 올바른 길이 무엇인지를 고뇌하였고, 왕실에서 효도와 우애의 길을 상실하면 곧 왕조의 앞날이 위태롭게 된다는 사실을 명심하고 있었다. 세종의 효사상은 도덕적 의미의 구현과 선구자적 교화의식의 성격을 띠고 있었다고 하겠다. 동서고금을 막론하고 나라를 통치하고 국민들을 위한 정치를 제대로 시행하기 위해서는 법률과 윤리가 필연적으로 조화를 이루어야 할 것이다.

제7장

한국문화 속의 효와 민속

박 환 영

(중앙대학교 교수)

1. 글의 시작

한국문화가 가지고 있는 특징 중의 하나를 말한다면 여러 가지가 있겠지만 효(孝)가 가장 대표적인 것 중의 하나가 될 것이다. 그러나 이러한 효의 문제도 인류문화라는 좀 더 큰 틀에서 보면 그렇게 특별하게 보이지 않을 수도 있다. 가령 사람이 어디에서 와서 어떻게 살아가고 어디로 가는가? 라는 보통 사람이라면 한번쯤 가져봄 직한 일반적인 질문에 다양한 해답을 인류문화 속에서 찾아볼 수 있다. 비록 이러한 질문에 대한 해답이 인류문화에 따라서 완전하지는 못하지만 종교, 다양한 의례, 친족조직, 생업활동, 설화, 민요 등에 투영되어 있기도 하다. 한국문화에서 볼 수 있는 효문화는 한편으로는 인류문화의 보편적인 특성을 가지고 있기도 하지만 다른 한편으로는 한국문화 속에서 더 체계화되고 다듬어져서 한국인이 가지는 특수하고 독창적인 문화이기도 하다.

효라는 것은 인간이 가져야하는 당연한 의무요 책임이라고 이야기할 수도 있지만 문화에 따라서 받아들이는 입장이 다를 수도 있는 것이다. 한국문화의 정수라고도 할 수 있는 효문화를 좀 더 구체적으로 살펴보기 위해서 다양한 측면에서 효문화를 접근해 보려고 한다. 우선 한국문화의 근간을 이루는 불교문화와 관련해서 효문화를 살펴볼 수 있다. 또한 설화, 속담 그리고 동물상징을 중심으로 한 일상적인 생활문화 속에 나타난 효문화를 고찰해 볼 수 있는데 민중들의 삶 속에 깊숙하게 투영되어 있는 전반적인 한국의 효문화를 이해하는데 많은 자료를 제공해준다. 마지막으로는 유교문화 속에서 집중적으로 조명을 받고 있는 충(忠)과 효(孝)사상 속에서 효를 집중적으로 살펴보고자 한다.

2. 불교문화 속의 효

한국문화 속에서 불교문화는 겉으로 보면 잘 느낄 수 없을 수도 있지만 한국문화의 곳곳에 영향을 미치지 않는 곳이 없을 정도로 지대한 영향을 가져다 준 종교이며 생활철학이다. 특히 오늘날 전해지는 삼국시대와 고려시대 관련 자료와 기록을 보면 불교의 영향이 두드러진다. 효라는 개념도 어떻게 보면 인간이 살아가면서 행해야 할 가장 근본이 되는 실천 도덕이면서 또한 이상적인 인간의 삶을 위한 철학이기도 하기 때문에 불교문화와 많은 연관성을 가지고 있다. 고려시대의 대표적인 문헌자료이면서 단군에서부터 삼국시대까지의 전반적인 역사 이야기인 『삼국유사』에도 효는 중요한 주제로 다루어지고 있다.

예를 들어서 『삼국유사』의 「효선」편에 보면 삼국시대에 만연했던 불교문화 속에 내재되어 있는 효와 관련된 모두 다섯 편의 이야기가 기록되어 있다. 다섯 편의 대략적인 내용을 살펴보면, 첫 번째는 진정사(眞定師)가 노모를 정성으로 공양하다가 현세의 공양보다는 내세의 공양을 위하여 출가한다는 내용이고, 두 번째 이야기는 김대성이 현세의 부모를 위하여 불국사를 세우고 전생의 부모를 위하여 석불사를 세우게 되는 김대성에 대한 이야기이며, 세 번째 이야기는 흉년이 들어서 굶어죽게 되자 자신의 허벅지살을 베어 부모를 공양한 향득사지(向得舍知)의 이야기이며, 네 번째는 어려운 살림에 노모를 봉양하면서 노모의 밥을 어린 자식이 빼앗아 먹자 노모가 배불리 먹을 수 있게 하기 위해서 어린 자식을 땅에 묻기 위해서 산에 갔다가 석종(石鐘)을 발견한다는 이야기이며, 다섯 번째는 어머니를 정성으로 봉양한 가난한 딸에 대한 이야기이다. 이중에서 네 번째 이야기의 내용을 좀 더 자세하게 기술해 보면 다음과 같다.

손순(孫順)은 모량리 사람으로서 아버지는 학산(鶴山)이다. 아버지가 죽자 손순은 아내와 함께 남의 집에서 품을 팔아 곡식을 얻고 노모를 봉양하였으며, 어머니의 이름은 운오(運烏)라고 하였다. 손순에게는 어린 아들이 있었는데 매양 어머니의 밥을 빼앗아 먹자 손순이 딱하게 여겨서 그의 아내에게 말하기를 "아이는 또 얻을 수 있지만 어머니는 다시 모실 수가 없소. 아이가 그 밥을 빼앗아 먹으니 어머니가 얼마나 배가 고프시겠소. 그러니 이 아이를 땅에 묻어서 어머니가 배불리 드시도록 해야겠소." 라고 하였다. 그리고 아이를 등에 업고 취산(醉山) 북교(北郊)로 가서 땅을 파자 갑자기 석종(石鐘)이 나왔는데, 매우 기이하여 부부가 놀라고 괴이하게 여겼다. 잠시 나무 위에 걸고 시험 삼아 쳐보니 그 소리가 은은하여 듣기가 좋았다. 아내가 말하기를, "이상한 물건을 얻음은 아마 아이의 복인듯 하니 묻어서는 안 됩니다." 라고 하자, 남편 또한 그렇게 여겨서 아이를 종과 함께 업고 집으로 돌아와서 들보에 매달고 쳤다. 그 소리가 대궐까지 들려 흥덕왕이 듣고 신하들에게 말하기를, "서쪽 교외에서 이상한 종소리가 들리는데 그

청아함이 이를 데 없으니 속히 가서 조사해 보라." 고 하였다. 왕의 사신이 와서 그의 집을 조사하고 사유를 갖추어 아뢰니, 왕이 말하기를, "옛날 곽거(郭巨)가 아들을 묻으려고 하자 하늘이 금부(金釜)를 내려주었는데, 이제 손순이 아이를 묻으려고 하자 땅에서 석종이 솟았으니 곽거의 효와 손순의 효는 천지 사이의 거울이 된다."라고 하며, 집 한 채를 하사하고 해마다 멥쌀 50석을 주어서 지극한 효를 기렸다.

이상의 내용을 보면 먹을 것이 턱없이 부족한 어려운 살림에 노모(老母)를 제대로 봉양하기 위하여 어린 자식을 땅에 묻어버리려고 하는 효자 부부의 효성이 하늘을 감동시켜서 석종(石鐘)을 얻게 되며, 이러한 사실을 안 나라의 왕이 집과 상을 내려서 어린 자식을 버릴 필요도 없게 되었고, 노모도 넉넉하게 봉양할 수 있게 되었다는 이야기이다.

한편 전국에 흩어져서 전승되고 있는 불교설화 중에도 효와 관련된 내용이 많은 편이다. 옷깃만 스쳐도 인연이라고 생각하는 불교적인 사고관에서 보면 부모와 자식 사이의 인연은 정말로 엄청난 인연이요, 과거는 물론이고 현재와 미래가 촘촘하게 엮어져 있는 인연의 끈에서 가장 단단하게 묶여져 있는 인연인지도 모른다. 그러므로 부모에게 효성을 다 하는 것은 전생에서 받았던 은혜를 갚는 것이기도 하면서 앞으로 경험하게 될 내세에서도 좋은 인연을 가질 수 있는 선(善)한 업(業)을 가지는 것이기도 하다. 아래에서 이러한 불교설화 중의 하나를 소개하면 다음과 같다.

김신이라는 자는 원나라 조정을 섬기고 있었다. 그런데 그의 어머니가 왜구들에 의해 살해당하였다는 사실을 어느 정도 세월이 흘러서야 알았다. 그리하여 황급히 그곳(으로) 가보았다. 살해당한 사람이 그의 어머니 혼자가 아니었기 때문에 여러 백골이 뒹굴고 있었다. 그리하여 어느 것이 그의 어머니의 것인지 분간하기가 어려웠다. 그럼에도 불구하고 열심히 찾아 자신의 모친의 것으로 생각되는 백골을 주웠다. 그러나 확실한 근거가 없기 때문에 김신은 하늘을 우러러 보고 통곡을 하였다. 그리고 그 백골이 분명히 자신의 모친의 것이라면 색깔을 변해 보이도록 기원을 했다. 그 기도 소리가 채 끝나기 전에 그 백골은 푸른 색깔로 변하였으며 이를 보고 있는 동안 갑자기 하늘이 어둡고 큰 비가 내렸다. 이는 김신의 효심에 감탄한 죽은 모친의 영혼이 감응을 나타낸 것이었다. 이 사실을 들은 임금은 명을 내려 그의 모친을 위해 사당을 지어 모시게 했다 한다(한정섭:2003a:838-839).

위의 설화는 『부모은중경(父母恩重經)』에 나오는 부모님의 뼈를 소중하게 취급해야 한다는 내용과 관련지어서 논의해 볼 수 있으며, 또한 부모님의 뼈를 소중하게 여기는 한국의 전통적인 효문화를 간접적으로 제시하고 있다. 특히 어머니의 뼈와 효의 관계를 나타내는 부분과 밀접한 관련성이 있어 보인다. 가령 예를 들어서 『부모은중경』에 보면 다음과 같은 내용이 들어 있다.

... 生男養女 一廻生箇孩兒 流出三豆斗三勝凝血 飮孃八斛四豆斗白乳 所以骨頭黑了又輕 ... (... 아들을 낳고 딸을 기르는 데 있어 한 번 아이를 낳으려 하면 엉긴 피를 서말 석 되나 흘리고, 어머니는 여덟 섬 여덟 말의 흰 젖을 먹여야 하는 까닭에 머리뼈가 검고 또한 가벼운 것이다. ...)(권오석:1994:48-49).

한국의 민속문화를 보면 부모에게 살아생전에 효를 다하는 것도 중요하지만 부모님이 돌아가신 후에도 부모의 제사를 소홀히 할 수 없다. 이러한 문화는 관례(冠禮), 혼례(婚禮), 상례(喪禮) 제례(祭禮)와 같은 관혼상제를 소중하게 여겼던 유교의 영향으로도 볼 수 있다. 특히 제례에서 볼 수 있는 복잡한 제의(祭儀)의 절차는 유교문화의 특징이기도 하다. 그러나 뼈를 소중하게 다루는 전통은 『부모은중경』의 내용에서나 불교설화에서 볼 수 있는 바와 같이 불교문화 속에도 들어 있음을 알 수 있다. 따라서 불교의 교리와 함께 민중들에게 전해진 『부모은중경』은 한국의 효문화를 형성하는데 기초가 되었을 가능성을 배제할 수 없다.

한편 『부모은중경』의 주요 내용은 부모의 은혜를 크게 열 가지[1]로 나누어서 기술하고 있으며 또한 생전에 부모의 은혜를 등한시하여 불효를 하게 되면 죽어서 지옥에 떨어져서 엄청난 고통과 벌을 받는다는 내용도 들어 있다. 이러한 내용은 현세에서 선한 업을 쌓아야 하는데 그 중에서도 가장 중요한 것이 효행을 실천하는 것임을 강조하고 있다. 또한 이러한 덕목의 실천을 통하여 내세에서도 좋은 복을 받을 수 있다는 불교의 사상과 철학이 밑바탕에 짙게 내재되어 있는 것이다.

3. 일상적인 생활문화 속의 효

효는 가장 기본적인 인간의 도리이면서 또한 가장 실천하기 힘든 생활의 덕목이기도 하다. 오늘날에도 효행상을 제정하고, 효자와 효부를 선발하여 표창(表彰)하기도 하는 것을 보면 시대는 바뀌었

---

[1] 『부모은중경』에 나오는 부모의 은혜 열 가지는 다음과 같다. 첫 번째 자식을 잉태하고 지켜준 은혜, 두 번째 해산할 때 고통을 받는 은혜, 세 번째 자식을 낳고서 근심을 잊는 은혜, 네 번째 자식을 위하여 쓴 것도 삼키고 단 것도 뱉어 먹여주신 은혜, 다섯 번째 자식을 위하여 진자리 마른자리를 가려 뉘어주신 은혜, 여섯 번째 젖을 먹여주고 키워주신 은혜, 일곱 번째 깨끗하지 않은 것을 씻어주신 은혜, 여덟 번째 자식이 멀리 여행함을 걱정해 주시는 은혜, 아홉 번째 자식을 위해서 악업을 거듭하시는 은혜, 열 번째 끝까지 자식을 불쌍히 여기는 은혜 등이다.

지만 효는 현대사회에서도 가장 중요한 실천덕목의 하나로 한국사회에서 기능을 하고 있음을 알 수 있다. 오늘날 한국문화가 다른 외국의 문화와 비교해서 가질 수 있는 독창성 중의 하나가 바로 효문화일 것이다. 효가 만연한 한국사회에서 아직까지도 효가 중요한 생활덕목이 되고 있는 것은 일상적인 생활문화 속에 녹아있는 효문화가 여전히 전승되고 있기 때문이다. 이러한 생활문화 속의 효문화를 살펴보기 위하여 효와 관련된 설화, 속담, 동물상징 등을 중심으로 고찰하고자 한다.

1) 효 설화

효와 관련된 설화는 전국에서 다양하게 전승되고 있다. 효와 관련된 설화는 주로 전설과 민담이 주축을 이루고 있다고 해도 과언이 아니다. 전국에서 전승되고 있는 수많은 전설 중에서 효성의 상징이 되고 있는 경북 예천군의 느티나무와 관련된 전설의 내용을 소개하면 아래와 같다.

> ... 지금으로부터 약 60여 년전 남씨(南氏) 가문에 영필(永弼)이라는 마음씨 착하고 어버이 섬기기에 게을리 하지 않은 사람이 있었다. 영필은 어려서부터 아버지를 도와 나무팔이를 하여 의식(衣食)을 근근이 해결하면서도 조금도 짜증을 내지 않는 효자였다. 어느 날 나무를 하여 집에 돌아오니 그의 아버지는 병환으로 누워 있었다. 그날부터 그는 원근(遠近)을 무릅쓰고 약을 구하여 아버지를 간호하였으나 차도는 없고 점점 악화되기만 하여 낮으로는 나무하기를 계속하고 밤으로는 칠성단에서 천신에 기도를 드리기 시작했다. 드디어 99일째 되는 날 밤 흰옷을 입고 수염이 기다란 한 노인이 나타나더니 "네 아버지의 병은 남쪽으로 가서 약을 구하면 고칠 수 있으리라" 하고는 자취를 감추어 버렸다. 영필은 날이 밝기가 무섭게 행장을 꾸려 약을 구하려고 30여리를 갔더니 길 옆

큰 느티나무 아래에 약의 행방을 알려준 흰옷을 입고 수염이 기다란 그 노인이 있기에 공손히 절을 하고 사정을 이야기한 다음 약을 구하여줄 수 없는가를 물었더니 노인이 이르는 말이 "나는 약국도 아니요, 의원도 아니니 아무것도 모른다."고 하였다. 다시 백번 절하고 간청하였더니 노인은 웃으면서 혁대에 찬 주머니 끈을 풀어 환약(丸藥)을 세 알 내어 주며 이것도 약이 될지 모르지만 한번 사용해 보라 하기에 영필은 감사히 받아 들고 집에 돌아오려고 몇 발자국을 옮긴 후에 돌아다보니 노인은 온데간데없이 사라지고 큰 느티나무만 우뚝 서 있을 뿐이었다. 약을 쓴 그의 아버지는 점차 차도를 보이더니 수일 후에는 완쾌되어 오래도록 살았다. 이러한 소문이 원근(遠近)없이 퍼지니 모두들 영필의 갸륵한 효성을 찬양(讚揚)하였으며 지금도 그의 효자비(孝子碑)가 서 있어 그 앞을 오가는 사람들의 발걸음을 멈추게 하고 있다(산림청 임업연수원:1988:175-176).

위에서 기술한 전설의 소재가 된 경상북도 예천군(醴泉郡) 진문면(晉門面) 작곡동(鵲谷洞)에 있는 느티나무는 효성(孝誠)의 상징으로 비추어지기도 하는데, 이것은 "지성이면 감천이다"는 옛말과 같이 효심이 지극하면 하늘이 감응하듯이 나무도 감응을 해서 효자를 도와준다는 의미를 내포하고 있다.

한편 효와 관련된 전설은 구비 전승되는 이야기와 관련하여 시대가 분명하고 일종의 증거가 되는 자연물이나 인공물이 존재하고 또한 전설이 전승되는 구체적이고도 정확한 지역이 남아 있는 경우가 대부분이다. 이러한 전설에 비하여 민담은 구체적인 시대를 알 수 없고 이야기가 구비 전승되는 구체적인 지역도 알 수 없는 경우가 대부분이지만 민중들의 생활공간에서 입에서 입으로 전승되어 온 소중한 문화유산으로 역시 가치를 가지고 있는 것이다. 아래의 내용은 고려장과 관련된 전국적으로 전승되고 있는 민담으로 그 속에는 부모에 대한 효가 강조되어 있다.

어떤 아들이 늙은 아버지를 모시고 있었다. 그 당시에는 노인이 일흔 살이 넘으면 깊은 산속에 버리도록 나라의 법으로 정해져 있었다. 이윽고 아버지가 일흔 살을 넘기자 아들은 국법에 따라 아버지를 버리기로 작정했다. 아버지를 버리기로 한 날, 아들은 아버지를 지게에 싣고 깊은 산속으로 향했다. 그때 어린 아들이 아버지가 할아버지를 버리려는 것을 알아채고 가만히 뒤쫓아 갔다. 깊은 산속에 이르자 아들은 아버지를 내려놓은 후 눈물을 흘리며 말했다. "자식으로 면목이 없습니다. 하지만 나라의 법으로 정해져 있는 일이니 전들 어찌하겠습니까? 여기 얼마간 드실 양식과 물을 놓고 갈 터이니 부디 저희를 원망하지 마시고 편히 가십시오." 아들은 아버지 앞에 무릎을 꿇고 정중히 절을 올린 후 이내 등을 돌려 걸음을 옮겼다. 그가 뒤를 돌아보지 않은 채 한참을 내려가자 뒤에서 어린 아들이 낑낑대며 지게를 메고 오는 모습이 보였다. 그는 버럭 화를 내며 아들에게 소리쳤다. "아버님을 버리고 오는 것도 마음이 아픈데, 너는 어찌하여 그런 흉한 물건을 다시 가져오는 게냐?" 그러자 어린 아들이 이마에 맺힌 땀방울을 손등으로 닦으며 대답했다. "나중에 쓸 데가 있어서 되 가져 오는 것입니다." 그런 물건을 어디에다 다시 쓴단 말이냐?" "왜 없겠습니까? 지금 아버님의 연세는 적지 않습니다. 나중에 아버님의 연세가 일흔 살이 되면 저도 이 지게에 아버님을 싣고 이곳에 와야 하지 않겠습니까?" "어린 아들의 말을 들은 아버지는 잠시 넋이 나간 모습으로 아들의 얼굴을 바라보았다. 멀거니 아들을 바라보던 아버지는 잠시 고개를 떨구더니 이내 걸음을 되돌려 산을 오르기 시작했다." "어디 가십니까?" "다시 아버님을 모셔와야겠다." 마침내 그는 깊이 깨우친 바가 있어 다시 늙은 아버지를 지성으로 봉양하였으며, 이후로는 나라에서 노인을 버리는 풍습이 없어졌다고 한다(이용범:2004:287-288).

　　이상의 내용은 고려장과 관련된 이야기인데 자신이 부모에게 한 만큼 자신도 자식들에게 똑 같이 받는다는 교훈을 일깨워준다. 따라서 살아생전에 부모를 잘 공양하고 효도를 드리면 이러한 선행을 자식들이 본받게 되며, 반대로 부모를 잘 공양하지 못하면 자식들도 나중에 불효를 하게 된다는 내용을 담고 있다. 한편 또 다른 유형의 고려장 이야기는 한편으로는 효의 중요성을 강조하고 있으며, 다른 한편으로는 노인들을 존경해야함을 강조하고 있다. 특히 나이가 든다는 것은 신체적으로는 젊은이에게 의지해야 하는 나약한 존재인지 모르지만, 정신적으로 보면 인생의 경험이 풍부한 생활문화의 수수께끼를 풀 수 있는 현명한 철학자로서 높은 위치에 있음을 강조하고 있다. 이러한 고려장의 이야기는 다음과 같다.

고려시대 때, 한 정승이 있었는데 청렴결백한 성품으로 백성들로부터 신망을 받았을 뿐만 아니라 부모에 대한 효성도 지극했다. 하지만 당시에는 부모의 나이가 예순 살이 넘으면 산에 버리게 하는 국법이 있었다. 정승에게는 늙은 아버지가 있었다. 아버지는 예순 살이 되자 아들의 부담을 덜어주기 위해 스스로 산에 들어가고자 하였다. "애야, 이제 내 나이 예순이 넘었으니 산으로 떠나야겠다. 너무 마음 아파할 것 없다. 나라의 법이란 모든 백성에게 골고루 적용되는 것이 아니냐." 아버지가 그런 말을 할 때마다 정승은 펄쩍 뛰며 눈물을 흘렸다. 그러나 정승으로서 반드시 나라의 법을 지켜야 할 처지였다. 생각 끝에 그는 뒷마당에 깊은 구덩이를 파고 아버지를 숨겨놓았다. 그러고는 매일 먹을 것과 입을 것을 넣어주고, 밤이 되면 몰래 찾아가 문안을 올렸다. 그 때 중국 사신이 고려 조정에 도착하여 거만을 떨었다. "고려에 인재가 많다고 들었는데, 우리 황제께서 친히 시험을 하시고자 세 가지 수수께끼를 내셨소. 만일 세 가지 수수께끼를 모두 풀면 그냥 물러갈 것이로되, 풀지 못하면 고려를 영원한 속국으로 삼겠소." 그러면서 중국 사신은 세 가지 수수께끼를 냈다. "첫 번째 수수께끼를 말하겠소. 호두알만한 구슬이 하나 있는데, 그 속이 구불구불한 구멍으로 뚫어 있소. 가는 명주실로 한쪽 구멍에서 꿰어 맞은편 구멍으로 나오게 하시오". "두 번째 수수께끼를 내겠소. 생김새와 크기가 똑같은 말이 있는데, 하나는 어미이고 하나는 새끼요. 손을 대지 않고 어미와 새끼를 가려내는 방법을 말하시오". "세 번째 수수께끼는 나뭇가지 하나로 백 가지 나물을 만들라는 것이오." 난감해진 조정의 대신들은 모두 정승을 바라보았다. 조정에서 가장 현명한 신하로 이름이 나 있었기 때문이었다. 하지만 정승도 세 가지 수수께끼의 정답을 알아낼 도리가 없었다. 결국 그는 근심을 안은 채 집으로 돌아와 구덩이 속에 숨어 있는 아버지를 찾아갔다. "네 얼굴이 어두운 것을 보니 나라에 무슨 일이 있는 게로구나". 정승은 중국 사신이 도착한 사실과 세 가지 수수께끼에 대해 자세히 설명했다. 아버지는 한참 동안 생각에 잠기더니 이내 정승에게 말했다. "어려운 것 같지만 잘 생각하면 어려운 수수께끼가 아니다. 먼저 구슬 속의 구불구불한 구멍에 실을 꿰려면 개미의 허리에 실을 매고 맞은편 구멍에 꿀을 발라놓으면 된단다. 그러면 개미가 꿀을 찾아 구멍을 지나게 되지". 그 말을 들은 아들은 무릎을 내리쳤다. "그리고 말은 이빨을 보면 나이를 알 수 있다. 하지만 손가락 하나 대지 못한다니 두 마리에게 꼴을 주어 보면 어미와 새끼를 알 수 있다. 어미는 먼저 그 새끼에게 먹을 것을 밀어주는 법이다". 이번에도 아들은 아버지의 말이 옳다고 여겼다. 아버지는 세 번째 수수께끼에도 명확한 답을 일러주었다. 이튿날 정승은 가벼운 마음으로 궁궐에 들어갔다. 수수께끼를 풀기 위해 밤새 잠을 이루지 못한 대신들과 임금은 여전히 풀이 죽어 있었다. 이윽고 중국 사신이 들어오며 거드름을 피웠다. "오늘 아침까지 시간을 주었으니 수수께끼를 모두 풀었겠지요?" 정승이 어깨를 펴고 앞으로 나서며 대답했다. "그렇습니다. 세 가지 수수께끼를 모두 풀었습니다." 정승은 간밤에 아버지가 일러준 두 가지 수수께끼의 답을 말했다. 깜짝 놀란 중국 사신이 정승을 노려보며 말했다. "그럼 마지막 수수께끼의 정답은 무엇이오?" 문득 정승은 보자기 하나를 꺼내 펼쳤다. 그 안에는 흰 나뭇가지가 들어 있었다. 정승은 흰 나뭇가지를 꺼내더니 갖은 양념을 뿌려 가며 손으로 서걱서걱 무치기 시작했다. "다 되었습니다. 이것이 백 가지 나물입니다". 중국 사신이 어이없다는 표정으로 정승에게 말했다. "이것이 어째서 백 가지 나물이란 말이요?" 정승이 가만히 미소를 떠올리며 대꾸했다. "이것이 흰(白) 나뭇가지로 무친 나물입니다. 그러니 백(白) 가지 나물이 아니고 무엇입니까? 그리하여 중국 사신은 창피만 당한 채 서둘러 중국으로 돌아갔다. 임금이 탄복하며 정승에게 말했다." "그대의 지혜는 따를 자가 없을 것이오!" "황송하오나 수수께끼를 푼 것은 신이 아니라 신의 아비입니다:". "그렇다면 그대의 아비에게 상을 내려야겠구려." 그 때 정승은 임금 앞에 무릎을 꿇고 눈물을 흘리며 말했다. "사실 신의 아비는 올해 예순 살을 넘겼습니다. 이 나라의 법에 따르면 벌써 고려장을 당했어야 하는 나이입니다. 그러나 신은 차마 아비를 버릴 수 없어 몰래 숨겨놓았습니다. 만일 신의 아비가 없었다면 수수께끼를 풀 수 없었을 것입니다. 하지만 이번 일로 인해 아비의 존재가 세상에 드러났으니 다시 산 속에 버려야 합니다." 임금은 정승의 얼굴을 한참 동안 바라보다가 가만히 그를 일으켜 세우며 말했다. "그렇게 지혜로운 이를 버린다는 것은 어리석은 짓이오. 앞으로는 나이 든 사람을 내다버리는 일이 없도록 하겠소." 그리하여 정승의 아버지는 무사히 살아나고, 고려장이라는 국법은 사라지고 말았다(이용범:2004:291-294).

수수께끼는 고도로 압축되어 있는 생활의 지혜이며, 일상적인 생활문화 전반에서 조금씩 축적되어서 오랜 시간 동안 구비전승 되어 온 구비단문이기 때문에 잔머리를 굴려서 풀 수 있는 성격의 단순한 물음이 아니다. 생활문화 속에서 잔뼈가 단단해져야 풀 수 있는 그러한 살아있는 인생이요, 삶 자체인 것이다. 따라서 나이가 든 연장자는 생업의 현장에서 젊은이들에 비하여 다소 떨어지지만 생활문화 속에 축적되어서 전해져 오는 삶의 지혜와 철학을 전달해 주는 인생의 조언자요, 삶의 나침반 역할을 할 수 있는 소중한 존재로 존경의 대상이 될 수 있는 것이다. 한편 다음에 소개하는 효와 관련된 민담은 한국문화 속에 들어있는 효의 극치를 보여준다.

옛날 어느 마을에 늙은 홀아비와 아들, 며느리 모두 세 식구가 살고 있었다. 조석의 끼니를 대기가 어려운 형편인데 아버지의 환갑날이 닥쳐왔다. 아들과 며느리는 아무리 궁리를 해도 아버지 환갑잔치를 할 도리가 없었다. 그러나 홀로 계신 아버지의 환갑날에 아무것도 없으면 얼마나 섭섭할 것이며 아들, 며느리로서도 죄송스러운 일이 아닐 수 없었다. 며느리는 생각 끝에 소담한 자기의 머리를 잘라 팔아서 그 돈으로 쌀을 사고 반찬을 마련하여 정성껏 상을 마련했다. 저녁이 되었다. 저녁상을 올리고 홀아버지를 위로하기 위해서 아들은 화로를 두드리며 장단을 치고 며느리는 장단에 맞춰 춤을 추자 아버지는 기가 막혀 울고 있었다. 밤에 원님이 민정을 살피고자 순찰을 도는데, 어느 집엘 가니 봉창문에 그림자가 비치는데 춤추는 모습이 보이고 장단소리, 울음소리가 나므로 수상히 여겨 문을 열고 그 까닭을 물었다. 노인은 사정 이야기를 했다. 가난해서 며느리가 제 머리를 잘라 팔아서 환갑상을 차려 나를 위로하기 위해서 장단치고 춤을 춘다는 것이었다. 원님은 가족의 딱한 사정과 아들, 며느리의 효성에 감동되어 쌀과 옷감을 상으로 후하게 주어 위로했다고 한다(임동권:1996:191-192[2]).

자신의 편의와 안락만을 생각하는 현대의 젊은이들에게 이러한 옛날이야기가 어떠한 의미가 있을까? 더욱이 위에서 기술한 민담의 이야기 속에 나오는 효자뿐만 아니라 효부의 행동도 요즘 같으면 생각하기 힘든 경우이다. 자신의 외모에 관심이 있는 여성의 입장에서 매일 손질을 하여 가꾸어 온 자신의 머리를 시아버지의 환갑 잔치를 위하여 머리를 손질할 필요도 없이 잘라서 볼품없이 생활한다고 과연 상상이나 할 수 있을까? 따라서 현대인들은 민담을 통하여 잠시나마 이전에 가졌던 효의 중요성을 다시 되새김질 할 수 있는 것이다.

2) 효와 관련된 속담

속담은 구비전승 되는 구비단문으로 민중들의 생활문화를 잘 반영해 준다. 특히 압축되고 간결한 형식을 가지고 있어서 진솔한 민중들의 삶을 내포하고 있는 경우가 대부분이다. 효와 관련된 속담은 양적으로 그렇게 많은 편은 아니지만 한국의 효 문화와 민속을 보여주는 속담이 제법 많이 발견된다. 효와 관련된 이러한 속담을 구체적으로 살펴보면 다음과 같다.

---

2) 이 민담은 1958년 8월 13일 경기도 여주군 당양리 노성진(당시 65세)으로부터 채록하였다고 한다.

○ 효성이 지극하면 돌 위에 풀이 난다

○ 효자 끝에 불효 나고 불효 끝에 효자 난다

○ 효자 효녀가 나면 집안이 망한다

○ 나갔던 며느리 효도한다

○ 병신 자식이 효도한다

○ 눈 먼 자식이 효자 노릇한다

○ 버리댁3)이 효자 노릇한다

○ 발이 효도 자식보다 낫다

○ 긴 병에 효자 없다

○ 잔 병에 효자 없다

○ 삼년 구병(救病)에 불효 난다

○ 부모가 온 효자가 되어야 자식이 반 효자

○ 부모가 착해야 효자 난다

○ 외아들이 효자 없다(이상 이기문의 『속담사전』)

○ 효부(孝婦) 없는 효자 없다

○ 효성이 지극하면 돌 위에도 꽃이 핀다

○ 효성이 지극하면 하늘도 움직인다

○ 효자가 불여악처(不女惡妻)

○ 효 끝에 효자 난다

○ 효자 노릇을 할래도 부모가 받아 줘야 한다

○ 까마귀도 반포(反哺)의 효도가 있고, 비둘기도 예절을 안다

○ 매로 키운 자식이 효성 있다

---

3) 지지리 못나서 버리려고 했던 자식을 의미함.

○ 부모가 효자가 되어야 자식이 효자 된다

○ 자식이 부모 사랑 절반만 해도 효자다

○ 자식이 부모의 맘 반이면 효자 된다

○ 제 발이 효자보다 낫다

○ 집이 가난하면 효자 나고, 나라가 어지러우면 충신이 난다(이상 원영섭의 『우리속담사전』)

○ 효는 만선(萬善)의 근본이다

○ 효는 백행의 근본이다(孝百行之本)(『후한서(後漢書)』)

○ 효는 부모를 섬기는 일로 시작해서 임금을 섬기고 입신하는 데서 끝난다(孝 始於事親 中於事君 終於立身)(『소학』)

○ 효는 세 가지로 구분되는데 가장 큰 효도는 부모를 존경하는 것이며 그 다음은 치욕되지 않게 하는 것이며 끝으로는 봉양하는 것이다(孝有三 大孝尊親 其次弗辱 其下能養)(『예기』)

○ 효로써 임금을 섬기면 그것이 충이 된다(以孝事君則忠)(『효경』)

○ 효성이 못 효성이다(以孝傷孝)

○ 효성이 지극하면 돌 위에서도 풀이 난다

○ 효자가 악처만 못하다(孝子不如惡妻)

○ 효자가 있어야 효부도 있다

○ 효자 끝에 불효 나고 불효 끝에 효자 난다

○ 효자 끝에 효자 난다

○ 효자는 아버지의 좋은 점을 높이 찬양하고 아버지의 나쁜 점은 찬양하지 않는다(孝子揚父之美 不揚父之惡)(『곡양전(穀梁傳)』)

○ 효자 집에 효자 난다

○ 효자 효녀가 나면 집안이 망한다(이상 송재선『우리말 속담 큰사전』)

○ 효자는 하늘이 알아본다(심후섭,『한국의 속담』)

위에서 살펴본 바와 같이 효와 관련된 속담은 효자, 효녀, 효부(孝婦)와 같은 바람직한 인간상을 보여주거나 가정에서의 효는 국가에서는 충으로 연계시켜서 효를 가장 기본이 되는 덕목으로 인식하고 있었음을 보여준다. 또한 병신자식이나 눈 먼 자식 그리고 지지리 못나서 버리려고 했던 자식인 버리댁이 오히려 효자가 될 수 있음을 강조하는 속담도 두드러진다. 효성이 지극하면 하늘도 감동한다는 종류의 속담은 효와 관련한 설화 속에서도 자주 등장하는 내용이기도 하다. 그 외에도 유교와 관련된 문헌이나 역사적인 문헌에 나오는 효 관련 내용이 인용되어서 속담으로 전승되는 경우도 발견된다.

3) 효와 관련된 동물상징과 민속

효에 대한 민중들의 생활문화는 동물에 투영되고 빗대어져서 표현되기도 한다. 이러한 동물 상징을 통한 효문화에 등장하는 동물로는 까마귀, 원숭이, 호랑이, 비둘기, 솔개(또는 독수리), 사슴, 지네, 구렁이, 말, 게, 자라 등 다양한 편이다. 이렇게 동물에 빗대어서 효를 나타내는 방식으로는 고사성어, 속담, 설화 등이 대표적이다. 먼저 고사성어를 통하여 동물의 습성을 인간의 효와 연관 짓고 있는 경우를 살펴보면 무엇보다도 반포지효(反哺之孝)가 대표적인 예가 될 것이다. 반포지효가 가지는 문자그대로의 의미는 "까마귀 새끼가 자라서 늙은 어미에게 먹이를 물어다 주는 효성이라는 뜻으로, 자식이 자라서 어버이를 봉양하며 길러 주신 은혜를 갚는 효행을 이르는 말"(차종환:2003:188)이다. 원래 반포(反哺)는 자식이 커서 부모를 봉양함을 의미하며, 따라서 반포조(反哺鳥)는 반포하는 새라는 뜻으로 까마귀를 상징한다(이종택:2005:102). 효와 관련해서 까마귀가 가지는 이러한 속성은 속담에도 잘 반영되어 있는데 가령 "까마귀도 반포의 효도가 있고, 비둘기도 예절을 안다"라는 속담은 까마귀와 비둘기는 비록 동물이지만 자기를 낳아준 어미를 봉양하고, 자기들끼리는 질서가 있음을 강조하고 있다.

다음으로 민간에 전승되고 있는 구비문학 중에서 특히 민담을 보면 효성이 지극하면 동물이 도와주는 경우가 많다. 이러한 종류의 민담에 등장하는 동물로는 호랑이, 솔개(또는 독수리), 사슴, 지네, 구렁이, 말, 게, 자라 등이다(지교헌:1997:31). 효자와 효부 그리고 효녀는 효성이 지극하여 동물의 도움을 받게 되는 민담이 많은데 이러한 동물로 가장 많이 등장하는 동물은 호랑이 이다. 아래에서 호랑이가 도움을 주는 효와 관련된 민담 두 가지를 소개하면 다음과 같다.

> 한 가난한 효자가 있었는데 멀리 떨어진 남의 집에 머슴을 살면서 아침저녁으로 부모에게 음식을 가져가서 봉양하였다. 하루는 저녁 늦도록 일을 하다 보니 시간이 너무 늦어서 한 밤중에 길을 걷게 되었다. 도중에 호랑이가 나타나서 그 효자를 등에 태우고는 순식 간에 집까지 데려다 주었다. 효자는 계속하여 호랑이의 도움을 받아 부모를 봉양하였다(지교헌:1997:30).

어느 산골에 장님 시아버지를 모신 젊은 홀며느리가 있었다. 어느 날 친정에서 다녀가라는 기별을 받고 친정엘 갔더니 그의 친아버지가 재가하기를 권하므로, "앞 못 보는 시아버지를 두고 가면 그 죄를 다 어찌하겠습니까?"고 뿌리치고 그 밤으로 시집엘 가려고 나섰다. 산모퉁이를 돌아서는데 커다란 호랑이가 길을 막아서서 입을 딱 벌리고 있는 것이 아닌가. 한편 놀라면서도 침착하게, "나를 잡아먹으려면 어서 잡아먹어라. 그렇잖으면 나는 빨리 돌아가서 홀로 계신 아버님께 진지를 지어 드려야겠다."고 말했다. 그랬더니 고갯짓을 하면서 등에 업히라는 시늉을 했다. 무서움을 참고 호랑이 등에 업혔더니 쏜살같이 집까지 업어다 주었다. 그래 하도 고마워서 강아지 한 마리를 주어 보냈다. 그런데 이상하게도 그날 밤에 그 호랑이가 함정에 빠져서 허덕이는 꿈을 꾸었다. 자리를 걷어차고 나와 부랴부랴 동리 사람들이 파놓은 함정엘 가보니까 정말 그 속에 호랑이가 들어 있었다. 산으로 돌아가다가 그 곳에 빠진 것이었는데, 그 여인은 곧 집으로 가서 장대를 갖다 놓아 꺼내 주었다. 날이 밝고 이 일을 안 마을 사람들은 여인이 일을 그르쳤다고 관가에 고발했다. 이에 격분한 원님은 그 여인을 곧 불러들여 왜 그런 무모한 짓을 했느냐고 다그쳤다. 그 여인은 서슴지 않고 호랑이의 이야기를 했더니 반신반의하면서, 그렇다면 그 호랑이를 타고 오라는 명령을 했다. 할 수 없이 관가를 나온 여인은 다시 산을 찾아가게 되었다. 그랬더니 마침 기다렸다는 듯이 호랑이가 지키고 있었다. 그래서 사정을 이야기했더니 또 등에 업히라고 해서 다시 호랑이 등에 업혀 관가에 들어가 원님 앞에 나타나니, 그 광경을 본 원님과 마을 사람들은 감탄하여 많은 상금으로 효성을 칭찬했다고 한다[4](임동권:1996:188-190).

이상의 민담은 인간이 가져야 하는 덕목 중에서 가장 기본이 되며 또한 가장 중요한 덕목인 효를 잘 실천하면 비록 동물이라도 이러한 효성에 감복해 도와준다는 내용을 담고 있다. 특히 호랑이는 산신각에 모셔져 있는 산신과 함께 나타나는 영물(靈物)로 인간의 됨됨이를 파악할 수 있는 능력을 가진 것으로 믿어진다. 따라서 효

---

4) 이 민담은 경기도 안성 지역에서 수집한 것이라고 임동권(1996)은 밝히고 있다.

성이 지극한 사람과 그렇지 못한 사람을 구별하여 효성이 지극한 사람을 도와준다고 여겨지는 것이다.

호랑이 외에도 효와 관련된 동물은 많은데 『부모은중경』에 보면 부모의 은혜를 이야기 하면서 원숭이에 빗대어서 표현하는 구절이 나온다. 특히 불교적인 교리를 효와 연계해서 기술하고 있는 『부모은중경』에서 자식에 대한 부모의 사랑을 원숭이가 제 새끼를 사랑하여 울부짖는 것으로 비유하는 부분이 재미있다. 예를 들어서,

> 第八 遠行憶念恩 頌曰 死別誠難忘 生離實悲傷 子出關山外 母意在他鄕 日夜心相逐 流淚數千行 如猿泣愛子 憶念斷肝腸(여덟 번째로 자식이 멀리 갔을 때 걱정하시는 은혜를 노래하리라. 죽어 이별하는 것도 참으로 잊기가 어렵지만 살아 이별함도 실로 슬픈 상처를 준다네. 자식이 집을 떠나 관산 밖으로 나가면 어머니의 마음은 타향에 머물러 있네. 낮이고 밤이고 마음이 자식을 따라가 흐르는 눈물이 몇 천 줄이나 된다네. 원숭이가 제 새끼 사랑하여 울듯이 자식 생각에 애간장이 다 끊어지네)(권오석:1994:100-102).

인간은 만물의 영장인데 어떻게 동물과 비교할 수 있겠는가? 하지만 어떤 경우에는 동물만도 못한 인간들도 참으로 많은 것이 현실이다. 예나 지금이나 부모의 은혜를 모르는 배은망덕(背恩忘德)한 사람은 인간으로 취급하지 않는다. 인간의 탈을 쓰고는 동물보다도 못한 그러한 부류로 여겼던 것이다. 그 만큼 효는 인간이 인간이기 위해서 최소한 가져야 하는 가장 기초적인 소양이라고도 할 수 있다. 일부 동물에서도 어미를 봉양하는 경우가 많은데 하물며 인간이 그러한 효를 져버린다면 정말로 동물만도 못한 존재가 될 수밖에 없는 것이다.

4. 유교문화와 효

유교문화와 관련한 효사상은 중국을 거쳐서 한국으로 들어오면서 지속적으로 더욱더 체계화 되고 정격화 되어서 오히려 중국의 유교문화가 제시했던 효사상보다도 더 본격적인 효문화로 발전하게 된다.

유교문화 속에 담겨져 있는 효사상을 살펴보기 위하여 우선 유교문화를 대표하는 『논어』에 보면 효제자위인지본(孝悌者爲仁之本)이라는 구절이 나오는데 이 문장은 부모를 정성으로 공양하는 효와 형을 잘 섬기는 제(悌)는 인(仁)의 근본이라는 뜻을 담고 있다. 또한 『예기』에 보면 혼정신성(昏定晨省)이라는 구절이 나오는데 이는 저녁에는 부모님의 이부자리를 펴드리고 아침에는 다시 부모님의 잠자리를 살핀다는 뜻인데 즉 아침과 저녁으로 부모님께 문안을 올리고 효도를 한다는 뜻을 담고 있다. 한편 『공자가어(孔子家語)』에 나오는 공자가 그의 제자인 증자를 통하여 효사상을 일깨워 준 이야기를 하나 소개 하면 다음과 같다.

증자가 참외밭을 매다가 잘못하여 참외 뿌리를 베어 버렸는데, 증석(曾晳; 증자의 아버지)이 화가 나서 큰 막대기를 들고 증자의 등줄기를 마구 쳤다. 증자가 까무러쳐서 땅에 엎어져, 사람도 알아보지 못한 채 긴 시간이 흘렀다. 시간이 어느 정도 흐른 후 비로소 깨어나더니 기쁜 표정으로 일어나 증석에게 나아가 말하였다. "아까 제가 아버님께 잘못을 했을 때 아버님께서 힘들여 저를 훈계하셨으니 혹 병환이나 나지 않으셨습니까?" 그리고는 물러나 자기 방으로 가서는 거문고를 타며 노래를 하였으니 이는 증석이 그 노랫소리를 듣고 자기의 몸이 아무렇지도 않다는 사실을 알게 하기 위해서였다. 공자께서 그 이야기를 듣고는 화를 내시면서 제자들에게 말씀하시기를, "이제부터는 증삼(증자의 다른 이름)이 오더라도 받아들이지 마라!" 하셨다. 증삼은 스스로 잘못한 일이 없다고 여겼으므로 사람을 시켜 공자를 뵙기를 청하였는데, 공자께서 여러 제자들을 모아 놓고 말씀하셨다. "너희들은 듣지 못하였느냐? 옛날에 고수에게 순이라는 아들이 있었느니라. 순이 고수를 섬기는데 심부름을 시키고자 할 때에는 곁에 있지 않은 적이 없었지만 찾아서 죽이려고 할 때에는 아무리 찾아도 나타나지 않았다고 한다. 또한 작은 회초리로 때릴 때는 그대로 맞고 있다가도 큰 몽둥이로 때리려고 하면 도망쳐 버렸다는 것이다. 그래서 고수는 아비 노릇을 못하는 죄까지는 범하지 않았고 순도 또한 지극한 효도를 잃지 않은 것이다. 그러나 지금 증삼은 아버지를 섬기면서 그 몸을 내맡겨 마음대로 때리도록 하고 거의 죽음에 이르러도 피하지 않았으니 만약 자기가 죽어서 그 아버지를 불의에 빠지게 하였다면 그 불효가 이보다 더 큰 것이 어디 있겠느냐? 너희들은 천자의 백성이 아니더냐? 천자의 백성을 죽이게 되면 그 죄가 어찌 되겠느냐?" 증삼이 이 말을 듣고 말했다. "저의 죄가 큽니다." 드디어 공자님께 나아가 잘못을 빌었다(조경구:2007:83-93).

이상의 내용은 유교문화 속에 내재되어 있는 효의 본질을 잘 보여주고 있다. 순간적으로 화가 나서 자식을 때리는 부모에게 어떻게 하는 것이 적절한 행동인지를 세심하게 묘사하고 있다. 결국 당장은 부모에게 거슬리는 행동이 될지언정 멀리 바라보면 오히려 부모를 위한 행동을 하도록 인도하는 공자의 가르침을 통하여 효의 진실을 일깨워주고 있다.

한편 유교문화는 불교문화에 비하여 상대적으로 한국문화에 영향을 준 역사는 짧지만 고려 말부터 조금씩 영향을 주기 시작하였고, 조선시대에는 거의 모든 영역에서 유교문화의 영향을 지대하게 받게 되면서 한국문화 속에서 중요한 기능을 담당하기도 하였다. 따라서 조선시대의 효와 관련된 자료는 대부분 유교문화와 밀접하게 연관되어 있다고 해도 과언이 아닐 것이다. 이러한 자료 중에서 당시 어린이들의 교육에 있어서 가장 기초가 되었던 교과서의 하나인 조선 명종 때 유학자(儒學者)인 박세무(朴世茂)가 지은 『동몽선습(童蒙先習)』에 보면 효와 관련해서 다음과 같은 구절이 나온다.

噫 孝於親然後 忠於君 弟於兄然後 敬于長 以此觀之 五倫之中 孝悌爲善(부모님께 효도한 이후에 임금님께 충성하고 형을 받들은 연후에 어른들게 공경하니 이것을 통하여 본다면 오륜 가운데 효제(孝悌)가 으뜸이다).

父子 天性之親 生而育之 愛而敎之 奉而承之 孝而養之 (어버이와 자식은 그 친애함이 타고난 성품이니 어버이는 자식을 낳아서 기르고 사랑하며 가르치며, 자식은 어버이의 뜻을 받들어서 순종하고 효도하여 봉양한다)
孔子曰 五刑之屬 三千 而罪 莫大於不孝(공자가 말하기를 오형에 속하는 죄가 3000여 가지이지만 그 죄가 불효보다도 큰 것이 없다)

此五品子 天叙之典 而人理之所固有者 人之行 不外乎五者而唯孝爲百行之源(이 다섯 가지 윤리는 하늘이 마련한 법칙이요, 사람의 도리로써 본디부터 가지고 있는 것이다. 사람의 행실은 이 다섯 가지에서 벗어나지 않으나 오직 효도가 모든 행실의 근원이 된다)

이러한 교육을 통하여 조선시대의 어린이들은 학문을 시작하면서 인간의 참된 도리인 효를 자연스럽게 배울 수 있었던 것이다. 이러한 유교문화에서 강조되었던 효사상의 전통은 계속해서 이어져서 근대 초기에 나왔던 소학교용 교과서에서도 중요하게 다루어졌다. 예를 들어서 1909년에 간행된 소학교의 교과서에서 효는 첫 번째 윤리항목으로 제시되어 있다. 이러한 내용을 기술하면 아래와 같다.

부모는 나를 낳아 기르시니, 이는 천지가 만물을 생성함과 같은지라. 그러므로 아버지를 하늘이라 하며, 어머니를 땅이라 하나니, 한편으로 아버지가 이끌고 다른 한편으로는 어머니가 이끌어 신체를 보호하시며, 당연한 도리와 바르고 크신 언행으로 훈도하시어 덕행을 가르치시며, 밝은 행위와 특이한 사적을 지시하시어 지혜를 발육하심으로 내가 세상에 서서 만반의 사업을 할 수 있게 하시나니, 은혜가 이보다 큼이 없도다. 대저 천지가 만물을 낳음에, 금수에게도 호랑이는 부자의 정이 있고, 새는 반포의 효가 있나니, 사람이 부모를 효로 봉양하지 아니하면, 금수에도 미치지 못할지라. 이런 까닭으로 효는 모든 행동의 근원이 되느니라(최기숙:2007:305).

효를 만물의 생성과 비유해서 모든 행동의 근본으로 본 것은 유교문화 속에서 강조되었던 삼강오륜(三綱五倫)에 근거한 내용이라고 볼 수 있다. 더욱이 앞에서도 언급된 바와 같이 동물에 빗대어서 효를 돋보이게 한 점은 인간으로서 가져야할 최소한의 덕목으로 효는 가장 기본적인 행동의 근원임을 제시한 것이다. 또한 유교적인 효사상은 교육의 덕목으로만 나타나는 것이 아니라 현대사회의 대표적인 대중문화인 영화 속에서도 투영되어서 현대인들의 생활문화 속에서 잔잔한 자극을 주기도 한다. 하나의 예로 임권택 감독의 영화 『축제』속에는 유교문화와 효의 관계를 다음과 같이 기술하고 있다.

유교는 다분히 현세적인 종교야. 아니 종교라기보다는 말이야, 하나의 생활 계율이자 학문인 셈이지. 그 유교적인 세계관에서 유일하게 인정되는 신이 죽은 조상이야. 살아서의 효의 계율이지만 죽어서의 효는 종교적 개념이 되는 거지. 그러니까 그 효가 얼마나 크고 엄숙한 것이야. 유교가 종교가 될 수 있는 것도 바로 그 점 때문이야.... 그렇지, 예전에는 삼년 시묘살이까지 해야 끝났던 우리 장례의 복잡한 의식, 그것도 따지고 보면 말야, 현세적 공경의

대상인 사람을 종교적 신앙의 대상으로 이전시키는 유교적 방식
인 셈이지. 제사는 종교적 효의 형식이고, 장례는 그 중(임권택 감
독의 영화 『축제』 중에서).

한국의 전통적인 상장례를 소재로 한 임권택 감독의 『축제』에
나오는 효에 대한 이야기를 들으면 오늘날 효라는 개념은 이전에
비하여 많이 약해진 것 같이 느껴진다. 영화 속에서 기술되고 있는
삼년 시묘살이는 물론이고, 영화 속에 등장하는 상여소리도 이제는
상장례 속에서 잘 들을 수도 없는 경우가 대부분이다. 일률적으로
장례식장에서 장례를 치르다 보니 자연스럽게 전통적인 의례의 과
정이 많이 생략된 간소한 상장례가 되고 있는 것이 현실이다. 그러
나 그렇다고 해서 효의 사상이 오늘날 완전히 없어진 것은 아니다.
시대는 바뀌었지만 여전히 효는 중요한 실천 덕목으로 우리 사회
곳곳에 자리 잡고 있다고 해도 과언이 아니다. 특히 명절 날 고향
에 계신 부모와 친지들을 방문하고 조상을 위한 차례(茶禮)를 지내
기 위해서 어려운 도로사정에도 불구하고 끝이 보이지 않을 정도로
길게 늘어선 고속도로의 귀성행렬은 아직까지도 우리의 고유한 전
통인 효문화가 나름대로 자리매김하고 있음을 알 수 있게 해 준다.

5. 끝맺으며

한국문화 속에서 효와 관련된 민속은 다양한 영역에서 찾아볼 수
있다. 첫째는 한국문화의 근간을 이루는 불교문화와 관련해서 살펴
볼 수 있으며, 둘째는 민간에서 전승되고 있는 설화, 속담 그리고
동물상징을 중심으로 한 일상적인 생활문화 속에서도 발견할 수 있

다. 또한 주로 양반 사대부가 중심이 되었던 유교의 교육철학 속에서도 효는 강조되고 있다.

한 개인이 세상에 태어나서 가족과 친족, 마을과 지역사회 그리고 한 국가의 구성원으로서 제 역할을 다하기 위해서는 일정기간 가족의 도움이 필요하다. 이렇게 태어나서 독립적으로 자신의 역할을 하기 까지 부모의 헌신적인 보살핌과 양육이 필요한데 인간이 성인이 되면 부모가 베풀어 준 이러한 은혜를 잊어서는 안 되는 것이다. 물론 이 세상에 태어나기 까지 부모가 겪는 고통은 이루 헤아릴 수 없다. 특히 어머니가 가지는 임신기간 동안의 금기와 출산의 고통은 말로 표현할 수 없을 정도로 고통스럽다. 그러나 어머니는 그러한 고통보다는 자식을 가지게 된 기쁨과 행복으로 자식들을 사랑으로 키우게 된다.

효와 관련해서 불교에서 이야기 하는 이러한 부모의 은혜는 마치 만물의 생성 원리와 같이 하늘과 땅에 비유되기도 할 정도로 지대하며, 민간에 전승되고 있는 설화, 속담, 동물상징 속에서도 효성이 지극하면 하늘도 감동하는 것으로 묘사되고 있다. 또한 유교적인 입장에서 보면 효는 만행의 근본이 된다고 하겠다. 효와 관련된 민속은 이렇게 다양한 영역에 걸쳐서 일상적인 생활문화 속에 자연스럽게 녹아 있다. 특히 21세기라는 시대적 상황 속에서 한편으로는 최첨단의 물질문명이 도래하고 있으며 다른 한편으로는 도시화가 빠르게 진행 되면서 생활공간도 많이 바뀌어 가고 있다. 그 만큼 과거의 전통문화는 점차로 찾아볼 수 없는 여건이 조성되고 있기도 하다. 그러나 과거의 전통문화 중에서 효의 중요성은 어느 때보다도 더 중요하게 받아들여지고 있는지도 모른다. 삭막한 도시의 공간 속에서 인간다운 정을 느낄 수 있는 것은 아직까지도 효라는 덕목이 사회의 중심에 자리 잡고 있기 때문일 것이다. 효가 불교에서 이야기 하는 만물의 생성에 비유되지 않더라도 혹은 일상적인 생활공간에서 쉽게 접할 수 있는 구비전승문화와 동물상징에서 비유되지 않더라도 또한 전통적인 유교문화권에서 가정에서의 효와 국가를 위한 충을 동등하게 다루던 이상적인 국가의 가치관을 이야기하지 않더라도 오늘날 효는 한 개인을 개인답게 하고 한국인을 한국인답게 하고 인간을 인간답게 하는 한국문화의 정수(精髓)요, 민속문화의 뿌리로서 재발견되어야 하겠다.

제8장

효행대상 수상자 분석을 통한
시봉(侍奉)의 효

김 두 현

(한국체육대학교 명예교수)

1. 글의 시작

최근 들어 한국을 포함한 전 세계 나라들이 보건의료수준의 향상으로 평균수명이 연장되어 인구의 노령화가 빠르게 진전되고 있다. 특히 우리나라의 경우 평균수명이 84세이며, 65세 이상 노인이 500만 명을 넘어서는 유래 없는 일이 일어났다.

통계청 자료에 의하면 이 수치는 우리나라 전체 인구에서 차지하는 비율도 10%를 돌파했으며 불과 10년 전을 비교해 보면 약 195만 명이 증가한 것이다. 이러한 추세로 간다면 2026년에는 고령인구가 전체 인구의 20%를 넘어 "초고령사회"가 될 것으로 추정한다.[1]

주요 국가의 인구 고령화율을 보면 일본이 1970년에 7%, 1994년에 14%를 돌파하는데 24년이 걸렸고, 프랑스는 115년이 걸렸다. 그런데 한국은 19년 밖에 걸리지 않을 것이 예상되므로 세계에서 가장 고령화율이 높은 것이 문제다. 프랑스 같은 경우는 장기간이 걸려서 계획적인 고령화 준비를 했기 때문에 문제가 없다.[2]

---

[1] 노령인구 7%이상을 고령화 사회라고 일컬으며, 14%이상을 고령사회, 그리고 20%이상을 초고령화 사회라고 말한다.

[2] 김두현·장은석, 『특공무술과 건강생활』, 엑스퍼트, 2012, 77쪽.

노인이라 함은 1952년 국제노년학회에서는 환경변화에 적응할 수 있는 조직기능이 감퇴하고 있으며, 생체의 자체통합능력이 감퇴되고, 인체의 기관조직, 기능에 쇠퇴현상이 일어나는 시기에 있는 사람으로, 조직의 예비능력이 감퇴하여 환경변화에 적응이 제대로 되지 않는 사람으로 정의하고 있다.

그리고 UN의 기준으로는 65세 이상의 자를 말한다고 보고 있다. 그러나 한국의 노인복지법, 기초노령연금법, 노인장기요양보험법 등에서는 65세 이상으로 규정하고 있다. 학문적인 의미로는 노인(老人)이란 신체적 퇴화와 심리적 변화, 사회지위의 축소에 영향을 받는 60세 이상의 사람이라고 정의하고 있다.

그런데 통계청과 경찰청에 따르면 2012년 노인 자살자는 4400여 명, 노인 실종자도 4000여 명에 달한다고 한다. 하루 평균 12명의 노인이 스스로 목숨을 끊고, 치매 등으로 11명이 실종되는 끔찍한 상황이다. 이쯤 되면 '노인 자살 공화국'이라고 해도 과언이 아니다. 노인 중에서 혼자 사는 노인이 가장 열악한 상황에 처해 있다. 혼자 사는 노인은 2001년 58만9415가구에서 2012년 118만6831가구로 늘어났다.[3]

이와 같은 참여정부에서의 호주제도 폐지, 입시위주의 학교교육, 물질만능주의의 환경, 이익사회 경향 등으로 인해 가정이 갈수록 피폐화되어가는 사회에서 살아가고 있다. 부모를 살해하는 존속살인·폭행[4] 등 패륜사건이 꾸준히 증가하고 있다.[5] 이러한 현상은 미래의 꿈나무

---

3) 중앙일보, 2013. 3. 7일자.
4) 최근 경찰청 자료에 따르면, 존속살해 사건은 2006년 40건이던 것이 2010년 9월말 현재 47건으로 매년 증가추세를 보이고 있다. 존속살인이 매월 5.2건씩, 존속폭행은 매년 500건 이상, 존속상해 역시 매년 400건 이상 각각 발생하고 있는 실정이다.
5) 김두현·김정현, 「군단위 지방소재 중학생들의 효의식에 대한 조사연구」, 한국청소년효문화학회, 『청소년과 효문화』 제16집, 2010, 174쪽.

의 재원인 청소년들의 전통적인 효사상의 붕괴에서부터 나타난 결과로 평가되고 있다.

그리고 지금까지의 효행은 ① 부모에 대한 관심, ② 성실한 자기관리, ③ 형제 및 가족 간의 지켜야 할 도리, ④ 부모의 소박한 기대에 부응하기, ⑤ 부모와의 대화, ⑥ 부모에 대한 인사의 생활화, ⑦ 집안일 참여 등의 효를 실천하는 방법에만 의존하고 있다. 그러나 신체적, 정신적으로 모두가 건강해야 진정한 효행방법임에도 불구하고 신체적 효행을 게을리 하여 왔으며, 구체적인 방법을 제시하지 않았다.

따라서 본 글은 주요단체에서 선발된 효행대상수상자의 효실천사례 분석을 통하여 '시봉(侍奉)의 효'를 위해 가장 바람직한 부모의 건강관리의 방안이 무엇인지를 연구하여 이를 실천함으로써 부모의 삶의 질을 향상시키는데 그 목적이 있다.

2. 시봉의 효 개념

"효"의 개념은 자녀가 부모 등을 성실하게 부양하고 이에 수반되는 봉사를 하는 것을 말하며, "효행"이란 효를 실천하는 것을 말한다. 특히 '시봉의 효'란 부모를 가까이에서 잘 받드는 일의 효이다.

옛날에 있어서의 시봉의 효 의미를 되새겨 보면, 『예기』의 「내칙」에서 사친봉양(事親奉養)이란 "어버이나 조부모의 몸과 마음을 편하게 받들어 모시기를 기쁘게 해드리는 것이다."라고 쓰여 있다. 효자가 부모를 봉양한다는 것은 그 마음을 즐겁게 하고, 그 뜻을 어기지 아니하며 그 이목(耳目)을 즐겁게 하고, 그 침처(寢處)를 편안하게 하고, 그 음식을 정성껏 마련해 드리는 것이 봉양이다.[6]

인자(人子)로서 아버지가 늙었을 때 명심해야 할 일은 외출한 후 목적지를 바꾸지 않고, 돌아오는 시각은 그 정한 시각을 지나선 안 된다. 왜냐하면 노인은 근심 걱정하기 쉽기 때문이다. 또 어버이가 병이 들었을 때에는 치료에 관해 수단을 다하여 하루라도 속히 쾌유할 것을 바라야 한다. 그러므로 우수(憂愁)의 빛이 나타나 용모가 언짢은 것이다.

『명심보감』에 의하면, 부모가 길러주신 은덕은 하늘처럼 끝이 없다. 효는 공경하고 즐겁게 해 드리며 건강을 받들어 걱정하며 부모가 병드시면 사랑하는 마음으로 염려하여야 한다.[7]

일찍이 공자께서도 인(仁)은 그리스도교의 사랑이나 불교의 자비와는 다른, 부모형제에 대한 골육의 애정 곧 효제(孝悌)를 중심으로 하여 타인에게도 미친다는 사상이라고 보았다. 모든 사람이 인덕(仁德)을 지향하고, 인덕을 갖춘 사람만이 정치적으로 높은 지위에 앉아 인애(仁愛)의 정치를 한다면, 세계의 질서도 안정을 찾을 수 있다고 생각했던 것이다. 그 수양을 위해 부모와 연장자를 공손하게 모시는 효제(孝悌)의 실천을 가르치고, 이를 인의 출발점으로 삼았다.

공자의 효사상은 『효경』과 『오경』 속에 내재해 있으며, 『논어』, 『대학』, 『중용』에서도 쉽게 알 수 있다. 『오경』 속에 내재한 인학(仁學)이 공자학의 중심사상이며 이 인(仁)을 실천하는 것이 효이다. 공자의 유교사상에서 인효가 중심개념이다. 공자는 『시경』에서 "어버이는 나를 낳으시고, 어머니는 나를 기르셨도다. 애달프다. 부

---

6) 자세한 내용은 김익수, 「효의 본질 연구」, 『교육학연구』 16권 2호, 2010 참조.

7) 김두현, 「현대 자원봉사의 이론과 실제-신민주주의로의 개혁을 위한 자연환경보전과 인간성 회복-」, 대한미디어, 2012, 195쪽.

모님이시어, 나를 낳아 기르시기에 애쓰시고 수고로웠겠네 깊은 은혜를 갚고자 한다면, 넓은 하늘처럼 끝이 없구나"[8]라고 했다. 즉 나를 이 세상에 낳은 사람이 아버지이고, 나를 기른 사람이 어머니인데 결국 낳고 기르고 해서 사람이 되게 한 부모이므로 그 은혜는 잊지 말아야 함을 명심해야 한다는 것이다.

그리고 율곡 이이는 공자의 효 철학을 한국적으로 수용하며 재창조하여 효 철학으로 승화 시켰다고 본다. 율곡은 청소년을 일깨우기 위하여 자신이 지은 『격몽요결』에서 여러 가지 종류의 효도방법을 제시하면서 부모에게 항상 순종하여야 함을 말하였다.

> "아아! 사람의 성명(性命)은 부모에게서 받은 것이며 그 성명 가운데 모든 이치가 다 구비되어 있는 것인데 한 가지 이치라도 밝혀지지 아니했거나 실천되지 못했다면 내가 부모에게 받은 바의 본체에 결함이 되는 것이다. 바로 그 본 모습을 부족한 것 없이 실천하여야 만이 본체가 온전하게 되는 것이다."[9]
> 자식이 생명(生命)을 받음에 목숨과 육체는 모두 어버이가 주신 것이다. 숨을 쉬어 호흡함에 기맥(氣脈)이 서로 통하니, 이 몸은 나의 사유물이 아니라, 바로 부모께서 남겨주신 기운이니, 어찌 감히 그 몸을 자기 것이라 하여 부모에게 효를 다하지 않겠는가? 사람들은 종종 부자간에 사랑이 공경보다 지나친 경우가 많으니, 반드시 존경을 극진히 하여 부모가 앉고 눕는 곳에서는 자식이 감히 앉고 눕지 않으며, 부모가 손님을 접대하는 곳에서는 자식이 감히 사사로운 손님을 접대하지 않으며, 부모가 말을 타고 내리는 곳에서는 자식이 감히 말을 타고 내리지 않아야 한다. 무릇 부모를 섬기는 자는 한 가지 일과 한 가지 행실도 감히 자기 마음대로 하지 말고 반드시 부모에게 여쭈어서 명령을 받은 뒤에 행해야 한다. 만약 반드시 하여야 할 일을 부모가 허락하지 않으시거든 반드시 자세하

---

8) 詩曰 父兮生我 母兮鞠我 哀哀父母 生我劬勞 欲報深恩 昊天罔極(김익수, 『동방소학』, 수덕문화사, 2013, 78쪽).

9) 嗚呼 人之性命 受於父母 而性命之中 萬理具備 一理未明 一理未踐 則吾之所受於父母之本體 有所欠缺 直至踐其形而無歉 然後本體全矣(김익수, 전게서, 78쪽).

게 말씀드려서 허락하신 뒤에 행할 것이요, 만약 끝내 허락하지 않으시더라도 곧바로 자기 뜻을 이루려고 해서는 안 된다.[10]

여기에서 율곡은 부모는 평상시에 자식을 지극히 사랑하기 때문에 선조로부터 이어오고 자신이 남긴 그 몸을 늘 걱정하여 혹시 질병에 걸릴까 늘 고민을 한다. 그러니 자식이 부모의 마음을 헤아려서 자신의 몸을 건강하게 지키는 것이 곧 제일 중요한 효가 된다고 볼 수 있다. 효가 자신의 부모를 섬김에서 그치지 않고 반경이 확충되어 효로써 천하를 미루어 볼 수 있음에 대한 위대함과 자신의 효 철학의 근간을 이루고 있다.

옛날의 시봉의 효를 실천했던 사례로 효자 김일표(정조24년 庚申-철종 丙辰)는 일찍이 아버지를 여의고 편모(偏母)를 모심에 모부인(母夫人)께서 이질로 병상에 누었을 때 대소변을 몸소 치우시고 타인에게 시키지 아니하였으며 병상을 증험(證驗)하기 위하여 대변을 맛보았고, 회생하시기를 밤마다 북두칠성에 축원(祝願)하였다. 그러나 병세는 차도가 없으시고 또한 산(山)꿩고기를 원하심에 엄동설한(嚴冬雪寒)에 높은 산에 올라가 꿩 한 마리를 잡아와서 공양(供養)하니 효험이 있었다. 그 후 모부인상(母夫人喪)을 당해 장례를 모신 후에는 묘소 옆에 여막을 짓고 밤낮으로 매우 슬퍼하니 무릎을 꿇었던 곳이 풀잎이 다 말랐다고 한다. 이와 같이 여막살이 17개월을 지내는 동안에 몸이 수척하여 집에 돌아와서 신흠하다 철종(哲宗) 병진(丙辰) 10월 11일에 돌아가셨다.

그리고 현대의 시봉의 실천사례로는 충북 음성군 매괴고 1학년 공민석 군(16세)이 아버지(父)가 생명이 위독하여 아버지에 간 70%

---

10) 김익수, 전게서, 105-106쪽.

를 이식해 준 미담이 있다.

즉 "저를 태어나게 해주시고 자라는 동안 모든 것을 주신 아버지께 제 몸의 일부를 드렸을 뿐인데요."라고 말한 고교 1학년생이 간경화를 앓고 있는 아버지를 위해 자신의 간의 70%가량을 떼어줘 아버지를 살렸다. 공 군은 2011년 10월 21일 서울의 한 병원에서 간경화를 앓는 아버지 공문섭 씨(44)에게 자신의 생명의 위협을 느껴가며 간 상당부분을 이식하는 수술에 성공했다. 공(孔) 군(君)의 아버지는 9월 간경화 진단을 받았다. 외아들인 공 군은 아버지가 간 이식을 받지 않으면 생명이 위험할 수 있다는 말을 듣고 선뜻 수술대에 오르기로 했다. 조직검사 결과 '적합' 판정을 받고 7시간에 걸친 대수술을 받았다. 정상적인 간은 전체의 70%를 잘라내도 3개월 정도 지나면 이전과 비슷한 크기로 재생되기 때문에 기증자의 생명에는 큰 지장이 없는 것으로 의학계는 보고 있다. 공 군의 아버지는 "어린 나이에 간 이식이라는 결정을 해준 아들이 고맙고 감사하다"고 말했다. 공 군의 담임교사인 성길호 씨는 "민석이는 평소에도 항상 밝고 바르게 생활하는 모범생이었다"며 "아버지를 위한 민석이의 결심이 다른 학생들에게 본보기가 됐으면 좋겠다"라고 말했다. 공 군은 "자식 된 도리를 실천해 오히려 고맙고 다행"이라며 "아버지가 하루빨리 예전처럼 건강해졌으면 좋겠다"고 말해 자신의 간을 아버님에게 이식해 드린 것은 당연하다고 말해 시봉의 효의 대표적인 사례라고 볼 수 있다.[11]

---

11) 동아일보 2011년 11월 8일자 A16면.

3. 시봉의 효행사례 분석

옛날에 있어서의 시봉의 효나 현대에 이르러서의 시봉의 효 사상은 근본적으로 유사하나 현대에 있어서는 과학문명의 발달로 건강관리가 용이하다는 점이고 그로 인해 부모들이 장수하는 결과를 가져와 침해 등과 같은 질병이 많다는 점이다.

최근 삼성복지재단, 성균관, 가천문화재단에서 엄격하고 공정한 심사와 실사를 통하여 선발되어 효행대상을 수상한 사람들의 공적 내용을 중심으로 현대에 있어서의 시봉의 효 실천사례를 보면 다음과 같다.

1) 한마음 가족의 행복은 진정한 효의 실천으로부터

이재근(46세) 가족은 2010년 삼성복지재단으로 부터 효행대상을 받았다. 척추압박골절과 뇌졸중으로 뇌병변 1급 장애를 입고 반신불수가 된 노모, 폐질환과 심근경색·청각 장애를 앓는 노부를 19년간 지극정성으로 모셔 온 이 씨. 신혼 초부터 병약하신 시부모를 정성껏 봉양한 아내 김정란 씨와 세 자녀가 한마음이 되어 효를 실천해 온, 보기 드문 '3대 효행 가족'이다.

6남매 중 넷째 아들인 이 씨는 지병인 폐질환이 있는 아버님과 뇌졸중 후유증과 당뇨 합병증으로 편찮은 어머님도 함께 모시고 살았다. 대학병원에서 간호 일을 했던 아내는 간호사가 되는 것도 포기하고 부모님을 모셨다. 16평 임대 아파트의 방 한 칸에 부모님을 모시고 살다가 아이들이 자라면서 좀 더 좋은 교육 환경을 만들어 주고 싶어 이사를 감행했던 이씨는 친구를 그리워하는 아버지를 위해 다시 옛 동네로 돌아올 만큼 지극한 효성을 보이기도 했다.

2002년 어머니가 척추압박골절로 반신불수가 되시어 병원에서는 석 달간 절대 침상에서 일어나면 안 되어 대소변도 직접 받아 내야만 했다. 게다가 4년 전 뇌졸중이 다시 오면서 오른쪽 신체 마비와 언어 장애까지 생겼다. 이제 숟가락질도 힘드신 어머니를 위해 부부는 밥과 반찬을 잘게 다져 천천히 떠먹여 드리고, 24시간 누워 계신 어머니 몸에 욕창이 생길까 시간마다 돌려 눕혀 드리고, 정성껏 깨끗이 닦아 드리는 일은 아내 몫이었다.

아침과 점심은 김정란 씨가 챙겨 드리지만, 퇴근 후와 주말에는 이 씨가 노모의 저녁 식사와 대소변 수발을 도맡고 있다. 퇴근 후에는 모든 것을 잊고 쉬고 싶을 법도 하지만, 이씨가 굳이 어머니의 병수발을 자처했다.

이 씨 부부가 곁으로 오면 어머니는 서툰 눈빛과 어눌한 목소리로 기쁨을 표현한다. 그렇게 마음을 나누는 과정에서 안정을 찾으시는 것을 느낄 수 있다. 반신불수 증상은 회복하기 어렵고 손도 자유롭게 쓰기 어렵지만, 이런 정성 덕에 뇌졸중 증세와 고혈압, 당뇨 증상도 많이 좋아졌다. 치매 기운도 있었지만 많이 호전되셨다. 일곱 식구가 조금은 비좁은 듯 살아 온 집에서 가장 전망 좋고 햇살 밝은 통유리창이 있는 방에 어머니를 모신 것도 누워 계신 어머니가 바깥을 보며 계절을 느끼고 적적함을 덜었으면 하는 마음에서다.

이렇게 성심껏 효를 다하는 부모님을 보며 자란 자녀들의 효심도 어른 못지않다. 주말에는 큰딸 수현이와 둘째딸 수진이가 번갈아 할머니의 병수발을 거들고, 아직 어린 막내 찬영이는 누나들처럼 할머니를 직접 돕지 못하는 대신, 막내다운 재롱으로 기쁘게 해 드렸다. 편찮으신 부모님을 봉양하느라 넉넉지 않은 살림에 사춘기 세 남매가 같은 방을 써야 하지만, 어린 마음에도 불평 한 번 한 적이 없다.

조곤조곤 자기 뜻을 전하는 큰딸을 바라보는 이 씨 부부의 마음은 대견하기만 하다. 편찮으신 부모님을 모시지 않았다면, 혹은 아내 김정란 씨가 간호사로 맞벌이를 했다면 분명 살림은 지금보다 나아졌으리라. 그러나 그랬다면 3대가 고락을 함께하는 소중한 경험은 하지 못했을 것이다. 그래서 이씨 가족에게 부모님과 함께 한 시간은 소중한 보물이다.

이 씨가 생각하는 '효'란 다른 것이 아니다. 부모님에게 무엇을 물려받았든 받지 못했든 관계없이, 자신이 해 드릴 수 있는 것을 최선을 다해 드리고, 고난을 함께 이겨 나가며 포용하고 끝까지 서로 사랑하는 것, 그게 바로 행복이고, 진정한 효의 실천이 아닐까.

2) 이 상(賞)을 우리 어머님께 바칩니다!

전희순(66세)은 2011년 삼성복지재단으로 부터 효행대상을 받았다. 전 여사는 시조부모와 시부모, 8명의 시동생들이 함께 사는 가난한 농사꾼 집에 맏며느리로 시집온 후 전씨는 끼니 걱정에서부터 집안 대소사 걱정에 힘겨운 삶의 고비들이 많았지만 언제나 말없이 가족을 사랑의 힘으로 어우르는 데 기꺼이 한평생을 바쳐왔다.

전씨 댁으로 모여든 가족들의 얼굴은 시동생들과 조카, 아들, 딸, 며느리, 손주들까지 4대에 이르는 대가족이 한자리에 모였으니 잔칫집이나 다름없었다. 머리가 하얗게 센 시어머니 최옥엽(88세)씨는 한자리에 다 모인 자손들을 바라보는 것만으로 행복이 가득한

미소를 머금고 계셨다.

"우리 시어머님이 받으시는 상이지요." 남편과 일찍 사별하고 한 평생 9남매를 키우며 대가족 살림을 이끌어온 시어머니 앞에서 전 씨는 상 받는 게 송구스럽다는 듯한 표정이었다. 얼마 전, 전씨는 큰 수술을 받았다. 젊어서 아들딸 3남매를 낳고 고생하다 얻은 병을 이제야 살피게 된 것이었다. 그나마도 가족들에게 알리지 않고 조용히 수술을 받으려 했다는 전씨. 오늘은 수술을 무사히 받고 퇴원해 집에 돌아온 전씨의 쾌유와 가족들의 안부를 함께 확인하고 축하하기 위한 가족 파티의 날이기도 하다.

집안에 어르신들이 많다 보니 젊은 시절 대부분은 어르신들 병간호와 연이어 상(喪)을 치르는 일에 손 마를 날이 없었다. 첫아들을 낳고 나서 시할아버지가 돌아가시고 얼마 후 시아버지마저 돌아가셨을 때는 매일 조석으로 망자의 끼니를 챙기는 3년상을 내리 2번 겹쳐 지냈고, 병환으로 자리에 누운 시할머니는 10년간 대소변을 받으며 정성으로 간호했다. 그래도 일찍 홀로 되어 9남매를 키우며 모진 세월 집안의 기둥이 되어주신 시어머니와 아버지를 대신해 장남으로서 막중한 책임감으로 한평생 성실하게 살아온 남편을 생각하면 힘들다 소리 한번 나오지 않았다는 전씨.

가난한 집에 시집와서 어른들 병간호와 3년상을 치르고 나니 이번엔 어느새 장성한 시동생들을 출가시키는 일이 기다리고 있었다. 없는 형편에 8명 시동생들을 힘닿는 대로 가르치고 부지런히 계(契)를 부어 하나둘 시집 장가를 보냈다. 결혼 후 배 아파 낳은 자식이 셋이지만 어릴 때부터 업어 키운 시동생들 역시 전씨에게는 자식이나 매한가지였다. 편히 쉴 날 한번 없이 숨 가쁘게 헤어 나왔지만 제일 힘들었던 건 따로 있었다. 젊어서는 9남매를 씩씩하게 키우시던 시어머니가 점점 늙어가며 약해지는 모습이 전씨에게는 안타깝기만 하다. 특히 병약한 막내 시동생이 2000년에 교통사고로 복합 골절과 뇌출혈로 병원에 입원하게 됐을 때 충격으로 몸져누운 어머니를 위로해 온전한 정신을 되찾도록 붙잡아 준 장본인도 전씨다. 가족도 꾸려보지 못하고 전신마비로 병석에서 일어나지 못하는 막내 시동생을 생각하면 오늘도 마음이 아프다.

4대가 모인 가난한 농사꾼 집안에 맏며느리로 시집와 43년, 말도 탈도 많았지만 인생은 꿈처럼 순식간에 흘러가고 이제 시골집에 남은 사람은 시어머니와 전씨 부부 세 노인 뿐이다.

지난 시간들에 대한 소회를 묻자, 전씨는 허허롭게 웃으며 담백한 한 마디를 던진다. 고단한 인생, 이렇게 '쿨'하게 말할 수 있다니, 멋지다. "가족들 모두 건강하고 각자 하는 일 잘하고 있고 손주들 잘 자라주는 것만으로 감사하지요. 가족들한테 바라는 거 없어요. 앞으로도 서로 우애 나누고 화목하게 살면 그걸로 됐지요."

각박하고 이기적인 세태에 오랜만에 느껴본 대가족의 풍요로움과 따뜻함! 전씨 같은 '바보'가 더 많아지고, 전씨 가족처럼 정이 넘치는 이웃들이 더 많아지면 겨울 날씨는 한층 추워질지 몰라도 세상은 좀 더 따뜻해지겠지 싶은 생각에 돌아서는 마음이 한결 훈훈해진다.

3) 천사 요리사가 있는 행복한 바우네 집

최순덕(50세) 여사는 2012년 삼성복지재단으로 부터 효행대상을 수상했다. 최여사는 평생 겸손과 배려로 효와 선행을 몸소 실천하며 살아 온 최순덕씨의 별명은 '천사' 혹은 '덕(德)이 아씨'다. 늘 온화하고 아름다운 미소로 아픔과 고통의 시간들을 견뎌 온 최씨는 바우네 집 식당에서 음식뿐 아니라 가족의 행복도 함께 요리하는 요리사다.

철원의 산자락 아래 있는 작은 곤드레밥 식당이 바로 바우네 집이다. 이 집에는 천사가 주방장으로 있다는 소문이 있다. 이 집 천사 요리사, 최순덕씨(50세)는 곤드레밥만 요리하는 것이 아니다. 그녀가 만들어 온 행복한 요리의 주 메뉴는 바로 그녀의 가정이다.

최씨는 1998년 전부터 치매 증세를 보인 시어머니를 모시고 있다. 4~5년 전부터는 증상이 더욱 심해져서 온 가족이 매달려 시어머니의 병환을 돌본다. 아이처럼 행동하는 시어머니는 기저귀를 차야 하는데, 답답한 탓인지 기저귀를 벗어 버리고 속의 내용물을 갈기 갈기 찢어 다 뜯어내 버리곤 하신다. 가끔은 큰 볼일을 보고 집안 곳곳에 숨겨 놓기도 해서 식구들을 당황하게 만든다. 매일 식사를 잘 드셔야 하는데, 드시지 않았으면서도 "벌써 먹었다"고 해서 늘 누군가가 곁에 붙어 앉아 제대로 드시는지 매번 확인해야 하고, 음식을 떠 먹여 드려야 한다. 또 항상 집을 나가려고 하시기 때문에 곁에서 지켜봐야 한다.

나이 40세에 청상과부가 된 시어머니는 치매 증세가 찾아오기 전, 최씨에게 매우 엄격하게 대하는 분이었다. 조그마한 일 하나에도 트집을 잡으며 야단을 쳤고, 결혼 생활 10년이 되도록 남편의 봉급을 직접 관리할 만큼 까다로우셨다.

최씨의 남편은 간암 말기 판정을 받고 죽음의 문턱까지 다녀왔던 적이 있다. 2003년 7월 간암 판정을 받아 첫 번째 간 절제 수술을 받았고, 이를 시작으로 경동맥 색전술 6번, 담도 수술 2번, 간 이식 수술 2번 등 총 11번의 수술을 겪어야 했다. 첫 번째 이식 수술을 마친 후 면역 거부 반응으로 고열과 고통이 끊이지 않아서 사경을 헤매던 때, 그는 더 이상 살 가망이 없다고 판단해 유언장을 쓰기도 했다고 한다. 당시 최씨는 죽음을 코앞에 둔 남편을 돌보며 먹지도 자지도 못한 채로 간호하다가 쓰러지기도 했다.

그는 병환으로 삶을 포기할 수밖에 없었던 순간에도 희망의 끈을 놓지 않을 수 있었던 힘은 모두 아내에게서 나왔다고 말한다. 병환을 극복한 지금, 그는 나이 먹어 가는 아내의 얼굴에서 행복한 미소가 떠나지 않게 하려고 노력한다. 바우네 집 문 앞에 붙은 'forever love 덕'이라는 팻말은, 아내를 향한 깊은 사랑과 감사의 표시였다.

또한 이들 부부에게는 여러 가지 장애를 복합적으로 가지고 태어난 아들이 있다. 1987년 1월 태어난 아들은 안면 기형 증세를 유발하는 크루존병으로 코와 숨골, 그리고 항문까지 막힌 상태였다. 생명이 위급해 출생한 다음 날 바로 배에 인공 항문을 만드는 수술을 했고, 그 뒤로도 30번이 넘는 수술을 받았다. 20대 중반이 넘은 아들은 앞으로도 생명에 지장을 주는 장애를 극복하기 위해 많은 수술을 받아야 한다. 최씨는 아들이 어렸을 때 만 8년 동안 누워서 잠을 자지 못했고 비강이 막혀 입으로만 숨을 쉴 때는 혹시 숨이 막힐까 싶어 아이를 안고 자야만 했다. 그때만 해도 코로 숨을 쉬지 못하는 아들이 종종 숨을 멈춰서 밤중에 응급실로 달려가 소생시키는 일이 다반사였다. 어떤 때는 가망이 없다는 소식을 들은 성당의 신부님과 수녀님이 병실로 오셔서 임종을 앞둔 사람에게나 하는 종부성사를 한 적도 있었다. 지적 장애가 있고 안면 기형으로 인해 외모가 남과 다른 아들이 학교에서 늘 따돌림을 당하는 상황에서도 최씨는 큰 사랑으로 아들을 보듬었고, 아이가 한 잘잘못에 대해서는 엄격히 다스리며 가르침을 분명히 했다. 어머니의 넓고 넓은 사랑으로 구김살 없이 자란 아들은 이제 20대 중반의 청년이 되어 식당에서 어머니를 도와 주방 보조와 홀 서빙을 하며 한 사람 몫을 거뜬히 해내고 있다.

남편 한경희는 취미로 연주해 온 색소폰을 아내와 아들에게도 가르쳐서, 온 가족이 근처 요양원이나 양로원 등지를 돌면서 매달 공연 봉사를 한다. 특히 아들은 아내보다 더 빨리 연주 능력을 습득했다고 한다. 비단 요리뿐만 아니라 가정의 행복도 어머니라는 요리사가 어떤 마음을 가지고 요리하느냐에 따라 달라지기 마련이다. 행복한 '바우네 집'은 바로 천사 요리사 최씨의 최고 작품이다. 어떤 난관과 시련도 아랑곳하지 않고 사랑과 배려로 만들어 온 그녀의 아름다운 작품은 가족이 함께 연주하는 노래 제목만큼이나, 아니 그보다 더 아름다웠다. 어려움 속에서도 참사랑으로 더욱 건강하고 행복한 가정을 만들어 냈을 뿐만 아니라, 소외된 이웃에게도 몸과 마음으로 봉사하여 사랑을 전하는 그녀가 퍼트리는 사랑의 향기, 참으로 그윽하고 향기롭다.

4) 충·효·예를 실천하는 공무원상

김정현(61세) 교수는 2011년 성균관으로 부터 '오늘의 재가상齊家賞'인 효행상을 받았다. 김 교수는 국방부에서 공직생활(이사관)을 41년 동안 수행하여 타의 모범이 되었고 국가에 충성을 다하여

2011년 6월에 대한민국 정부로부터 보국훈장(삼일장)을 수여받았다. 1988년부터 심장판막증 등으로 앓게 된 어머님을 41년 동안 부모님을 봉양해왔으며, 7남매 형제간에 우애를 돈독히 하는 데 중심적 역할을 해 돈목(敦睦)의 효를 해 왔다.

김상진(작고)과 명재순(92세)님[12]의 7남매중 둘째 아들로 태어난 김 교수는 단기 4327년 해남 향교의 추천으로 나라로부터 효자상을 받아 효자비가 세워진 故 김일표(金一杓) 효자의 5대손으로 오직 근면하고 성실하여 타의 모범이 되었고 국가에 충성을 다하여 대한민국 정부로부터 보국훈장(삼일장)을 수여받았고 41년 동안 부모님을 봉양하기 위하여 매월 단 한 번도 빠짐이 없이 용돈을 보내드려 부모봉양에 소홀함이 없었으며 하루에 2회(아침, 저녁)씩 안부전화를 드려서 부모님의 건강 등 문안전화를 들여 효행을 몸소 실천해 왔다.

모친께서 가난과 자녀 교육으로 인하여 고생을 너무 많이 한 탓으로 1988년부터 심장판막증을 앓게 되어 서울소재 국군지구병원에서 치료하여 왔으나 1994년부터는 췌장염, 부정맥증, 담낭담석증

___

12) 현재 김정현의 모친인 명재순(明在順, 94세) 님은 보건복지부 산하 사단법인 한국효도회로부터 2010년 10월 21일 효도의 달을 맞이하여 장한 어버이상을 받았는데, 그 모친은 전남 해남군 황산면 故 명갑천 면장(面長)의 둘째딸로 태어나 남편 故 김상진(해남 화산)씨와 1940년에 결혼, 장손며느리로서 가문의 명예를 지키고자 어려운 살림 속에서도 시부모님을 극진히 모셔 마을과 이웃사람들로부터 칭찬으로 자자히 받아 왔으며, 자녀들에게도 효의 사상을 본받게 하기 위하여 몸소 실행에 옮겨왔고, 슬하에는 4남3녀를 두게 되었는데 조상으로부터 물려받은 전남 해남 화산 면 소재 논 9마지기(1,800평)로 농사를 지으면서 "일은 늦게 배울 수 있......지만 공부란 것은 때를 놓치면 못 배운 것"이라는 굳은 결심으로 남의 품앗이 일과 머리에 고기통을 이고 30여리나 떨어진 마을과 해남시장터를 돌아다니며 고기 행상을 하여 4남 모두 대학을 졸업시켜 사회에 봉사할 수 있도록 長男 김명현은 조선대학교 교수에, 次男 김정현은 국방부 이사관(이학박사), 三男 김두현은 한국체육대학교 교수(법학박사)에, 四男 김광현은 경찰청 경찰종합학교 교수로 진출시키고, 3녀는 모두 훌륭한 현모양처가 될 수 있도록 훌륭히 키워 모두 출가 시켰다. 이는 모친의 예의범절의 솔선수범과 교육에 대한 남다른 열정을 보여 부모의 무조건적인 사랑을 베푼 결과였다고 한다. 이는 김정현과 그 부모 간에 있어서 사회의 귀감이 되는 부자자효(父慈子孝)의 사례라고 보인다.

등의 합병증으로 1994년 9월 서울 여의도 성모병원에서 담석제거 수술을, 그리고 10월에는 복강수술을 하였으나 수술의 결과가 좋지 않아 재차 개복수술로 담낭제거 수술을 하게 되자, 김 교수는 모친 께서 병원 입원 4개월의 장기간 동안 직장근무를 마친 후 단 하루 도 빠짐이 없이 병원 복도에서 기거하면서 모친의 대소변을 받아내 는 등 간호를 극진히 하여 어머님이 소생하도록 하여 동년 12월17 일에 퇴원하였다. 김 교수는 모친께서 1995년 5월 8일에 서울특별 시로부터 '장한 어버이상'을 수상하는 영광을 안겨드리는 기쁨을 드렸고 흐트러짐이 없는 자세로 7남매 형제간에 우애를 돈독히 하 여 돈목(敦睦)의 효를 해 왔다. 모친께서는 지금까지 현재 94세로 생존해 계시는데 나중에 안 일이지만 마지막 수술은 그 동안 앓아 왔던 심장판막증과 당시 76세의 노환, 그리고 본인의 체질상 수술 을 하게 되면 회생이 어렵다는 사실을 의사들로부터 들은 바 있었 지만 이제 더 이상 자식들에게 본인의 병환으로 인하여 고생시키지 말아야겠다는 생각으로 수술을 허락 해주었다고 한다. 이는 자식들 에 대한 어머니의 사랑을 죽음으로써 자식들에게 부담을 덜어 주겠 다는 평소의 자식들을 위하는 깊은 어머니의 사랑은 무조건적이고 희생적인 한국의 어머니상을 보여 주는 것이었다. 김 교수는 이상 과 같은 부모님의 부자자효(父慈子孝) 효정신을 이어 받아 후대에 본이 되려고 노력해 왔다.

뿐만 아니라 김 교수는 1996년 『약한 여자 강한 어머니』라는 제 목으로 책을 출판하여 장한 어머니상을 청소년들에게 알리고자 하 였고 "가족구성형태에 따른 청소년의 가정예절습관에 대한 연구 "13), "군(郡)단위 지방소재 중학생들의 효의식에 대한 조사연구"14)

등의 논문을 발간하여 효이론을 정립하여 청소년들에게 효를 실천할 수 있도록 교재를 개발하는데 노력해 왔으며, 2011년 6월 30일부터는 공직에서 퇴직을 하여 어머님을 가까이서 모시기 위하여 서울에서 전남 해남 고향으로 낙향하여 어머니의 장한 어버이상을 기리고 청소년들의 인성교육을 위해 고향 해남에서 '효를 실천하는 사람들의 모임' 부회장으로서 효를 실천할 수 있도록 소임을 다하고 있으며, 화산중학교, 31사단 해남대대, 초당대학교, 대불대학교, 다문화가족, 태권도관장, 유림 등에서 청소년 및 장병들에게 효행교육을 해오면서, 농촌 어르신들에게 효를 실천하고 봉사하고 있다.

5) 공부도 잘하면서도 효를 실천하는 청소년

문세인(18세)은 2010년 가천문화재단 청소년분야 심청효행대상[15]을 받았다. 문 학생은 아버지의 눈을 뜨게 하기 위해 살신성인의 자세로 인당수에 몸을 던졌던 우리 고전소설의 주인공 심청처럼 언제나 부모님께 묵묵히 효를 실천하고 있어 2010년 '현대판 효녀 심청'이에 선정됐다.

문 학생은 모 여자고등학교 2학년 재학생으로 지하 단칸방에서 조부모와 동생(16세)과 함께 거주하고 있다. 부모는 이혼 후 아버지는 경제적 능력 없이 별거한 상태이고, 어머니는 재혼을 했기에 기초생활수급자로서 조부모를 극진히 봉양하면서도 학업성적은 전

---

13) 한국청소년효문화학회, 『청소년과 효문화』 제14집, 2010.

14) 한국청소년효문화학회, 『청소년과 효문화』 제16집, 2010.

15) 이 심청효행대상은 가천문화재단 회장이 1999년 인천광역시 옹진군 백령면에 심청동상을 제작, 기증한 것을 계기로 우리 고유의 미풍양속이자 인륜의 근본인 효(孝)사상을 청소년들에게 심어주기 위해 제정해 시상해 오고 있다.

교 10등내외일 정도로 우수하다고 한다. 교내표창 외에 수상경력은 없으며, 장래희망은 조부모를 비롯, 노인들에게 봉사하고 싶어서 의사가 되는 것이 꿈이라고 한다.

이 학생은 거동을 거의 못하는 할머니(무릎관절염)를 도와 가사를 전담하며 남동생을 돌보고 있었다. 이 학생은 조부모 말씀을 매우 잘 따르며, 항상 조부모를 우선으로 생각하고 행동하는 어른스러움을 보여 주기도 한다. 성품자체가 매우 착하고 상냥하며 학구열 또한 높아 진로에 대한 확실한 목표를 갖고 준비 중이라고 한다.

장래희망이 의사인 이유가 할머니처럼 경제적 능력이 없어 치료 받지 못하는 사람들에게 봉사하기 위해서라고 한다.

6) 비록 문화가 다를지라도 효를 실천할 줄 아는 다문화 가족

다오티프엉(30세) 씨는 2010년 가천문화재단으로 부터 효부대상 부문[16]의 심청효행대상을 수상했다. 나날이 늘어가는 다문화가정의 안정과 행복을 도모하고 격려하기 위해 2010년 다문화효부상으로 베트남에서 시집온 다오티프엉이 선정되었다.

다오티프엉은 베트남에서 한국에 온지 4년이 경과한 자로서 2006년 결혼, 한국에 입국하여 시부모를 모시며 생활해 왔다.

2008년 1월, 아들 출산 2주전에 남편이 사망하였고, 그 후부터 시부모를 봉양하며 농사일을 하며 한국에 정착해 왔다. 한국남편과 결혼한 친구소개로 한국에 왔으나, 2년여 만에 남편이 간경화로 사

---

16) 이 상은 우리 고유의 미풍양속이자 인륜의 근본인 효정신을 청소년들에게 심어주고 널리 전파 하면서 더불어 나날이 늘어가는 다문화가정의 안정과 행복을 도모하고 격려하기 위해 가천문 화재단 회장이 2008년부터 마련한 것이다.

망하였다.

시아버지 병수발 및 거동이 불편한 상태에서 시어머니를 지극정성으로 모셔 왔다. 올해 10월 중순 경 시아버지도 사망, 현재는 시어머니와 세살 아들과 함께 생활해 왔다. 고국생각도 간절하지만 시어머니와 아들을 보면 행복하다고 한다. 시어머니는 아직 나이가 어린 며느리만 보면 불쌍하다며, 재혼하기를 바라고 있지만 현재 동네식당에서 일을 하며 생계를 유지하고 있다.

7) 어머니의 눈이 되어주는 성실한 여학생

서지수(만 16세) 학생은 2011년 가천문화재단 제13회 심청효행대상을 수상했다. 서 학생은 모 고등학교 1학년 재학 중으로 모친께서는 20세 때부터 고혈압과 당뇨합병증으로 시력을 상실한 상태에서 현재는 신장악화로 신장이식수술까지 받았다고 한다. 당시 같은 공장에 다니던 부친과 결혼(실명사실 인지)하여 부친은 냉동차 배달 일을 하며 생계유지를 하는 가난한 집안이다.

서 학생은 귀가 후 모친과 산책을 하고, 마사지를 해드리며 밀린 집안일을 돌보며 모친을 위해 요리를 하는 것이 가장 행복하다고 한다. 이 학생은 2011년에 교내 효행상을 수상한 바 있고 장래희망은 사회복지사가 되는 것이 꿈이라고 한다.

모친은 처음 왼쪽 눈을 실명한데 이어 5년 전에는 오른쪽 눈마저 실명이 되었다고 한다. 부친이 운송 일을 하며 생활비와 부인의 병원비를 대고 있으나, 많이 부족한 형편으로 부친은 일 때문에 하루 2시간 정도만 집에서 자고 나갈 정도라고 한다.

이 학생은 학교생활을 성실히 하고 주위 급우들과의 관계도 좋으며, 눈이 안 보이는 모친을 대신해 가사를 돌보고 있음을 확인 했고, 아직 어린나이임에도 주말에도 나가지 않고 모친과 담소를 나누며 산책을 할 만큼 모친을 생각하는 마음이 갸륵하다고 한다. 모친은 딸아이의 초등학교 시절만 기억해, 커나가는 모습을 못 보는 것이 안타깝고 슬프다고 한다.

8) 효를 실천할 줄 아는 사람은 모든 일을 잘하는 것 같아요

홍다우(만 24세)는 2011년 가천문화재단 제13회 다문화효부 부문에서 심청효행대상을 받았다. 나날이 늘어가는 다문화가정의 안정과 행복을 도모하고 격려하기 위해 2011년에는 베트남에서 시집 온 홍다우가 다문화효부 상을 수상하게 되었다.

홍다우는 베트남에서 한국에 온지 5년이 경과한 자로서 2006년 지체하지기능장애 2급(뇌성마비)인 남편과 결혼하여 시조부와 시부모를 극진히 모셔오다가 결혼 6개월 후 시조부님이 별세하셨고, 시어머니마저도 1년간의 투병생활 중 큰 손녀를 출생한지 6개월 후에 사망하였다고 한다. 시조부의 대소변 수발 및 식사를 꼼꼼히 챙기는 와중에 시모의 병간호도 정성을 다해 왔다고 한다.

2010년에 위암수술을 받은 시아버지를 친아버지처럼 따르며 지극정성으로 봉양하여 왔고 시아버지를 편안히 모시기 위해 작년에는 운전면허를 취득하기도 했다고 한다. 막내 시동생의 범칙금 납부 및 3명의 시누이 김장김치까지 챙기며 가족 간 화목을 위해 최선을 다하는 효부로 소문이 자자하다. 경운기, 예취기 등 농사일을 다하며 가족을 돌보다가 2011년 대한민국 국적을 취득했다고 한다.

홍다우는 결혼을 하자마자 시조부와 폐암에 걸린 시모 병수발을 하느라 고생이 많았다. 특별한 교육 없이도 현재 한국말을 꽤 잘한다며, 영양군 지원센터장 및 동네 어른들의 칭찬이 자자하였다. 행동 및 언어능력이 미숙한 장애 남편을 잘 섬기고, 시부를 정성껏 봉양하고 있었으며, 두 딸의 엄마로서 아이들이 한국에서 차별 없이 잘 커나가기를 바라는 모성애도 깊었다. 장남인 남편이 역할을 잘 할 수 없기 때문에 자기가 나서서 형제들을 챙기는 등 지혜롭고 우애 깊은 효부이다.

한국 생활 5년째임에도 불구하고 김장, 된장, 고추장, 식혜 등 못하는 음식이 없다고 한다.

9) 아버님께 간이식을 해드리고
신장이식까지도 고려하는 심청이

김설희(만 18세) 학생은 2012년 가천문화재단 심청효행대상을 받았다. 김 양은 모 고등학교 3학년 학생으로서 광부였던 부친(간경화, 폐진증, 만성신부전증)에게 2012년 6월 자신의 간을 이식해 드렸다. 기초생활수급자로서 부친은 신장 2급 장애로 정기적으로 신장투석을 해왔고 모친은 왼쪽 눈을 실명하는 열악한 환경이었다.

이 학생은 중2 때부터 모친이 일하는 식당에서 아르바이트를 하며 모은 돈을 간이식수술에 보탰다. 모친을 도와 가사를 분담하며, 할머니와 동네 노인 분들에게 사랑을 받는 착한 소녀이다. 취미로는 기타, 드럼 연주를 하고 성적은 중하위권이다.

2002년 태풍 루사로 집이 파손 후(재난특별지역 선포) 정부지원으로 현재의 거처를 마련하게 되었다고 한다.

부친의 수술비용과 정부지원(저금리대출)의 집 마련으로 빚이 상당히 있음에도 현재는 양친 모두 무직인 상태였다. 부친의 몸 상태가 좋아지면 신장이식 수술을 할 예정이며, 후보자가 자신의 콩팥까지 이식해주고 싶지만 병원에서 만류하고 있다고 한다.

부친은 1986년 광부로 일하던 중 사고로 왼손약지를 절단해서 손이 부자연스러우며, 경제적인 문제 때문에 대학입학을 고민했으나, 지금은 전문대에 수시지원을 한 상태였다.

평소에도 아르바이트를 하며 집안 생활비를 보태고 있으며, 담임선생님 및 사천농협과장의 적극적인 추천이 있었다.[17]

10) 논의 및 분석

전술한 바와 같이 삼성복지재단, 성균관, 가천문화재단 등 3개 단체에서 선정한 효행대상을 받은 9명의 사례를 검토하여 본 결과, 효행대상을 받은 자 중 성별로는 남자 2명, 여성 7명으로 여성의 효녀, 효부가 월등하게 많았다. 그 중에서 어른이 6명, 청소년(학생) 3명으로 효행기간이 긴 사람이 대상을 받은 것으로 나타났다. 물론 가천문화재단에서는 여자 심청이만을 뽑고 있는데서 효행수상자에서 여성의 비율이 높기도 하다.

그리고 시봉의 대상은 시어머니 4명, 시아버지 3명, 남편 2명, 모 2명, 시조부 1명, 조모 1명, 부 1명, 시동생 1명으로 시어머니와 시아버지 등이 가장 많아 효부의 효행자가 많음을 알 수가 있었다.

또한 이들의 병명은 척추압박골절, 뇌졸중(뇌병변 1급 장애), 폐질환, 심근경색·청각 장애, 복합골절, 뇌출혈, 치매증, 간암, 심장판막증, 췌장염, 부정맥증, 담낭담석증, 합병증무릎관절염, 고혈압,

---

17) 사단법인 동양효문화연구원, 『2013년 효양성자과정 교재』, 수덕문화사, 2013.

당뇨합병증(시력 상실), 간경화, 폐진증, 만성신부전증(신장 2급 장애), 지체하지기능장애 2급(뇌성마비), 크루존병 등으로 모두가 질병이거나 교통사고로 인한 것이었다. 결과적으로 볼 때 효행의 주 행위는 효행대상자의 건강관리에 있음을 알 수가 있어 시봉의 효가 얼마나 중요한지를 일깨어주는 대목이다.

한 조사에 의하면 건강행위 부문 조사에서 국민 3명 중 1명은 암에 걸리며, 노인 2명중 1명꼴로 자신의 건강관리를 하지 않고 있었다. 그리고 20.8%의 노인들이 흡연을 하고 있었고 이들 대부분이 20년 이상 흡연을 하고 있는 것으로 나타났다. 또한 음주율은 41.4%로 흡연율보다 높았으며, 거의 매일 음주가 22.7%로 나타나 금연과 금주에 대한 적절한 프로그램 개발 및 교육이 필요한 것으로 조사되었다.[18]

그런데도 최근 한국보건사회연구원의 연구조사에 의하면 50대 93%가 "늙어서 자녀와 함께 안 살겠다."는 조사가 있었다는 것은 노인 스스로의 해결책과 정부의 지원이 보다 확대되어야 한다는 것이다.[19]

이러한 추세는 사회적으로 보았을 때 나이가 들면서 노인질환을 겪는 부모들이 많아졌다는 점, 그리고 대가족화에서 핵가족화로 바뀌면서 홀로 사는 노인이 많아졌다는 점, 또한 국가적인 차원에서의 노후대책이 시급하다는 점, 규칙적인 건강(육체적, 정신적 측면) 활동과 경제활동이 필요하다는 점과 같은 문제점들이 있다. 노인인구 증가와 노년기의 장기화는 오래살기를 원했던 인간의 욕구가 달

---

18) 박금옥, 「충남지역 노인의 건강행위 및 상태 연구」, 대전대학교 경영행정·사회복지대학원 석사학위논문, 2003, 3쪽.
19) 동아일보 2012년 6월 12일 A31면.

성되는 축복이기도 하지만, 소득, 건강, 여가 사회활동의 참여 등 부모들의 다양한 욕구가 크게 증가하고 있어 늘어난 노후생활을 어떻게 활기차고 보람되게 보낼 것인가 하는 것이 개인적 차원과 부모 등 노인복지 정책적 측면에서의 중요한 관심사라고 볼 수 있다.

4. 시봉의 효에 대한 확충 방안

앞에서 분석한 결과에서 본 바와 같이 진정한 시봉의 효를 다하기 위해서는 자녀들이 부모의 건강관리 방안이 무엇인지를 되새겨봐야 할 일이다. 그동안에는 부모가 병에 걸리게 되어 치료에 급급하게 되는 사후적 건강관리에 치우쳐 있었는바, 부모에 대한 효행 방법을 질병에 걸리기 전에 예방적 차원에서 다음과 같이 신체적 건강을 위한 적극적인 노력이 필요하다.

1) 시봉을 위한 부모건강의 개념정립과 사전예방적 건강관리 필요

1948년 세계보건기구(World Health Organization)에서는 건강을 단지 질병이나 허약함이 없는 것이 아니라 신체적, 정신적, 사회적으로 완전한 안녕 상태라고 정의한바 있다.

사람은 어린이에서부터 노인에 이르기까지 변해간다. 오늘날 현대인들은 과거에 비해 수명이 길어지고 의학의 발달로 여러 가지 신체적 질병을 시료할 수 있게 되었다. 요즘은 중년층에서부터 젊음의 유지가 될 수 있도록 세계에서는 운동이 활발하게 전개되고 있다. 인간의 건강 및 장수는 1/3만이 유전적인 특질에 달려있고

2/3는 생활방식에 따라 좌우된다.

그러나 거의 노년층에 있는 부모는 건강한 삶을 살고 있는지에 대해 많은 의문이 제기되고 있다. 삶의 질적인 면이 강조되면서 단순히 오래 사는 것보다 질적 수준이 높은 건강수명에 더 큰 관심을 갖게 되었고 안전한 삶이 수반되어야 한다. 웰빙의 개념이 건강한 삶이라는 의미로 통용되기 시작함에 따라 현대의 건강 개념은 신체적, 정신적, 사회적, 지적, 영적 건강을 포함한 다차원적인 특성으로 이해되고 있다. 더 나아가 모든 요소가 적절한 균형과 통합적인 관계를 이루는 상태를 뜻한다.

우선 신체적 건강은 질병과 장애가 없는 상태뿐만 아니라 올바른 성장과 발육 또는 건강 증진을 위해 실천할 수 있는 모든 신체 활동을 의미한다. 적절한 운동을 하고, 균형 잡힌 영양을 섭취하며, 음주와 흡연을 피하고, 암 검진들의 예방의료 서비스를 받는 것 등을 포함한다. 그리고 정신적 건강은 감정 또는 심리적 안정감을 의미하며 스트레스 관리와 감정 조절 능력이 포함된다. 자신의 감정을 적절하게 표현하고, 올바른 의사결정을 할 수 있는 능력이며, 정서적 건강 상태를 유지하기 위해서는 이를 표현하지 않고 다른 건강 행동으로 대치할 수 있는 기술도 필요하다. 또한 사회적 건강은 타인과의 관계, 다양한 사회적 적응 능력 및 의사소통 등을 의미하며 더 나아가 대인관계를 만족시킬 수 있는 능력이라고 볼 수 있다. 가족과 친구, 동료, 이웃 등 주변 사람들과 친밀한 관계를 형성하는 것으로 이는 건강 행동을 결정하고 도움을 주는 사회적 지지의 원천이기도 하다. 아울러 지적 건강은 개인의 지능지수와는 별개의 개념으로 교육적 성취나 경력 개발, 합리적 사고와 문제 해결

능력 등을 통하여 자아 존중감 및 자아 실험을 성취한 상태를 뜻한다. 운동을 하면, IQ가 높아진다고 한다. 운동선수가 '머리를 잘못 쓰게 되면 사기꾼이 많다'라는 우스개 소리도 있다. 끝으로 영적인 건강은 특별한 삶의 방법이나 고차원적인 삶의 신념, 거대한 환경과의 일치감 등을 의미한다. 삶의 목적을 표현하고 이해할 수 있는 능력, 사람, 평화, 소망, 봉사 등의 영적 내용이 포함된다.

노년기에는 젊은이들에게 모두 의지할 수 없으므로 부모의 자립 능력이 필요함을 알 수가 있다. 그러려면 부모의 건강이 유지되어야 한다.

2) 경로당 노-노(老-老) 케어 사업의 활성화 필요

고령화의 어두운 그늘에서 벗어나 부모 등 노인이 행복한 나라를 만들기 위해서는 경로당의 활성화가 선행돼야 한다. 전국 모든 마을 단위로 운영되고 있는 경로당은 6만2000여 곳에 달해 노인여가 복지시설 가운데 접근성이 가장 뛰어나다고 볼 수 있다. 이 경로당을 거점으로 건강한 노인이 같은 마을에 살고 있는 돌봄과 도움이 필요한 이웃 노인을 지원하는 것이 매우 바람직한 정책이 될 수 있다. 즉 '경로당 노-노(老-老) 케어 사업'이다.

이 사업은 국가의 막대한 노인복지 재정 절감은 물론, 젊은 세대의 노인부양 부담을 대폭적으로 줄일 수 있고 세대갈등도 해소할 수 있다. 또 정서적 공감대를 가진 건강한 노인들이 경로당을 기반으로 돌봄의 주체가 됨으로써 고독과 소외, 질병에 고통 받는 노인들이 마음의 문을 열고 지역사회에 발을 내딛게 유도하는 효과를 기대할 수 있다. 사각지대에서 고통 받는 노인들의 삶의 질이 크게 향상될 수 있다.

이와 같은 사업이 제대로 진행되려면 사회적으로 성공한 노인, 경제력을 갖춘 노인 등 건강한 노인이 경로당 회원이 돼서 노-노케어 사업에 적극 동참해야 한다. 즉 돈 있는 노인은 경제적 지원으로, 건강한 노인은 자원봉사로, 사회적으로 성공한 노인은 인적 네트워크와 경륜으로 다른 노인들을 지원할 수 있을 것이다. 앞에서 본바와 같이 시봉의 효 대상자의 질병이 치매 등이 많으므로 건강한 노인들이 초기 치매 등의 노인들을 대상으로 돌본다면 당사자는 물론 해당 가족의 고통이 크게 줄어들 수 있을 것이다.

3) 노인의 건강관리를 위한 스포츠 연구·개발 및 교육

현대에 이르러서는 스포츠가 인간의 기본적인 욕구의 해소와 스포츠문화의 성장발달 뿐만 아니라 건강한 삶을 위한 생리적 가치, 스트레스해소를 위한 심리적 가치, 사회적 함양을 위한 사회적 가치, 국제스포츠대회를 통한 관광객 유치·생산유발효과·고용유발효과·부가가치유발효과의 경제적 가치 등 통합적인 가치를 추구하게 된다.[20] 흡연, 음주 등과 같은 행동적인 요소는 개인의 건강에 가장 큰 영향을 미친다고 할 수 있다. 금연, 절주 등의 건강생활 실천은 현대인의 습관병인 만성 퇴행성 질환을 예방하며, 조기 사망과 영구적 장애를 줄이고, 삶의 질을 높여주는 핵심적인 역할을 할 수 있다. 특히 건강의 위험요인을 제거하기 위해서는 흡연, 음주 등이 절대적인 영향을 미치므로 이것에 대해 신경을 써야 한다. 흡연과 음주를 자제하도록 하기 위해서는 게이트볼, 한궁, 수영[21] 등의

---

20) 김두현, 『현대스포츠법학』, 대한미디어, 2012, 4쪽.

스포츠를 할 수 있도록 하여 스트레스를 해소하고 외로움을 극복할 수 있을 것이다.

특히 한국체육대학교 노인체육복지학과와 같은 학과에서는 노인의 건강관리를 위한 스포츠를 연구·개발하여 전파하고 그 소속 학생들은 자원봉사를 통하여 노인들에 대한 스포츠교육과 금연, 금주 등의 캠페인을 적극적으로 실시하는 것이 바람직한 방안이 될 수 있다.

4) 시봉을 위한 부모건강의 결정요인의 분석 및 교육강화

오늘날 건강의 개념은 다차원적인 요소로 구성되어 있으며, 이 요소들은 상호의존적으로 영향을 미친다. 개인을 둘러싼 다양한 요인들 중 건강에 영향을 미치는 요인들은 '건강결정인지'라고 한다. 이와 같은 물리적 사회적 환경,[22] 유전과 생물학적인 요인,[23] 보건의료 시버스 체계,[24] 건강행동 또는 생활양식,[25] 준비 및 정리운

---

[21] 수영의 안전관리에 관한 자세한 내용은 김두현·육현철·김유미,「수영장의 안전실태 조사 및 대책방안」, 한국스포츠학회『한국스포츠학회지』제10권 제1호, 2012, 101-113쪽 참조.

[22] 물리적 환경(공기, 물, 토양 등)과 사회적 환경(문화, 관습, 법규 등)은 대기오염과 지구온난화, 도시화와 인구 밀집 등의 문제와 관련되어 개인뿐만 아니라 전체 인구 집단의 건강을 위협하는 결과를 가져 올 수 있다.

[23] 유전적 요인과 연령, 성 들의 생물학적 요인을 의미하는 것으로 제질, 체격과 체형, 질병에 대한 저항력과 회복, 적절한 보건의료 서비스와 질과 이용 가능성, 접근성 등의 요인은 개인과 지역사회 주민의 질병예방 및 건강관리에 결정적인 영향을 미친다.

[24] 건강을 위협하는 질환들은 ① 심혈관질환의 심근경색증 등, ② 암 질환의 폐암, 위암, 유방암, 전립선암 등, ③ 대사증후군의 당뇨병 등, ④ 혈압의 고혈압 등, ⑤ 뇌 질환의 치매, 파킨슨병 등, ⑥ 골다공증의 고관절 골절 등, ⑦ 면역력 감퇴의 각종 염증 질환을 발생하게 된다. 따라서 건강해야 하는 이유가 여기에 있다. 심혈관질환, 췌장염, 담석증으로 5차에 걸쳐서 수술한 노인이 7남매의 극진한 간호로 회생한 사례도 있다(김광현,「내 고향 북두칠성과 어머니」, 새한기획출판부, 1995, 11-43쪽 참조).

[25] 영양과 운동, 흡연, 음주, 약물 사용 등과 같은 행동적인 요소는 개인의 건강에 가장 큰 영향을 미친다고 할 수 있다. 올바른 식습관과 적절한 운동, 금연, 절주 등의 건강생활 실천은 현대인의 습관병인 만성 퇴행성 질환을 예방하며, 조기 사망과 영구적 장애를 줄이고, 삶의 질을 높여주는 핵심적인 역할을 할 수 있다. 따라서 건강의 위험요인을 제거하기 위해서는 음식섭

동 철저26) 등의 범주를 부모들에게 교육시켜서 건강한 신체를 유지할 수 있도록 하여야 한다.27)

조선시대에 한 아전이 아버지가 악질(惡疾)에 걸려 밤낮으로 곁에서 모시면서 하늘을 부르짖으며 울고 의약을 널리 구하다가 어떤 사람이 말하기를 '산사람의 뼈를 피에 타 먹으면 병이 낫는다.'하여 아들이 즉시 자신의 왼손 무명지를 끊어 말한 대로 하니 아버지 병이 즉시 나았다는 애기가 있다.28) 이는 당시의 보건의료서비스체계의 미흡에 따른 효행실천의 한 사례라고 볼 수 있다.

5) 시봉을 위한 부모의 건강증진법과 건강실천 사업추진

부모의 건강을 유지 또는 증진시키고자 할 때, 부모의 건강생활 실천만으로는 불가능하다. 부모 개인적인 요소보다는 환경을 포함한 여러 생태학적인 요소들이 부모 건강에 더 많은 영향을 미치기 때문이다. 단순히 질병만을 예방하며 현재의 건강 상태를 유지하는 것 보다는 건강을 향상시키는 적극적인 건강증집법이 이루어져야 하며, 나아가 인구 전체의 건강을 증진 시킬 수 있는 방법을 찾아

취문제, 신체 비활동, 흡연, 비만, 스트레스 등이므로 이것에 대한 신경을 써야 한다.

26) 신체적 건강을 유지하기 위해서는 안전사고 예방을 위한 준비운동을 철저히 하여야 한다. 운동을 하기 전에 준비운동을 통해 몸을 풀어 주어야 한다. 유연성 운동은 동작의 폭을 넓혀주며, 체력강화 운동을 통해서 움직임을 좀 더 빠르고 강하게 해준다. 또한 적절한 준비운동은 운동 중에 부상당하는 것을 현저하게 감소시켜준다. 그리고 스트레칭 정리운동은 운동 후에 오는 근육의 피로감을 줄여주고, 심신을 더 편안한 상태가 되도록 해준다. 특히 규칙적인 스트레칭과 체력강화 운동을 통해서 자신의 건강과 안녕 상태를 장기간 증진시켜주며 안전사고를 당했을 때에 신체적, 감정적으로 적절히 대응할 수 있는 능력을 키워준다. 훌륭한 준비운동은 운동수행능력의 개선에도 일익을 담당할 수 있다. 준비운동의 기능은 이후의 신체운동에 대해 신체를 생리학적으로 준비하게 해준다. 준비운동의 목적은 심호흡계를 어느 정도 자극함으로서, 운동하는 작업 근육으로의 혈류를 증가시켜 근육의 온도를 증가시킨다.

27) 김두현, 스포츠·놀이안전, 「세이프키즈코리아 교육연수자료」, 2008, 15-16쪽.

28) 장한수, 『오륜행실도』, 어문각, 1997, 95쪽.

야 한다.

그러므로 부모의 건강증진은 ① 건강 증진의 대상(개인, 그룹, 지역사회), ② 건강증진 목적(질병예방과 건강향상), ③ 건강증진 목표(건강에 영향을 미치는 모든 형태와 생활환경 조성), ④ 건강증진 위한 주요 활동(건강과 관련된 교육, 정책, 환경, 법규, 조직 간의 구성을 기획 및 실천) 등과 같은 핵심 요소로 그 의미를 이해할 수 있다.

개인, 그룹, 지역사회를 대상으로 건강에 영향을 미치는 형태와 생활 조건을 지지하는 교육, 국가정책, 환경, 법규, 조직 간의 상호작용을 통합한 건강증진을 실천하기 위해 보건교육,29) 질병예방,30) 건강보호31) 등 기본적인 구성 요소를 필요로 한다.

그리고 부모의 건강증진을 실현하기 위해 국가 또는 지역사회에 실천할 수 있는 건강증진 사업은 영양, 금연, 체중관리, 운동, 휴식 및 수면, 절주, 스트레스 관리 등의 영역으로 이루어져야 한다. 건강가정기본법상 국가와 지방자치단체는 건강가정을 위하여 필요한 제도와 여건을 조성하고 이를 위한 시책을 강구하여야 할 책임이 있다.32)

신체적으로 노화되면 힘이 약해지면서 여러 가지 만성질환을 유

---

29) 보건교육은 개인이나 그룹, 지역사회의 주요 건강 문제를 야기하는 생활급관이나 행동을 변화시키기 위해 계획적이고 의도적으로 진행 하는 학습활동이다. 현대인의 건강 문제 대부분이 개인의 건강 행동과 관련된 것을 감아하면 건강증진사업의 핵심 요소라고 할 수 있다.

30) 질병을 예방하기 위해 ① 금연과 절주 등의 건강 생활을 실천함으로써 심장병과 암 등의 생활습관병 예방, ② 혈압과 콜레스테롤 등의 질병위험요인 또는 암 등의 특정질환과 관련된 정기 검진을 통해 질병의 조기 치료, ③ 환자교육을 통해 질병에 대한 합병증과 재발 방지 등의 세 가지 방법으로 실천할 수 있다.

31) 환경에 존재하는 건강 위험 요인을 제거함으로써 건강한 환경이 조성되도록 하는 체계적인 접근법을 의미한다.

32) 건강가정기본법 제5조 제1항(법제처, 앞의 책, 1165쪽).

발하게 되는 데, 이로 인한 신체적 불편감은 활동을 위축시키고 의존적 생활로 변화시켜 부모의 자존감을 약화시킬 수 있기 때문이다. 또한 가족의 지원이나 사회적 지지망이 약화되면 만성질환 유병노인들은 심리적으로 불안한 상태에 이르러 질환이 더 만성화 되는데 특히 치료 불가능성에 대한 두려움이나 죽음에 대한 불안은 질병을 더욱 악화시키거나 심리적 절망감으로 인하여 심각한 우울 상태에 빠질 수 있다.[33] 특히 부모들의 스트레스 해소를 위해서는 자녀들의 안녕이 필수적인바 걱정이 되지 않도록 안부전화를 자주 들여 안심시켜야 한다.

우리나라는 1995년에 국민건강증진법을 제정·공포하였으며 국민건강종합계획 2010년을 추진하였다. 생활습관 개선, 건강지원환경 조성, 질병예방 등 세 가지 분야와 세부 영역으로 나누어 실천하고 있다. 이 중에서 금연, 절주, 운동, 영양개선은 4대 건강생활 실천사업으로 널리 알려져 있다. 또한 보건소법을 지역 보건법으로 개정해 보건소는 지역주민의 평생건강관리 중추 기관으로 건강생활 실천사업을 실시하여 국민건강증진 목표를 달성하고 있다.

6) 시봉을 위한 부모 비만의 예방과 건강한 신체유지

농촌에 비해서 도시에 살고 있는 부모들이 비만의 우려가 높다고 볼 수 있다. 앞에서 본 바와 같이 효행대상자들의 부모 등이 앓고 있는 질병을 예방하기 위해서는 부모 등이 운동을 하도록 하여 심장질환, 당뇨병 등을 감소시키고, 뼈의 질량을 증가시키고, 노년기

---

33) 권인숙, 「농촌지역 노인의 생활습관이 신체적·정신적 건강상태에 미치는 영향」, 전북대학교 대학원 석사학위논문, 2008, 26쪽.

동안에도 작업능력을 유지시켜주는 것이 필요하다. 그리고 운동은 수명을 연장시키고, 심리적 건강 상태를 개선시키는 효과가 있다. 따라서 건강의 효과를 얻어 내기 위해서는 자식들은 부모 등에게 정기적인 종합신체검진과 체력관리센터티켓을 준비해 드려 비만을 예방하고 건강한 신체를 갖출 수 있도록 하여야 한다.[34]

우선 비만[35]이란 체내에 지방조직이 과다하게 축적된 상태를 의미한다. 우리가 음식물로 섭취한 에너지와 소비된 에너지가 균형을 이루면 체중은 일정하게 유지되지만, 섭취한 에너지가 소비된 에너지보다 많은 때 비만은 발생한다. 비만요인은 유전적,[36] 행동적,[37] 환경적[38] 요인으로부터 기인한다. 일반적으로 건강과 관련된 체력의 5가지 주요 구성요소는 심폐체력, 근력,[39] 근지구력, 유연성, 신체조성이다.[40] 짧은 기간에 체중을 감소시키는 비법은 없다. 이를 위해서는 식습관과 습관 및 신체활동을 개선해야 한다. 그리고 적절한 행동수정요법을 활용하여 꾸준히 노력하여야 한다. 부모의 적절한 체중 관리는 올바른 식습관과 운동, 그리고 생활습관을 갖기

---

34) 장경태·이정숙(역), 「건강한 삶을 위한 운동처방기초」, 대한미디어, 2005, 2-4쪽.

35) 체성분 분석기를 총해 측정할 수 있는 체지방률을 기준으로 하면 남자는 체지방이 체중의 25%, 여자는 체중의 30% 이상일 때 비만이라고 한다.

36) 부모 한쪽 또는 모두가 비만인 가정의 자녀들은 부모 모두가 정상체중인 자녀에 비해 비만해질 위험이 높아진다. 이는 부모의 비만해지기 쉬운 체질이 유전되거나 부모의 좋지 않은 식습관이 자녀들에게 자연스럽게 길들여졌기 때문이라고 볼 수 있다.

37) 피자, 콜라, 치킨, 햄버거 등 기름지고 단 음식에 길들여 진 식습관은 비만을 초래한다. 이 습관이 지속되면 평생 비만으로 살게 된다. 또한 음식으로 섭취한 에너지를 신체활동으로 적절히 소비하지 않을 경우, 에너지는 지방으로 우리 체내에 축적되어 비만을 일으킨다.

38) 환경적 상황에 따라 음식을 먹는 걸 슬픔, 스트레스, 불안, 고민을 해소하려는 사람은 비만에 걸리기가 쉽다고 한다. 현대의 가족을 보면 자녀가 1~2명에 불과해 부모의 과잉보호나 무관심은 자녀들의 과식이나 인스턴트식품의 과다섭취로 연결되어 비만을 발생시킬 우려가 많다.

39) 근력 능력에 대한 자세한 내용은 장경태(역), 『저항트레이닝 프로그램』, 대한미디어, 2001 참조; 장경태·이정숙(역), 『트레이닝방법론』, 대한미디어, 2007, 49-128쪽 참조.

40) 장경태·이정숙(역), 앞의 책, 5-7쪽.

위해서는 바람직한 체중 감소를 하는 것이 매우 중요하다. 이를 위해서는 다양한 식품의 균형식, 음식섭취량의 감소, 저지방의 식이요법, 채소와 과일 섭취 증가 등의 식사지침이 필요하다.

그리고 칼로리를 축적시키지 말고 소비 칼로리를 증가시키기 위해서는 준비운동 등을 통해 신체를 많이 움직이는 신체 활동의 지침이 필요하다. 자신이 좋아하는 운동을 선택하여 규칙적으로 실천하고, 일상생활을 보내는 것이 중요하다. 체중관리를 잘하려면 식사, 운동 및 활동카드를 매일 작성하는 체중조절카드를 작성하여 관리하여야 한다. 개인별로 4주, 8주, 12주, 16주, 20주 등 기간 목표를 잡고 체중조절카드를 꾸준히 쓰면서 계속적으로 반성하고 수정해 가는 과정에서 체중 관리를 생활화 한다.

또한 부모 등의 체중 조절을 성공하기 위해서는 목표와 방법을 잘 설정 하는 것도 중요하지만, 부모 등이 스스로나 자녀들에게 보상을 받는다면 그 효과를 더욱 높일 수 있다. 예를 들어 2kg을 감량했을 때 보고 싶은 영화 보기, 4kg을 감량을 달성했을 때는 자녀들로 하여금 용돈 올려주기 등 구체적인 보상 계획을 세우도록 한다.[41]

5. 끝맺으며

이상에서 본 바와 같이 이 연구는 문헌연구와 효행대상 수상자의

---

41) 교육과학기술부,『고등학교 안전과 건강』, 교육과학기술부, 2011, 160-207쪽; 김두현,「효(孝)를 통한 부모의 건강관리에 관한 연구」, 동양효문화연구원,『청소년과 효문화』제19집, 2012, 216-223쪽.

공적내용을 분석해 효행의 방법 중 시봉의 효를 살펴보고, 부모건
강관리 방안을 파악하여 봄으로써 부모들의 삶의 질을 향시커 행복
한 생활환경을 갖출 수 있도록 하고 결과적으로 부모의 생활만족도
를 높일 수 있는 방안을 모색하고자 하였다.

효 포상 관련 3개 단체에서 선정한 효행대상을 받은 9명의 사례
를 검토하여 본 결과, 효행대상을 받은 자 중 성별로는 남자 2명,
여성 7명으로 여성의 효녀, 효부가 월등하게 많았다. 그 중에서 어
른이 6명, 청소년(학생) 3명으로 효행기간이 긴 사람이 대상을 받
은 것으로 나타났다. 그리고 시봉의 대상은 시어머니 4명, 시아버
지 3명 등이 많아 효부의 효행자가 많았음을 알 수가 있었다. 또한
이들의 병명은 척추압박골절, 뇌졸중(뇌병변 1급 장애), 치매증, 간
암 등으로 모두가 질병이거나 교통사고로 인한 것이었다. 결과적으
로 볼 때 효행의 주 행위는 효행대상자의 건강관리에 있음을 알 수
가 있었다.

이와 같은 분석결과를 토대로 시봉의 효를 위해서는 부모의 건강
관리가 그 무엇보다도 중요하므로 다음과 같이 몇 가지 방안을 제
시 하였다.

첫째, 시봉을 위한 부모건강의 개념 정립과 사전예방적 건강관리
가 필요하다. 부모의 건강을 단지 질병이나 허약함이 없는 것이 아
니라 신체적, 정신적, 사회적으로 완전한 안녕 상태를 유지하도록
하여야 한다. 아울러 부모들의 안전관리가 수반되어야 한다.

둘째, 경로당 노-노(老-老) 케어 사업과 같은 프로그램을 활성화
시켜야 한다. 이를 성공시키기 위해서는 건강한 노인, 경제력을 갖
춘 노인, 사회적으로 성공한 노인이 경로당 회원이 돼서 경로당 노-

노 케어 사업에 적극 동참해야 한다. 효 대상자의 질병이 치매가 많으므로 초기 치매 노인이 경로당을 거점으로 건강한 노인들의 돌봄을 받는다면 당사자는 물론 해당 가족의 고통이 크게 줄어들 수 있도록 해야 한다.

셋째, 노인의 건강관리를 위한 스포츠 연구·개발 및 교육이 필요하다. 노인의 건강관리를 위한 스포츠를 연구·개발하여 전파하고 노인들에 대한 스포츠교육과 금연, 금주 등의 캠페인을 적극적으로 실시하는 것이 현대인의 습관병인 만성 퇴행성 질환을 예방하며, 부모의 조기 사망과 영구적 장애를 줄이고, 삶의 질을 높여주는 핵심적인 역할을 할 수 있다.

넷째, 시봉을 위한 부모건강의 결정요인을 분석하여 체계적인 교육을 하여야 한다. 물리적 사회적 환경, 유전과 생물학적인 요인, 보건의료 시버스 체계, 건강 행동 또는 생활양식, 준비 및 정리운동을 철저히 부모들에게 실천하도록 하여 건강한 신체를 유지할 수 있도록 한다. 부모의 건강증진법을 강구하고 건강실천을 위한 사업을 추진하여야 한다. 부모 중 특히 노인의 건강증진을 실천하기 위해 보건교육, 질병예방, 건강보호 등 기본적인 방법이 요구되며, 이를 위해 국가 또는 지역사회에 실천할 수 있는 건강증진 사업으로 영양, 금연, 체중관리, 운동, 휴식 및 수면, 절주, 스트레스 관리 등의 영역으로 추진되어져야 한다.

다섯째, 시봉을 위한 부모 비만의 예방과 건강한 신체를 유지하여야 한다. 부모 중 특히 노인운동은 심장질환, 당뇨병 등을 감소시키고, 노년기 동안에도 작업능력을 유지시키는 효과가 있다. 그리고 운동은 수명을 연장시키고, 심리적 건강 상태를 개선시키는 효과가 있다. 자식들은 부모에게 정기적인 종합신체검진과 체력관리센터티켓을 준비해 드려 비만을 예방하고 건강한 신체를 갖출 수 있도록 하여야 한다.

여섯째, 시봉의 효를 위해서는 부모의 경제적인 원인을 근본적으로 해결해주어야 한다. 국민연금제도 및 공적연금제도 확대, 노인일자리 창출, 노인사회안전망 구축 등 경제적 환경 개선을 통한 복지대책이 강구되어야 한다. 심리적인 원인을 해결하기 위해서는 갱년기 등 부모심리상담과 치료 프로그램 및 시스템을 개발하여야 한다.42)

끝으로 부모가 행복한 나라가 되면 모든 자녀들이 즐거워 할 것이고 아울러 국민이 행복한 나라가 될 수 있을 것이다. 우리의 효사상의 확충은 부모형제의식으로 동서의 화합을 통해 국민총화를 이룰 수 있고, 이것이 곧 홍익인간을 구축하는 일이요, 남과 북의 평화적 분위기를 통해 남북통일을 위한 민족공동체도 형성되고 민족의 가치관 형성으로 해이해진 민족의식과 오늘날의 학교폭력, 성폭력, 가정폭력 등 사회병리를 원천적으로 치유하는 유일한 길43)이 될 수 있음을 명심해야 한다.

---

42) 장은석, 「특공무술수련이 중 고령자의 생활만족도에 미치는 영향」, 한국체육대학교 석사학위논문, 2009, 1-97쪽.

43) 김익수, 「한민족의 上古代인 桓國의 國統의 확립과 세계적인 國敎의 정립」, 한국사상문화연구원, 『한국사상과 문화』 제62집, 2012; 김익수 외, 『한국의 효사상과 정신문화』(2), 수덕문화사, 2012 참조.

제9장

한국의 효사상과
부모부양의 당위성

반 호 진

(남서울대학교 교수)

1. 글의 시작

현대사회는 외래사조로 인하여 자주 급변하고 있다. 변화의 속도는 예측이 어려울 정도로 급속하게 변하고 있으며 전통적인 가치가 여지없이 추락하고 있으며 급속도로 해체되고 있는 현실을 경험하고 있다.

오늘날 가치관의 혼란은 그 자체가 고통일 뿐만 아니라, 사회적 부작용은 잘못된 가치관의 추구로 인한 우리의 삶을 더욱 혼란하게 만든다. 이러한 사회는 전도된 과정으로부터는 전도된 수단과 방법이 동원되기 마련이며, 전도된 과정으로 부터는 잘못된 결과가 나올 가능성이 다분하기 때문이다. 이러다 보니, 더 중요한 생명의 가치와 도덕적, 정신적 가치 등이 사회격변의 과정에서 윤리와 도덕의 추락에 따른 극단적 이기주의와 사회적 병리 현상을 우려하는 목소리가 과거 어느 때보다 높아졌다. 최근 들어서 물질과 이기주의적인 사고로 편안하게 살려는 생각 때문에 부모부양을 기피하고, 부모를 살해하고 자녀를 버리는 패륜적인 사건들이 흔하게 발생하고 있다.

통계청이 발표한 '한국의 사회동향 2017' 보고서에서 2012년 우리나라에서 교통범죄를 제외한 전체 범죄 발생 건수는 1,410,440건으로, 이는 국민 100명당 약 3명이 매년 범죄 피해를 겪은 것에 해당한다. 통상 강력범죄라고 할 수 있는 살인, 강도, 절도, 사기, 폭행, 강간 등의 형법범죄 발생률은 우리나라에서는 지난 30여 년 간 연평균 3.1% 증가해 왔는데, 사회경제적으로 유사한 수준에 있는 국가들과 비교해 볼 때, 우리나라의 범죄 발생 정도는 평균 수준 이상인 것으로 판단된다.

이 같은 반인륜 범죄들은 우리 사회에 만연한 생명경시 풍조와 황금만능주의가 섞여 발생한 것으로 개인의 경쟁력은 중시하지만 상대적으로 사회성과 도덕적 인성 교육을 소홀히 해온 결과로 반인륜 범죄가 끊이지 않고 있다는 것은 우리 사회가 도덕적 위기를 겪고 있다는 증거인 것이며, 노인의 부양책임도 2060년에는 생산인구 100명이 80.6명을 부양해야하는 책임 때문에 젊은 세대의 부양부담비용이 증대될 것으로 예상된다[1] 따라서 사회적인 어려운 현실 반영과 은퇴이후 30-40년의 길어진 노후를 위해서는 20-30대부터 철저한 계획과 실천함으로써 긍정적 미래전망과 함께 안정적인 노후를 대비해야 한다고 한다.

인간관계보다 남을 용서하고 배려하는 정신이 아주 더 중요시하며, 그로 인해 인간관계가 제약을 받게 될 때에 익명성(匿名性)의 유혹에 빠지기 쉽다. 이렇게 되면 청소년들 사이에서 인간소외와 비인간화의 문제가 생기는데, 이는 요즘 사회문제가 되는 청소년의 자살로 이어진다는 사실이 문제의 심각성을 더해준다. 이렇게 볼

---

[1] 통계청, 2015.

때에 우리나라는 행복한 나라가 아니라고 볼 수 있다. 지금까지 부모를 대상으로 한 패륜과 자살에 대한 통계자료는 우리사회에 점점 만연하고 있는 인간소외와 비인간화로 인하여 생명경시와 황금만능주의로 인해 발생하는 결과로 볼 때, 결국은 현 대 사회의 중심적 가치관인 개인주의와 자본주의 이념이 신 구세대간의 갈등을 유발하고 비인간화와 인간소외 같은 가족 및 사회공동체의 붕괴로까지 이어질 수 있다는 우려가 현실화 되고 있다.

따라서 물질보다는 사람이 우선인 사회와 더불어 모두가 함께 살아갈 수 있는 가치관을 가정과 학교 그리고 사회가 나서서 교육의 뿌리를 찾아서 효 교육을 지속적으로 실시하는 것만이 패륜범죄와 청소년 자살을 줄이는 하나의 근본적인 방법이 될 것이다. 사회의 일각에서 전통적인 효는 농경사회를 바탕으로 한 시대에 국가체제를 유지하려는 수단으로 수직적인 인간관계를 강조한 덕목이라고 한다. 그래서 현대와 같이 평등을 강조하는 시대에는 부적합하며 오히려 부작용이 나타날 수도 있다는 주장도 한다. 그러나 전통적인 효는 효의 본질적인 가치보다는 그 적용상의 이데올로기성이라고 볼 수 있다.

기존의 효에 대한 가족 윤리가 퇴색됨에 따라 가정이 보금자리로서의 제 역할을 다하지 못하고 붕괴되고 있다. 즉, 포스트모더니즘 시대의 자유와 평등사상을 교육 받은 신세대들은 효에 대한 인식이 갈수록 약화되고 있다. 기존의 효사상 체계는 권위적으로 순종과 복종을 강요하며, 당연시하기 때문에 신세대들에게 고루한 것으로 인식되어 거부되고 있다. 더구나 젊은이들은 서구지향적인 것이 발전이라고 보고 있다. 현실이 이러함으로 국가에서는 가칭 '효행장려 및 지원에 관한 법률'을 제정하여서 위기의 우리사회를 치유하고자 새로운 효문화 정립 확대방안을 모색하려고 시도하였다.

효는 부모가 자식을 사랑하고 자녀는 부모에 대한 공경과 순종이다. 따라서 부모에 대한 자녀의 도리이고 그 도리의 본질은 사랑과 존경이다. 따라서 『효경』에서보면 공자는 자기의 부모를 사랑하지 않은 사람이 어떻게 다른 사람을 사랑하지 않고 다른 사람을 사랑하는 것을 패덕이라고 했으며, 자기의 어버이를 공경하지 않고 다른 사람을 공경하는 것을 "패례(悖禮)"라고 하였다. 이는 효에 대한 가장 본질적인 내용을 알려 주고 있다. 부모를 사랑하고 존경하려는 심성이 근본이며 본질이다. 또한 부모를 존경하고 사랑해야 사회에 나가서도 타인을 진정으로 존경과 사랑으로서 인간관계를 맺을 수 있다고 본다. 즉, 부모와 자녀 사이에 존경과 사랑의 효가 이루어지는 가장 본질적인 것이다.

공자는 어버이에 대한 효를 물질적인 봉양으로 만족하다고 생각하는 사람들에게 부모에 대한 존경심이 있어야 진정한 효행이라고 하였다. "요즘의 효라는 것은 부모를 물질적으로 봉양할 수 있는 것을 말한다. 그러나 개나 말조차도 모두 먹여 살리기는 하는 것이니, 공격하지 않는다면 짐승과 무엇으로 구별 하겠는가"라고 했다.

2. 한국인의 효사상과 정신문화

1) 전통사회의 효문화

우리 조상들은 옛날부터 부모에게 효도하고, 이웃어른을 공경하며 형제간에 서로 우애 있게 지내는 것을 바람직한 미덕으로 여겼다. 선조들은 가족 간의 관계와 마을 공동체 그리고 더 나아가서 나라를 다스리는 근본적인 질서를 경로효친에 근본을 두고 인정미가 흐르는 공동체 의식 속에서 살아왔던 것이다. 또한 우리 민족은 어질고 생명을 살리기를 좋아하며 천성이 부드러워 군자가 죽지 않는 나라라고 한다.

우리민족은 역사적으로 볼 때에 부모를 한 몸처럼 사랑하고 공경하는 미덕을 아름답고 훌륭한 행동으로 여기며 살아왔다. 효의 본질을 물질에 두지 않고 부모 섬기는 공경으로 효성스러운 마음과 행동에 있다. 마음(心)이 세상을 만든다고 하는 말이 있듯이 어떠한 일을 하려고 할 때는 마음이 먼저 정해져야 한다. 어머니 몸속태중에서 자라 이 세상의 인간으로 태어나기까지 한없는 사랑과 또 태어난 뒤에도 바른 길로 인도하여서 홀로 살아갈 수 있도록 보호해 주신 부모님의 사랑을 헤아려 보는 마음이 내 마음속에 확고히 자리 잡아야 할 것이다. 오로지 자식이 잘 되기만을 바라며 건강하게 자라도록 바라는 어버이의 마음을 신뢰하고, 이를 바탕으로 부모님을 섬기고자 하는 마음은 솟아오르고, 이러한 마음이 행동과 실천으로 나타날 때 진정한 효라고 할 수 있다.

『효경』에서 이전보다 효의 중요성을 강조하여 모든 덕행을 효에 종속시키는 것을 보여주는데, 효 덕행의 근본이고, 가르침은 여기서 나온다. 또 『효경』에서는 공자처럼 예와 경을 중요시 여기는데, 자신의 어버이를 공경하지 않고 다른 사람을 공경하는 것을 패례(悖禮)라고 한다. 효자가 어버이를 섬김에. 평상시에는 부모에게 지극히 공경해야 한다. 살아서는 애경(愛敬)으로 섬기며 죽어서는 살아있을 때의 뜻을 갖추어야 효자가 부모님 섬김을 다했다 할 것이다. 라고 하여 부모를 섬김에는 반드시 예와 경을 함께 할 때 비로소 효행을 다 하였다고 할 수 있다. 특히, 공자와 맹자는 인의 근본으로 효와 함께 제를 들었다.

『목민심서』에 보면, '양로(養老)의 예(禮)'를 없애면 백성들이 효심을 일으키지 않게 될 것이니 목민관(牧民官)인 자는 이러한 예를 시행하지 않으면 안 된다. 재력이 부족하면 참석 범위를 좁혀서 80세 이상만을 선발한다. 양로의 예에는 반드시 좋은 언어를 구하는 절차가 있으니, 백성들의 폐해와 고통을 물어서 예에 맞추어야 한다. 예법에 의하여 절차는 간단하게 하고, 이를 향교에서 시행하도록 하며, 옛날부터 훌륭한 사람들이 이를 닦아서 시행하여 이미 상례가 되었으므로 그 남은 것이 아름답다. 노인을 우대하는 혜택을 베풀면 백성들이 노인 공경할 줄 알 것이다. 섣달그믐 이틀 전에 노인들에게 음식물을 돌려야 한다고 하였다.

이와 같이 옛날부터 '양로(養老)의 효'는 인정(仁政)의 근본정책으로, 양로의 효도가 잘 행해지면 밝은 사회가 이루어져서 국가 발전을 이룩하게 되며, 양로원 운영이 잘되고 정치를 잘 하고 있다는 증거가 되는 것이다.

효는 '부자자효(父慈子孝)'라는 원초적 관계로부터 출발한다. 이는 효가 부모-자식 간의 인간애의 관계를 말해 주며, 부모와 자식 관계는 순수한 인간본연의 사랑이 주고받는 관계라고 말할 수 있다. 이러한 효는 부모와 자녀가 사랑을 드려 주고받는 사랑으로 협동하여 가정을 화목하게하고 발전시켜서 세대를 이어가는 원동력이 된다. 이러한 부모-자식 간의 사랑의 협동은 나아가서 형제애와 민족애 그리고 더 나아가 곧 인류애로 확대될 것으로, 본 연구에서는 현대의 다종교 시대에 처해진 유교, 불교. 기독교의 효를 절충해서 살펴보려고 한다.

유교에서의 사랑은 인간의 마음속에 간직된 핵심적인 덕성이지만, 근원은 하늘이 만물을 낳고 기르는 마음이다. 따라서 '인(仁) "이란, 하늘이 인간과 만물을 낳고 살리려는 사랑의 근본 마음은 범위가 커서 미치지 않는 곳이 없으므로, 사람이 인을 실현하는 것 또한 범위가 한정될 수 없다.

불교의 보살행(菩薩行)은 동체대비(同體大悲)의 자리이타(自利利他) 사상에 있다. 근본은 자비심이요 자비심의 원천은 공경심이고, 그 최초의 인간관계인 부모와 자녀간의 효순심(孝順心)에 근원한다. 인간은 태어나기가 어렵다고 보는 불교에서는 연기법에 의해서 부모를 만나므로 효순심을 깨달음으로 근거와 바탕으로 보기도 한다. 그러므로 인간으로 태어난 은혜를 알고 충실히 살아야하는 소중한 존재임을 알아 보은을 하는 첫 단계가 효라는 것이다. 이처럼 불교의 효사상은 은혜를 발견하고 은혜에 대한 보은행(報恩行)에서부터 출발한다고 볼 수 있다.

기독교적 효의 근거는 성경 전체에서 여러 모습으로 드러나 있다. 순종이란 무조건적인 복종을 의미한다. 종교적 순종은 일반 가정과 사회에서 말하는 순종과는 구별할 필요가 있으나 효의 실천 영역에서의 순종은 종교적인 차원과 같다고 본다. 따라서 기독교적인 순종의 효는 신과 인간과의 사이를 보다 긴밀히 연결한 뿐만 아니라 순종함을 통해서 신양심이 고양되고 인격이 함양된다. 고 볼 수 있다. 기독교적 '순종의 효'는 하나님께 인간 전부를 신탁하는데서 비롯된다. 순종의 효는 하나님의 독생자인 예수그리스도가 인간의 몸으로 이 땅에 와서 성부(하나님)의 뜻에 따라 구원사역의 완성을 위하여 십자가 죽음도 기꺼이 받아들인 그 모본(模本)을 찾아 볼 수 있다. 예수의 십자가의 고난은 모든 세상의 죄를 대속하기 위한 하나님의 계획이셨고, 인류구원을 위한 사랑의 실천이라고 한다.

2) 현대사회의 효문화의 변화양상

우리사회는 그동안 많은 변천의 과정을 거쳤다. 그러나 우리사회 속에 여전히 심층적으로 내면화되어 있는 효의식과 잠재성의 가능성은 변함없이 표현되는 한국의 전통적 가치임에 틀림없다. 그러므로 현대에서도 전통적인 효의 사상과 그 정서는 계속적으로 이어져야 할 보편적인 가치로 발전시켜 가야할 것이다. 따라서 우리세대가 당면한 가치관의 혼란과 가치덕목을 무지에서 올 수도 있고 많은 가치관의 선택적 어려움도 있으며, 조화의 능력 부족 또한 크다고 볼 수도 있다.

그러나 눈앞에 보이는 이해관계에 따라 선택된 가치관을 주장한다면 우리의 뿌리를 상실하게 된다. 또한 효는 우리전통 사상을 계승한 유교적인 전통과 결합되면서 본질을 벗어나 여성에 대한 규제로 이어져왔다. 조선시대에는 유교적 사상과 가부장제를 만들어서 여성들을 억압하는 법과 규정을 만들어 교육하였다. 여성들은 공식적인 교육을 받을 수도 없었고 사회참여 할 수 있는 기회도 주어지지 않았다. 따라서 재가 금지법(禁止法)을 제정하여 혼인의 자유를 규제하여 효와 열(烈)을 강조하며 가정 내에서 여성의 희생을 강요하기도 하였다.

한국의 교육사상가인 이이(李珥, 1536-1584)는 청소년 교육을 위하여 지은 『격몽요결(擊蒙要訣)』「사친장(事親章)」에서 어버이를 섬기는 것, 효도하는 것이 매우 중요함을 강조하였다. "사람이 자식으로 태어남에 생명과 혈육이다 어버이의 주심이요, 기운과 맥박이 서로 통하니, 자신은 내가 아니고 부모가 주신 기운" 으로 효와 윤리는 부모와 자식 간의 가족윤리로 국한되는 것이 아니라 '참된 인간의 근본' 으로서 '정치와 교화의 근원' 으로 확대되기도 하였다. 따라서 인간이 가장 귀중한 존재라고 할 수 있는 것은 효를 행하기 때문이며 부모가 주신 생명이 그 기운과 맥박이 서로 통하니 천륜(天倫)이라고 하는 것이다.

효의 잠재의식과 가능성이 우리사회에 내재되어 있는 가치임에도 과거의 전통적인 효가 과연 오늘의 우리사회에 주는 시사점은 무엇인가이다.

전통적인 효는 사회적인 정의와 규범적으로 다분히 강요성을 내포하고 있어 현대적인 사회인들에게 저항감을 불러일으키게 된다. 따라서 이러한 효의식이 규제적이고 강압적인 문제에만 국한될 것이 아니라 가치관의 합리적인 목표 개념으로 정립해야 할 것이다. 부모와 자녀 간에 사랑과 천륜(天倫)은 자유롭고 공평한 관계에서의 박애주의와 같은 개념을 지을 때 부모의 자식에 대한 사랑과 자녀가 부모님에 대한 효도가 다분히 규제적이거나 의무적인 것으로 생각하지 말고 인간의 진실한 가치관으로 보는 과점이 필요한 사회로 변하고 있다.

3. 현대인의 효의식의 급진적 변화

현대의 민주주의는 인간에 대한 자유와 평등 그리고 개인의 권리를 주장하는 경향으로 나타나고 있다. 자본주의 가치적인 체계는 인간으로 하여금 물질중심으로 사고를 갖게 함으로써 인간의 정신을 점점 황폐화 시켰다. 또한, 극도로 발달한 과학문명은 삶의 방법을 변화시켜 여러 형태의 삶의 양태를 만들어내었다. 과학문명은 인간으로 하여금 편리하고 실용적이며 수직적인 삶 보다는 수평적인 삶의 가치를 지향하도록 이끌어 왔던 것이다.

인간관계에서 갈등과 소외감은 바로 존경과 사랑이 결핍된 결과이며, 사랑과 존경이 결핍된 대인관계는 불통의 결과를 가져왔다. 효의 본질적인 측면에서 볼 때 전통적인 효교육이 부모를 향한 자녀의 일방통행적 효행을 강조했던 것과는 달리 미래 지향적인 효는 자녀에 대한 규범적인 의무만이 아닌 자녀를 향하는 부모의 역할과 사랑이 전제되어야 한다.

전통가정에서 효교육과 현대적 가정에서의 효교육은 본질적 측면에서 변함이 없다. 그러나 시대의 흐름이 사회의 구조적 변화에 따라 불가피하게 대두되는 효교육의 방법과 그 실천방법은 변화를 거듭해 왔다고 볼 수 있다. 가장 중요한 것은 효의 가치관이 이론에 그치는 것이 아니고 단순한 통치적인 이데올로기는 더욱 아니다. 유가(儒家)에서 중요시한 덕목중 수신제가치국평천하에서 무엇보다도 공자는 선순위로 수신(修身)을 말하고 있다. 그 다음이 제가(齊家)이고 마지막이 비로소 평천하(平天下)이다. 그러므로 수신과 제가가 이루어지지 않은 상태에서 평천하를 이루겠다는 것은 역주행을 하겠다는 것과 같은 논리이다. 따라서 공자는 무엇보다도 극기복례(克己復禮)를 강조하였다. 공자는 시경, 서경, 춘추, 주역 그리고 예(禮)와 악(樂)에 대해서도 두루 섭렵하는 학문적인 수련과정을 거쳤던 것이다.

1) 효의 현대적 적용을 저해하는 요인

우리의 고유사상인 효사상을 계승하지 못한 오늘날 우리 사회가 가치관이 붕괴되고 비인간화로 인해서 반인륜적인 사회병폐 현상을 회복하기 위해서는 효의 현대사회적인 적용이 절대로 필요하다. 그렇다면 현대적인 효적용을 저해하는 요인이 무엇인지 먼저 살펴보자.

전통적인 효 개념 속에서 지나친 형식화가 효의 기본정신에 따른 행동보다 비합리적이고 비정상적 행동을 효행이라고 만들어 행하여 왔기 때문이다. 지나친 형식적인 효를 잘 나타내고 있는 몇 가지 사례를 살펴보면 살아생전 부모님에 대한 효보다 사후의 부모나 조상에 대한 효를 더 중요시한 지나친 장례문화와 제례문화를 볼 수 있다.

한국의 효도는 살아서 보다 죽어서 한결 더했다. 상. 장례로 효의 연장이기도 하지만 부모 생존시에 섬기는 효가 더 중요하다. 부모상에는 여막을 짓고 3년 동안 수묘(守墓)하는 습속이 보편화되었다. 비록 3년 여막살이를 하지 않는다하더라도 거상(居常)동안에는 소금, 간장, 술, 담배, 고기 등을 금지하였다. 또 거상 중에 머리를 빗거나 이를 잡아서도 안 되었다. 이러한 전통적인 효의식과 형식을 지나치게 강조하는 이러한 점들이 현대인들에게는 효 자체가 부담스럽고 오늘날의 도시화와 현실 사회에서 부적합한 덕목으로 인식할 수밖에 없도록 만들었다.

오늘날에 효의 적용을 위한 특수한 상황과 행동에 초점을 둔 전통적인 효의식과 효행을 강조하고 현대사회의 특성을 배제한 효행설화 속의 효자들이 처한 가정환경은 편모 또는 편부를 모신 불오한 형편이었다. 이러한 가정환경과 극단적인 상황 속 주인공은 비범한 선택적 행동으로 효를 행하고 있다. 오늘날의 시점에서 보면 효행이라기보다는 사회적인 물의를 일으킬 수 있는 행동들도 효행으로 칭송되는 실정이다. 효행사례 중에 부모님의 병, 혹은 굶주림을 해결하기 위해서 극단적 행위인 자신의 손가락을 자르거나 살을 베어서 부모를 봉양하는 할고단지(割股斷指)를 최고의 효행으로 칭송한 것이다.

효가 객관적이 아닌 맹목적으로 강요된다는 점이다. 수직적인 인간관계에서 전통적인 효는 가정의 질서 안에서 부모에 대한 순종과 권위에 대한 복종만을 강요받고 성장한 자식들은 자주적, 독립적인 성격을 형성하지 못하고 또 다른 사회집단에서도 권력 있는 자에게 과잉 충성하게 된다는 점이다. 이러한 가부장적 효사상은 부자간의 철저한 수직적 상하질서에 기초하고 있다. 그러므로 우리사회의 전통적 효를 현대사회의 문제를 해결하는 사회적인 덕목으로 회생시키기 위해서는 전통적인 효의 개념을 부정적인 요소들 즉, 효 정신의 본질과 거리가 먼 지나친 형식주의, 그리고 전통적 효행설화 등을 소개하는 방식에서 벗어나 새로운 사회의 변화에 맞게 재정립하려는 체계적인 연구와 노력이 필요하다.

2) 사회변화에 따른 효의 현대적 의미

오늘날 현대사회는 전통사회가 농경생활을 중심으로 한 봉건적이고 수직적인 문화를 특징으로 한다면, 현대사회는 정보화 사회이면서 민주주의 평등과 윤리를 보편적인 가치로서 수평적인 무화를 특징으로 하고 있다. 따라서 현대시대의 효 개념이 전통사회에서 이어오던 개념과는 아주 다르게 현실적으로 정립되어야 한다. 전통사회에서 효 개념은 무조건적이었지만 현대적인 효 개념은 합리적이고 호혜적이어야 현대사회의 흐름과 일치하는 것이어야 한다. 현대사회의 변화에 역행하는 것이어서는 안 되며, 전통적인 효 개념을 현대사회가 원하는 가치와 부합하는 합리적인 효를 다음과 같이 제시해본다.

첫째, 부모와 자녀 간의 관계가 권위주의적이고 일방적인 형태에서 상호 존중하는 형태로 변해야 한다. 전통사회에서 부모와 자녀의 우호적인 과계 속에서 부모 자녀 사이의 윤리는 유지될 수 있다고 본다. 즉 이러 관계에서도 효의 기본적인 부모에 대한 존경과 사랑의 책임성은 실행될 수 있다는 것이다. 효의 덕행은 상호 존중하는 쌍방향으로 이루어 질 때 안정되게 실행될 수 있는 것이다.

둘째, 효행은 정의롭게 이루어져야 한다. 의는 정의이고, 사람마다 마땅히 해야 하는 것이며, 당연히 해야 하는 책임이며 예의 본질이고, 예는 사람이 특정신분이나 사회에서의 교제규범이며, 예의를 갖추어야 인간으로서 관계가 원만하게 이루어 질 수 있다고 할수 있다. 효도는 부모를 잘 섬기는 것이다. 효행은 반드시 역시 예에 따라서 행해져야 한다.

또한 자녀는 부모가 불의한 점이 있으면, 부드럽게 간(諫)하여 불의에 빠지지 않도록 해야 할 것이다. 따라서 자녀의 간절한 간언은 바로 사랑의 마음에 기초한 하나의 정의감의 표현이다.

셋째, 효는 자연보호의 의미도 포함한다. 인간이 뛰어난 인재라하더라도 자연환경 없이는 살아갈 수 없다. 인간이 살 수 없는 환경에서는 인간의 도덕 윤리는 아무런 가치가 없는 것이다. 따라서 모든 행위의 근원인 효를 자연환경과 연관 지은 것은 매우 적절하다고 할 수 있다.

효는 본래 부모와 자식이 서로를 아끼고 위하는 원초적 사랑이다. 이러한 마음은 다른 사물을 몹시 소중히 여기고 불쌍히 여기는 씨앗으로 존재하기 마련이다. 성경에 보면 인간의 영혼이나 정신뿐만 아니라 온 우주가 하나님의 구원의 대상이며, 자연도 구원의 대상이다. 인간의 영혼은 물론 온 자연 온 우주가 하나님의 사랑하는 피조물이라고 하여 자연과 만물이 있음으로써 인간이 기쁨을 누릴 수 있었고 자연을 보호하고 지켜야 할 의무도 있다.

넷째, 효행은 정직함이 바탕이 되어야 한다. 다섯째, 부모님의 기대감에 어긋나지 않도록 몸가짐에 충실 하는 것이 효도이다. 여섯째, 부모와 자식 간의 의사소통의 시간을 자주 갖는 것이 효도이다. 부모와 자식이 서로 다른 의견은 경청하며 상대방의 의사를 존중한다면 얼마든지 해결할 수 있을 것이다.

아버지는 자녀가 무엇을 원하는지 헤아리고, 자녀는 아버지의 힘들고 지친 심정을 헤아릴 수만 있다면 얼마든지 사랑이 넘치는 가정이 될 것이다. 서로가 마음공부를 해야 한다. 이처럼 부모와 자식 간의 소통의 시간을 자주 갖게 되면 합리적으로 이해하게 되고, 효도하는 마음이 더욱 깊어져서 자연스러운 부자자효(父慈子孝)의 모습으로 나타날 것이다. 따라서 현대사회의 인간존중 정신과 일치하며, 동서양을 막론하고 가치가 있는 사회적인 덕목으로 강조된 효의식을 되살려서 우리사회가 겪고 있는 갈등과 분열, 그리고 패륜현상들을 치유할 수 있을 것이다.

4. 효정신과 노인(부모)부양 문제

1) 효정신과 가족

효도(孝道)는 사랑하고 공경하는 일이다. 동북아 사상사에서 효사상(孝思想)은 일찍이 인류시원 사상으로 자리매김한 바 있고, 자기 부모를 사랑하듯 다른 사람의 부모도 사랑하면 사랑의 극치를 이루게 될 것이며 자기 부모를 공경한다면 공경의 최상이 될 것이다. 전통적으로 우리는 자녀들의 효도를 말하기 이전에 부모들의 자애를 언급했다. 이른바 부자자효(父慈子孝)를 말한다. 효란 부모의 자애와 보살핌에 대한 보은 성격이 강했다. 어버이의 무조건적 사랑에 대한 보답이었던 것이다. 사람의 자식이 되어서는 효로써 다하여야 하고 사람의 아비가 되어서는 예로써 다하여야 한다.

가족이란 모든 사회의 가장 핵심적인 제도로서 사람은 출생과 함께 가족구성원이 되며, 가족의 울타리 속에서 성장하고 발전하게 된다. 자녀가 성장하여서 결혼 하고 아기를 낳게 되면 가족 내에서 조부모와 손 자녀 관계가 성립된다. 이렇게 손 자녀와 조부모관계가 형성되어 사람들이 경험하는 것이 친족관계이다.

사람이 태어나서 최초로 상호작용하는 대상은 가족이며, 성장하고 사회에 적응해 나가는 과정에서 가족 구성원들과 끊임없이 영향을 주고받게 된다. 가족관계에는 부부관계, 모자관계, 부자관계, 모녀관계, 고부관계, 조곤관계 등 다양한 관계가 존재하며 이 관계들은 상호 역동적인 관계를 갖는다. 이러한 서로의 관계는 가족구성원의 성, 가족생활주기, 가족관계, 틀의 기초 하에서 가족의 권력이나 의사소통 그리고 친밀감에 의해 다양한 형태의 행동이 나타난다. 이는 고정된 형태가 아니라 계속 변화하는 형태로 체계적인 특성을 갖으며, 하나의 관계는 다른 관계에 영향을 주고받으면서 효정신이 싹트게 되는 것이다.

2) 노인(부모)부양

노인부양이란 사람들이 노화로 인하여 육체적, 정서적, 경제적인 생활의 어려움을 도와주기 위한 여러 영역에서의 활동을 의미한다. 경제적 부양은 노년기에 생계와 건강유지, 여가활동, 나아가서는 자아실현과 관련된 활동을 수행할 수 있도록 경제적인 지원을 통하여 경제적 자립을 도와주는 것이다. 그리고 노인부양은 국가나 사회의 정치적, 경제적, 문화적 사회배경과 개인의 신체적 심리적, 사회적 요인들이 고려되어야 하면, 이와 같은 배려는 노인의 심리적 정서적인 안정에 기여할 것이다. 노인부양의식은 부모에 대한 의무, 보호 부양과 경제적 지원을 포함하는 전반적인 자녀의 성숙된 부양태도 또는 노부모를 부양하고 보호하려는 의무와 의지로 정의하고 있다. 따라서 부양의식에는 의무감과 사회도덕 가치와 의지력 등의 개념이 모두 포함되어 있다는 것을 알 수 있다.

박영자의 연구에 의하면, 부모님과 동거하지 않는 이유로는 '부모님이 원하지 않으셔서'라고 응답한 경우가 31.5%로 가장 높게 나타났으며, 가장 바람직한 부양 형태는 자녀와 별거하면서 자녀도 움 없이 부모님 스스로 경제적으로 자립하는 형태가 36.7%로 가장 높았다. 또한 노인부양에 가장 많은 영향을 미치는 것은 가족 간의 화목이라고 응답한 경우가 29.2%로 가장 높고, '노인부양의 가장 큰 이유'는 자녀로서의 책임감과 의무감이라고 응답한 경우가 46.9%로 가장 높게 나타났다. 그리고 부모님이 장기요양이 필요할 경우에는 '주로 내가 보살피고 힘이 미치지 않는 부분은 간병서비스를 이용하겠다.'고 응답한 경우가 54.6%로 가장 높게 나타났으며, 다음은 '요양시설이나 노인 병원을 이용하겠다.'고 한 경우가고 한경우가 33.7%로 나타났다. 따라서 우리사회는 아직도 효의식이 강한 것으로 볼 수 있으나, 노부모부양의식에 있어서 일방적인 부양보다 상호적인 부양을 선호하는 것으로 달리고 있을 뿐만 아니라 앞으로 경로효친 사상은 당연히 자녀가 부모를 모셔야 된다는 효 의식이 점차 줄어들 것이다. 또한 부모부양의 형태도 다양하게 나타날 것이다. 앞으로 가족이 노인부양을 전담하여 책임지기에는 한계가 있으므로 국가와 사회의 적극적인 개입이 요청된다고 할 수 있다.

5. 부모부양을 통한 효 실천방안

공자는 세상에서 인간이 제일 귀중한 존재임은 인간이 효행을 하기 때문이라고 보았다. "천지의 성품 중에서 인간이 제일 귀하고, 인간의 행실 중에는 효도보다 큰 것이 없고, 효도 중에는 아비를 공경하는 것이 제일 크고, 아비를 존중하는 것의 가장 큰 표현은 바로 그를 하늘과 같이 여기는 것이다."

부모를 사랑함이 비록 천성에서 출발하나, 부모를 공경하는 효행은 후천적인 교육이 있어야 한다. 맹자는 사람이 태어나면서 부모를 사랑하고 형제간에 우애하며 웃어른을 섬기는 양지(良知)와 양능(良能)을 가지고 있다고 하였다. 이처럼 사람은 후천적으로 양지와 양능을 더욱 확충 발달시켜서 인의예지의 덕행을 드러내어야 자아실현을 할 수 있는 것이다. 그러므로 맹자는 백성의 교육에 대해서 매우 중시했고, 특히 효제(孝悌)의 의미를 상세히 언급하였다. 그는 학교의 가르침을 따라서 효제의 뜻을 펼치면, 머리가 반백이 된 자가 도로에서 짐을 지거나 이지 않을 것이다. 라는 말로 교육의 중요성을 역설하였다. 이처럼 부모의 사랑에 대한 감사의 마음으로 효행을 실천하기 위해서는 무엇보다도 교육이 필요하고, 그중에서도 가정·학교·사회의 교육이 적절히 조화를 이루어야만 그 효과를 극대화 할 수 있을 것이다. 그렇다면 어떻게 효를 가정이나 학교 그리고 사회에서 실천해야 하는지를 논의해 보고자 한다.

1) 가정에서의 효 실천방안

가정에서 부모는 자녀에게 자애를 베풀어야 하고, 자녀는 부모에게 효로써 보답하는 호혜적인 관계를 갖는다. 그리고 형제자매 간에 있어서는 횡적(橫的)사랑이 이루어지는데 이것을 우리는 우애라고 한다. 가정에서 효가 강조되는 것은 뿌리공동체로 효가 윤리의 기본적 개념이기 때문이다. 가정에서 효 교육을 위한 방안으로서 우리조상들의 아름다운 전통 속에 자리 잡고 있는 효 정신을 이어

받고, 아울러서 현대적인 효 교육을 함께 제시해 보려고 한다.

첫째로, 우리 조상들은 가정에서 효 교육의 시발로 격대교육(隔代教育)을 중요하게 여겼다. 이는 조부모의 지혜를 통해서 어려서부터 사람 됨됨의 도리를 배우게 하는 것이다. 둘째로, 우리 조상들은 부모의 삶이 주는 교훈 중 후손들에게 가르침이 될 만한 것들을 글로 남겨서 돌아가신 분의 생전의 행적(行蹟)을 기록한 행장기(行狀記)를 통해서 가정에서의 효 교육을 실시한다. 셋째로, 가족화목의 근간이 되며 사랑과 존중이 가족 간의 도리인 수족지애(手足之愛)가 있다. 우리 조상들은 형제를 내 몸같이 아끼는 것이 가족화합의 기본이며 당연한 윤리라고 여기도록 한다. 또한 조선 후기의 학자 이덕무(李德懋)(1741-1793)의 『청장관전서』에서도 일상생활에서 지켜야 할 형제간의 예절과 규범을 기록하고 있는데, 형제사이에는 사사로운 재물로 우애가 깨져서는 안 된다고 한다.

따라서 분명한 것은 건전한 가정에서 건강한 자녀가 나온다는 엄연한 사실이다. 자녀는 부모님에게 고마운 마음을 가질 때에 올바르게 성장한다. 그러기 위해서는 자녀들에게 고마운 마음을 느끼게 하는 부모가 되어야 할 것이다. 자녀에게는 애정을 쏟을 뿐만 아니라 모범을 보이는 부모가 되어야 할 것이다. 부모님께 효도하고 웃어른을 공경해야 한다는 교육과 함께, 효행을 몸소 실천하고 웃어른을 공경하는 그러한 모습을 보고 자라난 자녀들은 효행이라는 덕(德)을 체화(體化)하여 실천에 옮긴다는 사실이다. 이렇게 되면 우리사회는 살기 좋은 사회 살맛나는 사회로의 이상적인 대동사회의 모습을 구현하게 될 것이다.

2) 학교에서의 효 실천방안

학교에서의 인성교육은 학습자의 바람직한 품성 발달을 학교에서 의도적 노력의 과정으로서 천천히 내면 깊은 곳에서부터 이루어진다는 생각의 변화이고, 행동의 변화이다. 단기간의 노력으로 변화와 수치를 가늠할 수는 없으며, 이미 형성된 인성을 변화시킨다는 일은 어려운 일이다. 그러나 경노효친(敬老孝親)의 주제를 가지고 기본생활습관을 형성하도록 해 주고, 더불어서 살아가는 삶을 일깨워주면서, 내면에서 우러나온 부모님 사랑에 대한 보은의 마음이 효행을 실천하도록 다양한 효 교육프로그램을 체계적이고 지속적으로 운영할 수 있는 효 교육방안을 살펴본다.

첫째는 효 동아리 조직 및 운영을 활성화 한다. 둘째는 효경(孝敬)의 날 운영을 통한 효실천을 하도록 한다. 셋째는 내 고장 효 유적지 방문을 통한 현장체험학습이다. 효란 말이나 글로써 이루어지는 것이 아니라 인식과 행동의 변화에 역점을 두어야 하기 때문에 현실적이고 지속적으로 실천하는 효행방법을 찾아본다. 넷째는 교육과정 중심의 효교육 실천 방안으로는 도덕, 국어, 사회, 기술, 가정, 체육교과와 같은 기본교과를 중심으로 교과 협의회를 통해서 효 관련 단원을 월 별 지도 계획을 세우고 지도한다. 다섯째는 시도교육청에 효전담장학사를 배치해서 효 교육을 강화한다. 효 전담 장학사는 효 전용 홈페이지를 개설하여서 효 교육을 체계적이고 지속적으로 교육해 나가기 위한 다양한 프로그램 개발과 보급에 앞장서야한다. 여섯째는 모든 교과의 우선순위를 도덕, 윤리과목에 둔다. 그리고 시간 배정도 현 교과과정을 대폭 늘린다,

3) 사회에서의 효 실천방안

오늘날 한국 사회는 조국이 광복된 이후로 서양식의 자유민주주의에 기초한 가치체계의 무분별한 소용과 우리의 전통적 가치관의 급격한 붕괴로 많은 갈등과 혼란이 야기되고, 경제 발전과 함께 물질만능주의와 이기주의 등의 팽배로 도덕적 가치관이 몰락의 위기에 처해 있다. 이러한 사회의 변화는 전통윤리에 대한 가치관의 혼란을 초래하였으며 새로운 윤리에 대한 가치체계의 정립이 되지 않아 청소년 문제 등 심각한 사회문제를 일으키는 원인이 되고 있다. 또한 사회 구성원 모두 효에 관심을 갖고 효행을 실천해야만 가정, 학교, 사회에서의 효 교육이 삼위일체로 조화를 이루게 되고, 그럼으로 호행 교육효과를 극대화 할 수 있을 것이다. 따라서 우리의 전통적인 효 사상이 더욱 절실히 요구되는 시대적 사명 인식을 갖고 국가가 적극적으로 이를 현실에 적용시키려는 자세와 신념을 통해서 사회적으로 효를 확산 보급 시키려는 분위기가 조성되어야 할 것이다. 이러한 측면에서 다음과 같은 사회에서의 효 실천방안을 제안한다.

첫째로, 효 관련 콘텐츠 개발이다. 한국 전통적인 효 사상에서 전해져오는 아름다운 효자와 효녀, 그리고 효부에 대한 이야기들을 재미와 감동이 있는 한편의 드라마로 구성해서 이를 적극적으로 활용한다. 둘째로, 모든 대중매체가 여러 가지 방법으로 진정한 삶의 의미가 무엇인지를 제시하고 홍보한다. 셋째로, 현대사회에서의 효 교육을 효과적인 방법으로 추진하기 위해서 절실히 요구되는 것은 사회 각 분야에서 책임지고 업무를 수행하여 나가는 사회지도층 인사들의 솔선수범이 무엇보다도 중요하다. 넷째로, 효를 실천할 수 있는 사회적인 분위기 진작을 위해 강력한 효치(孝治)가 필요하다. 다섯째로, 효행 자에게는 대학입시에서나 취업 시 다양한 방법으로 혜택을 주는 것이다. 대학입시에서 학교가 신입생을 성적위주로 뽑는다면 고교교육은 성적기계로 키우게 된다. 이러한 부작용을 막고 성적중심의 선발에서 다양한 잠재력과 소질 및 특성 그리고 인성을 존중하는 새로운 선발방식인 입학사정관제의 도입을 확대하여야 한다. 세상을 바꾸는 것이 쉽지는 않지만 일상에서 자신이 처한 상황을 좌절하지 않고 바꾸어 나가는 사람들의 힘이 모여서 곧 세상을 바꿀 수 있는 것이다. 그것은 효행 교육을 통해서 가능하다고 보며 그만큼 중요한 사명 이라고 할 것이다.

6. 부모부양을 통한 효의식 고양을 제고하며

효(孝)는 자식이 부모에게 행하는 도덕적 의무이다. 이 효행은 동양의 유교 문화권뿐 아니라 다른 문화권에서도 보편적으로 행해지는 윤리도덕이다. 고대에서 현대에 이르기까지 유교의 효는 동아시아에서 근원적이며 절대적인 가치로 기능하였다. 또한 효의 윤리가 우리사회와 정치, 문화에 걸쳐서 영향을 미치지 않는 곳이 없었다.

효는 사상이 이론적으로 체계화된 것은 우리고유사상에서 비롯한 공자로 부터 시작되지만, 효의 뿌리는 그 이전부터 이미 있었다고 한다. 고대 중국의 종법사회에서 효는 국가의 정치적 차원에서 행하여지던 통치자들의 조상숭배였었다. 그러다가 춘추전국시기 공맹에 이르러서 효는 개인의 윤리적 효로 현실화되었고, 일반적으로 효라고 하면 부모에 대한 경제적 봉양을 떠올린다.

효는 "부자지효(父慈子孝)"라는 원초적 관계로부터 출발한다. 이는 효가 부모와 자식 간의 인간애의 관계이고, 부모와 자식 간에는 순수한 인간 본연의 사랑이 오고 가는 관계라 할 수 있다. 공자는 효에 있어서 경제적 봉양은 당연하고 거기에 공경심을 더하였다. 그래서 부모의 입과 몸을 봉양하는 것보다 뜻을 봉양하는 것을 더 중시하여, 공경심은 효를 행하는 본질이 된 것이다. 부모에 대한 의무와 윤리는 어느 시대, 어느 문화권이건 공통적으로 다 행하여지지만 유교의 효는 살아계신 부모뿐만 아니라 돌아가신 부모와 조상까지 거슬러 올라가서 행하여진다.

아직도 효가 시간적으로 확대되는 종교적 영역에서는 제한적으로 그 의미가 살아있다. 유교가 효를 중요시하는 의도는 부모에 대한 자식의 마음 바탕이 안 되면, 아무리 사회적으로 훌륭한 인물이 되고 싶어도 될 수 없다는 것을 말하려는 데 있다. 현대사회에서 가(家)의 규모가 축소되고 다양한 형태의 가족이 출현하더라도 가족의 가치와 자신의 존재를 인정하는 한 유교적인 그 메시지는 의미가 있을 것으로 본다.

전통적인 효행의 문제는 현재의 시점에서 보면 효행이라기보다는 사회적인 물의를 일으킬 수 있는 행동들도 효행으로 칭송되고 있다는 점이다. 전통적인 효의 부정적인 요소는 효의 본질과 거리가 먼 지나친 형식주의와 전통적 효행설화 들을 소개하는 방식에서 벗어나야 한다. 즉, 새로운 사회의 변화에 맞게 효의 정신을 재정립하려는 체계적인 연구와 노력이 필요하다고 본다.

따라서 동서양을 막론하고 사회적으로 가치 있는 사회적 덕목을 강조하여 현대사회의 인간존중 정신과 일치하도록 해야 한다. 더 나아가 우리 고유의 효의 정신을 되살려서 현사회가 겪고 있는 갈등과 분열, 그리고 패륜 현상들을 치유할 수 있어야 한다. 도한 부모부양의식도 일방적인 부양보다 상호적인 부양을 선호하고 있다. 당연히 자녀는 부모를 모셔야 된다는 효 의식이 점차 줄어들고 부모 부양의 형태도 다양하게 나타날 것이므로 이러한 사회변화에 알맞게 효의 정신을 재정립할 필요성이 있다.

우리는 건전한 가정에 건전한 자녀가 나온다는 사실을 잊지 말아야 하며, 자녀는 부모에게 고마운 마음을 가질 때 올바르게 성장할 것이다. 자녀에게 고마움을 느끼게 하는 부모가 되기 위해서는 부모가 먼저 자애(慈愛)을 실천하여야 한다. 효행은 자녀에게 애정을 쏟게 할 뿐만 아니라, 부모가 자녀에게 모범을 보이는 일이다. 부모님께 효도하고 웃어른을 공경해야 한다는 교육과 함께, 부모님에 대한 효행을 몸소 실천하고 웃어른을 공경하는 모습을 보고 자란 자녀들은 효행이라는 덕을 체화(體化)하여 실천에 옮기기 될 것이다. 이렇게 되면 우리 사회는 살만한 사회에서 살맛나는 사회로의 이상적인 사회모습을 구현 할 수 있을 것이다.

끝으로 효행은 자손에게 물려주어야 할 우리의 조상이 물려준 소중한 윤리도덕이고 사람답게 살아가는 자산이다. 이 효행교육을 가정과 학교에서 효과적으로 추진하려면 사회 각 분야의 사람들이 책임지고 업무를 모범적으로 수행해야 한다. 나아가 사회지도층 인사들의 솔선수범하는 일이 더 중요하다. 윤리와 도덕이 사라진 병든 사회를 치유하기 위해서는 효교육이 절실히 필요하다. 뿐만 아니라 우리의 의식윤리관 속에 깊이 뿌리내리고 있는 효의식을 오늘에 되살리고 가정과 학교, 사회에서 효과적인 효행교육을 통해 오늘날 사회문제가 되고 있는 사회병리현상을 치유하는데 한국인의 전통적인 효의식의 현대적 이해가 필요할 것으로 사료된다.

제10장

현대사회 효교육의
모습과 방향모색

이 병 철

(신라대학교 교수)

1. 글의 시작

흘러가는 시간을 아껴 부지런히 효도하라 했던가. 효도해야 하는 자식에게 가장 경계해야 하는 일은 시간을 아껴 부모에게 효도하는 일이다. 이 말은 "부모의 연세를 알지 않을 수 없다. 그 이유는 한편으로는 부모가 오래 사셔서 기쁘기 때문이요, 한편으로는 살아 계실 날이 얼마 남지 않아 두렵기 때문이다."[1]라는 배경을 살펴야 하는 언급이다. 이 세상에서 오래 가질 수 없는 것은 어버이를 모실 수 있는 시간이다.

따라서 효자는 어버이를 봉양할 수 있는 동안의 하루를 아끼고 아낀다. 그래서 효도해야 하는 자는 부모님이 생전에 계시면 진실로 정성을 드릴 수 있는 시간이 점점 줄어드는 것이기에, 효도하는 이가 두려워하는 일은 오로지 시간이라고 했다. 흘러 지나가서 다시 올 수 없는 것은 시간이고 가히 두 번 다시 볼 수 없는 것은 어버이다.

우리 사회는 뒤를 돌아볼 겨를 없이 숨 가쁜 변화를 겪어 왔다.

---

[1] 『논어』 「이인」편, 子曰 父母之年 不可不知也 一則以喜 一則以懼.

한국전쟁 이후 산업화를 거치면서 성장위주의 경제구조는 우리의 전통문화나 전통사상을 마음 한편에 말라붙게 했다. 개인주의의 팽배와 물질위주의 지나친 추구도 모든 행위에 준거가 되어야 할 최소한의 도덕심과 윤리의식마저 가벼이 여기게 했다. 결과위주, 끝장승부, 승자독식이란 말이 대변해 주듯 양보와 나눔은 작아지고 목적을 위해서 수단과 방법을 가리지 않는 사회정서가 커져가는 모양새다.

더욱이 최근에 검토된 논의를 볼 때 우리의 정신적 유산으로서 효 사상과 현대사회의 실제적 문제를 궁구한 접근2)도 활발히 시도되었다. 권위주의적 효 교육이 아닌 합리적 가족관계로 인한 자녀중심의 부모부양에 관한 연구나 효의 현대적 의미구현과 가족윤리적 시각도 주목할 만하다.3) 인간다움의 본질적 추구라는 차원에서 효라는 전통성은 전통사회를 하나로 묶는 사회통합에 공공성을 지적하며, 현대사회 존재 가치의 기능을 강조한 논의4)도 있었다. 현대사회는 주기가 매우 빠른 자본중심의 소비사회라는 지적 속에서도 오늘날 효의 공공성의 실현은 여전히 유효하다. 이 점은 인류학적으로도 인간의 면면을 살펴 볼 때, 물질적 만족만으로 채워지지 않는 윤리적 존재의 인간본질을 간과할 수 없기 때문이다. 최근에 대두된 "효도계약서"와 "불효자방지법"은 변화하는 우리 사회의 실

2) 김익수, 「한국교육혁신론-도덕교육을 중심으로」, 『한국사상과 문화』79집, 한국사상문화학회, 2015. 함규진 외 3, 「전통사상 및 교육방법의 현대 도덕교육 과정에서의 활용 가능성 연구」, 『한국철학논집』50집, 한국철학사연구회, 2016. 가신현 외 2, 「현대적 효개념에 기반한 효문화교육 내용개발 연구」, 『한국교육학연구』24집 3호, 안암교육학회, 2018. 김종두 외 2, 「효의 현대적 의미와 가족윤리 시사점」, 『민족사상』13집 1호, 한국민족사상학회, 2019.

3) 정진구, 임동호, 「한국인의 전통적 효사상과 부모부양에 관한 연구」, 『예술인문사회융합멀티미디어논문지』7집 5호, 인문사회과학기술융합학회, 2019.

4) 김백희, 「효윤리의 공공성」, 『동서철학연구』80호, 한국동서철학회, 2016.

재적 일면이다. "효도계약서"가 불효를 방지하기 위한 것이라면 "불효자방지법"은 사후적 측면의 제재5)를 아우른다. 효는 예로부터 최고의 덕목으로 여겨왔기에 효행을 가르치고 권장함에 힘썼고 그 행위를 널리 알려 인간 근본행위에 모범을 삼았다. 효가 법률적 차원에서 제정되어 강제성을 띄게 될 경우 그 마음과 정신이 퇴색될 수 있다는 우려도 있지만 이렇게라도 해서 자식의 도리를 의무화 강제화해야 함을 요구하는 목소리도 커지고 있다. 일찍이 "효행장려 및 지원에 관한 법률"이 시행되었고 이와 더불어 "인성교육진흥법"의 시행6)은 물론 인성교육의 핵심덕목과 가치로 효를 포함한 것은 이러한 사회적 요구와 결핍을 충족한 움직임으로 볼 수 있다.

현대사회 효의 발전적 계승이란 차원에서 간과할 수 없는 일 가운데 하나가 가정과 학교를 포함하는 교육적 차원의 확산과 장려일 것이다. 더욱이 이와 병행하여 사회적, 국가적 차원에 효 정신의 확산과 시대에 부흥할 수 있는 방향모색도 이뤄져야 할 몫이다. 따라서 본 논의는 현대사회 효 교육의 모습을 검토하고 효 교육의 확장을 위한 방향을 제언해 보고자 한다. 이러한 논의는 전통과 사상의 테두리에 갇힌 효가 아니라 우리의 몸과 마음에 살아 실현될 수 있는 현대사회 새로운 효 인식에 출발과 효 교육의 보완이 될 것이다.

---

5) 불효자방지법은 사전에 계약서를 작성하지 않았더라도 자녀가 부모를 제대로 봉양하지 않으면 물려받은 재산을 환수할 수 있도록 하는 것이 주요 내용이다. 전국 19세 이상 567명을 대상으로 이와 관련한 여론조사 결과는 공감 정도가 큰 차이를 보였다. 50대, 효도계약의 필요성 -87%, 불효자방지법 필요성-79.1%의 찬성을 보였지만 20대는 효도계약의 필요성-64.7%, 불효자방지법 필요성-40.2%를 드러냈다(데일리한국, 2016.01.18).

6) "효행 장려 및 지원에 관한 법률"은 2007년 7월 2일 제정되어 2007년 8월 3일 대통령령 8610호로 공포되었다. 시행일은 2008년 8월 4일이다. 아울러 "인성교육진흥법"은 2014년 12월 29일 제정되어 2015년 1월 20일 법률 13004호로 공포되었고 시행일은 2015년 7월 21일이다.

2. 현대사회 효교육의 전개

인간은 관계 속에서 자신의 모습을 발견하고 인간의 삶과 가치에 대해 눈을 뜨게 된다. 그 관계맺음의 중요한 출발이 효임을 생각할 때 효에 대한 교육과 관심은 인간에 대한 이해와 인간관계의 정상화라는 측면에서 의미 있는 일이다.

인간은 삶 속에서 수많은 너, 타자와의 관계 속에서 자신의 존재를 확인해 간다. 너에 대한 바른 인식이 자신의 삶을 결정한다. 타자와의 관계 속에서 비로소 나의 존재도 드러난다. 너에 대한 인식에 관심을 기울여야 할 이유가 여기에 있다. 인간이 태어나면서 처음으로 접하는 타자인 너는 바로 부모다. 부모에 대한 인식은 나의 삶을 결정한다. 부모에 대한 인식을 마음에 새겨야 하는 근거다. 따라서 효는 부모에 대한 인식과 나의 존재성을 깨닫는 관계 인식으로, 사회적 실천요소라 할 수 있다.

일찍이 율곡도 "신이 살펴보니 효도는 모든 행위에 머리(으뜸)가 되는 것이기에 집안을 바르게 다스리는 도(道)는 효도와 공경하는 일을 그 첫째로 삼습니다."[7] 인간관계의 출발이 되는 모든 행위에 근본을 효로 보았다. 부모와 자녀로부터 인간관계가 시작돼 다른 존재에 대한 인식으로 확대된다.

부모에 대한 인식이 이웃에 대한 인식으로, 또는 부모에 대한 긍정적 인식은 다른 존재에 대한 긍정적 인식으로 작용한다. 효를 백행(百行)의 근본으로 보는 의미가 여기에 있다. 인간의 바른 인식과 행동은 효로부터 출발한다. 효는 인간다운 삶을 위한 지침이기에,

---

7) 『聖學輯要』五(第二章 孝敬).臣按 孝爲百行之首 故正家之道 以孝敬爲先.

인간다운 인식과 인간다운 행위의 바탕에는 부모에 대한 인식이 작동한다.

> 1절. 낳실 제 괴로움 다 잊으시고 기르실 제 밤낮으로 애쓰는 마음 진자리 마른자리 갈아 뉘시며 손발이 다 닳도록 고생하시네. 하늘 아래 그 무엇이 넓다 하리오. 어머니의 희생은 가이없어라. 2절. 어려선 안고 업고 얼러주시고 자라선 문 기대어 기다리는 맘 앓을 사 그릇될 사 자식 생각에 고우시던 이마 위에 주름이 가득 땅 위에 그 무엇이 높다 하리오. 어머니의 정성은 그지없어라. 3절. 사람의 마음속엔 온 가지 소원 어머니의 마음속엔 오직 한 가지 아낌없이 인생을 자녀 위하여 살과 뼈를 깎아서 바치는 마음 인간의 그 무엇이 거룩하리오. 어머니의 사랑은 지극하여라.[8]

어버이에 대한 은혜를 헤아리고 노인과 어른에 대한 존경을 되새기게 되는 '어머니의 마음'이란 노랫말이다. 어머니의 마음이란 노래 가사는 양주동이 짓고 이흥렬이 곡을 붙였다. 1956년 '어머니의 날'이 제정된 이래, 1973년 '어버이의 날'[9]로 바꿔 지정된 이후에도 학교교육현장은 물론 많은 사람들에게 깊은 감동을 주며 애창되

---

8) 양주동 작사, 이흥렬 작곡, "어머니의 마음"은 자식 양육을 위하여 희생하는 어머니의 마음을 잘 묘사한 가사와 곡조가 어우러져, 어린이로부터 장년에 이르기까지 애창되는 곡이다. 창작 및 발표 시기는 정확히 알 수 없지만 작곡가의 활동을 통해 1940년으로 보고 있다. 자세한 내용은 이유선, 『한국양악백년사』, 음악춘추사, 1985 참고.

9) 우리의 어버이날 시행은 낳으시고 길러주신 어버이 은혜에 감사하고, 어르신을 공경하는 마음을 키우기 위하여 제정한 기념일로 매년 5월 8일이다. 국가적으로 어머니의 날을 지키게 된 것은 1956년 국무회의 결정에 따른 것으로 당시 한국전쟁 이후 어머니들이 양육은 물론 생업에도 책임이 무거워졌기 때문에 이를 위로하고 기리기 위해 '어머니날'을 만들었다. 이후 '어머니날'로 지정해 경로효친 사상이 담긴 행사를 실시 하다가 '아버지의 날'이 거론되자 17회까지 어머니날을 기념했다. 그리고 1973년 3월 30일 '어버이날'로 바꾸어 지정된다. 이 날은 각 가정에서 자녀들이 부모와 조부모에게 카네이션을 달아드리고 감사의 뜻으로 선물을 하거나 효도관광에 모시기도 한다. 전국 기념식장에서는 효자효부에게 상을 수여하기도 하고 잔치를 베풀거나 산업시찰의 특전이 주어지기도 했다. 아울러 이 날을 전후해 1주일 동안을 경로주간으로 정해 양로원과 경로당을 방문, 위로하는 어른 공경에 의미를 고취하기도 했으나 아쉽게도 1997년 경로 주간을 폐지했다. 그 후 10월 2일을 노인의 날로, 10월을 경로의 달로 정해 별도로 시행해 오고 있다.

고 있다.

노래는 4분의 3박으로 되어 있어 고려가요처럼 3음보의 전통적 율격을 계승한 구조다. 3.3, 3.4조의 기본 율격에 전반적으로 7.5조의 형식을 갖췄다. 1절 73, 2절 71, 3절은 73자로 총 217자의 노래며, 표현은 대구와 대조의 대응구조를 취한다. 1절의 핵심은 어머니의 희생, 2절은 어머니의 정성, 3절은 어머니의 사랑을 노래하고 있으나 아마도 감동의 클라이맥스는 "하늘 아래 그 무엇이 넓다 하리오. 땅 위에 그 무엇이 높다 하리오. 인간의 그 무엇이 거룩하리오."라고 높여 부르는 대목이 아닐까 한다.

양주동의 '어머니의 마음'이란 노래 가사는 그 내용이 『명심보감』 효행편, 『시경』요아편(蓼我篇), 『고려가요』의 사모곡(思母曲)을 연상케 하지만 이미 1장 3절에서 제시한 바 있는 『부모은중경』의 내용이 가장 짙게 배어남을 알 수 있다. 특히 '어머니의 열 가지 은혜'가 노랫말 곳곳에서 재현되는 느낌이다. 하지만 오늘날 우리들은 어머니의 마음을 이렇게 깊이 새기면서 살아가지 못하고 있다. 정확히 말해, 현대인의 삶은 효로부터 점점 멀어져 가고 있음을 부인할 수 없다. 현대의 불효문제는 개인적 윤리차원을 넘어 주기가 빠르게 변화하는 시대적 흐름과도 그 궤를 같이 한다. 인생이나 사회에 대한 정신적 태도의 영역, 즉 모럴이나 패러다임의 변화를 동반한 사회구조적 차원의 문제라는데 심각성이 있다.

> ㉠ 자녀는 부모의 사랑에 보답하기 위해서 효도해야 한다. 부모의 자애를 잊지 않는 자녀는 정신적으로 부모를 공경하고 물질적으로 부모를 봉양하는 효도를 다 할 것이다. ㉡ 하지만 효도는 부모의 자녀 사랑처럼 내리사랑이 아니므로 꾸준히 노력해야 실천할 수 있다. ㉢ 자녀는 부모의 사랑을 잊지 않고 부모의 마음을 편안

하게 하려고 끊임없이 마음을 써야 한다.[10]

ⓓ 자녀는 부모의 헌신에 감사하는 마음을 갖고 효를 실천해야 한다. 그러나 효를 자녀의 일방적 의무로 강요하는 것은 바람직하지 않다. 올바른 효의 실천은 부모는 자녀에게 자애를 베풀고 자녀는 기꺼이 효를 실천하는 부자자효(父慈子孝)의 호혜적 원리를 바탕으로 해야 한다. ⓜ 그렇다면 자녀가 효를 실천할 때, 어떠한 마음자세가 필요할까? 진정한 효도는 부모를 공경하는 마음에서 우러나야 한다. 물질적인 봉양만으로는 효를 올바로 실천했다고 할 수 없다. 진정한 효도는 부모의 뜻을 잘 헤아려 받드는 양지(養志)의 실천과 함께 부모의 희생에 대한 감사와 보은의 마음, 그리고 사랑이 바탕이 되어야 한다. ⓗ 나아가 이러한 효의 정신을 이웃, 지역사회와 국가, 인류전체에까지 확대시켜 이웃사랑과 노인공경, 봉사 등의 실천을 위한 도덕적 기초로 삼아야 한다.[11]

ⓢ 효는 모든 행위의 근본이다 이 말은 모든 예절의 시초가 효에서 시작함을 가리키는 말이다. 내가 어머니의 뱃속에 잉태되는 순간부터 또는 그 이전부터 이미 우리 어머니, 아버지는 온 마음을 바쳐 나를 아끼고 사랑하신다. 이것이 나를 향한 우리 부모님의 자연스러운 질서라면, 내 질서는 그분들에게 내 사랑을 드리는 것이 된다. 그것이 무엇인가. 그것은 효도다. 효도란 결국 부모에 대한 사랑의 표현이다.[...] 예로부터 경로효친 사상이 가정에서 나면 효가 되고 가정을 넘어 사회로 확대되면 경장 사상이 되고 효의 정신이 나라로 확대되면 애국심의 충이 된다.[12]

개인의 변화로부터 사회의 변화가 시작된다. 교육은 개인은 물론 사회를 변화시키는 모토다. 개인의 변화는 그가 속한 사회의 영역 속에서 가능하다. 그러므로 학생들의 삶은 그들이 속한 학교라는 사회적 공간에서 형성되며, 그들의 변화 또한 교육을 통해서 이뤄

10) 변순용 외, 『도덕 교과서(중학교)』, 천재교육, 2018, 76쪽.

11) 조성민 외, 『생활과 윤리(고등학교)』, 비상교육, 2017, 87쪽.

12) 경기도 향교재단, 『명륜교재』2판, 경기도 향교재단 명륜교육관, 2009, 제4장 1절, 제5장 6절.

진다. 이 점이 교육의 내용과 방법에 관심을 가져야 하는 까닭이다.

㉠~㉦은 모두 효 교육과 관련한 교과서 내용이다. ㉠~㉢은 중학교 도덕교과서, ㉣~㉥은 고등학교 생활과 윤리, ㉦은 경기도 향교재단 명륜교재의 내용이다. 먼저 ㉠~㉢을 관통하는 효의 키워드는 ㉠에서 사랑과 자애, 공경과 봉양, ㉡은 꾸준한 노력으로 실천(육체적 측면의 실행), ㉢은 부모의 마음을 편안하게(정신적 측면의 실행) 해야 한다는 항목들이다. 전반적으로 내용도 부실하고 분량도 적어 단순히 일반론적 효의 의미만을 기술한 실정이다.

㉣~㉥도 별만 차이가 없다. ㉣은 부모의 헌신에 감사와 올바른 효의 실천 원리로 부자자효의 호혜적 원리를 제시하고 있다. ㉤은 공경의 마음, 물질적 봉양, 양지의 실천, 부모의 희생에 대한 감사와 보은, 사랑 등이고 ㉥은 이러한 효 정신을 이웃, 지역사회, 국가, 인류로 확대하여 이웃사랑과 노인공경, 봉사 등의 실천으로 삼아야 한다는 내용이다. 따라서 ㉠~㉢과 서술에서나 내용에서나 분량 면에서, 정의적 접근에 그치고 있어 큰 차이가 없다.

㉦은 경기도 향교재단에서 사용하는 교재 내용인데, 경기도에는 30여 개에 달하는 향교가 운영되고 있으며 그 곳에서 교육 교재로 활용되고 있다. 효와 관련해 언급된 내용은 "인간 행위의 근본, 예의 시초, 부모의 자애는 인륜의 자연스러운 질서, 경로효친 사상, 경장사상, 충의 사상" 등을 찾아 볼 수 있다. 사회교육 차원의 목적성을 띠고 있으나 전반적으로 명륜교재는 부록을 제외한 총 8장 가운데 4장, 5장을 효와 관련해 다양한 접근을 시도하고 있다. 그리고 3장과 6장도 효와 연장선에서 "나의 가족"과 "나의 이웃 사회"를 기술하고 있는 점을 감안하면 분량은 더 많아진다.

중학교 도덕교과서에 효는 소단원에서 바람직한 가정이라는 내용으로 효라는 내용이 짧게 언급될 뿐이다. 가볍게, 부모에 대한 자녀의 사랑 측면에서 사전적 접근만 기술하고 있다. 체계적인 내용은 체계적이며 구체적 경험의 토대가 된다. 내용의 다양화는 경험의 다양화로 이뤄질 수 있다. 단순한 내용과 사전적 설명으로 언급하고 간략히 넘기는 식의 전개는 학생들에게 교육적 경험의 기회를 박탈하고 효의 중요성을 느낄 수 없게 한다.

교과서를 통해서 소개된 내용만으로는 "부모에 대해 관심을 기울이고 애정을 품게 하고 자녀의 도리를 깨닫게 하고 나아가 가족과 이웃을 돌아보게 하고" 효행을 실천하고자 하는 동기유발조차 실현하기 어렵다. 이러한 사정은 고등학교 생활과 윤리 교과서도 별반 다르지 않다. 소단원 가족의 가치와 부모 자녀 간의 윤리 단원에서 자녀의 윤리로 효를 다루고 있을 뿐이다. 더욱이 갖춰야 할 내용의 결핍도 문제지만 ㉣의 효에 대한 서술 과정은 이해의 측면에서 오해의 여지를 남길 수 있다.

물론 서술자의 의도를 모르는 바는 아니지만, 부연 설명도 없이 마치 하나의 명제처럼 단정해 버린 서술 태도는 효에 대한 그릇된 인식을 가져 올 수 있기 때문이다. 이를테면 ㉣의 셋째 문장에 관한 것인데 올바른 효의 실천을 말하면서 "부자자효의 호혜적 원리를 바탕"으로 해야 한다는 내용이 그것이다. 여기서 부자자효는 무엇인가? 부모의 덕목과 자식의 덕목을 말한 것이다. 곧, 부모는 '자', 자식은 '효'로 각각 '사랑'과 '효도'를 말함이다.

그런데 이 말이 호혜적이라는 단어와 함께, 그것도 원리나 바탕이란 말까지 사용해 가면서 하나의 명제처럼 효를 정의하고 대응한다. 호혜란 서로 특별한 편의와 이익, 혜택을 주고받는 것을 뜻하는 말이다. 현대사회의 변화를 감안해 봐도, 어느 이치가 자식이 부모에게 호혜적 원리로 효를 행한다는 말인가. 단정적으로 말해 효를 학생들에게 '너도 줬으니 나도 준다.'는 식의 잘못된 효의 의미를 심어줄 수 있다는 것이다. 부모 된 사람의 자연스러운 질서가 사랑(慈)이라면 자식의 질서는 부모에게 내 사랑(孝)을 드리는 것이 아닐까.

효의 발현은 인륜의 근본이고 행인(行仁)의 근본이며 모든 예의 기초가 된다고 했다.[13] 이 말은 자녀에게 효에 대한 바른 가르침도 전제하고 있음이다. 부모와 자식의 관계는 '자'했기에 '효'하는 호혜적 태도가 아니라 '자'의 크고 작음에 관계없이 "잉태해 성장까지 길러주신 사랑과 은혜에 대한 인륜의 근본이 되는" 내 부모에 대한 온당한 보은인 것이다. 곧, 인간으로서 자식 된 도리이기에 자녀들에게 바르게 가르쳐야 하는 몫이기도 하다. 그러므로 ㉣의 셋째 문장에 "호혜적 원리"라는 표현은 문맥에 오해가 없도록 수정하고 내용의 보완도 이루어져야 하겠다.

---

13) 이와 관련해 도움이 될 만한 『효경』 문장들인데 내용은 다음과 같다. 배워서 어진 것을 구하고 보면 효도는 자연 그 행동의 근본이 될 것이다.(學所以求仁 而孝 則行人之本也, 孝經集註序)/공자가 말하기를 효는 덕의 근본이라 가르침으로 말미암아 생기는 것이다.(子曰 夫孝 德之本也 敎之所由生, 今文開宗明義章)/공자가 말하기를 백성에게 친애를 가르침은 효보다 선함이 없다.(子曰, 敎民親愛 莫善於孝, 今文廣要道章)/공자가 말하기를 효는 하늘의 경이다.(子曰, 夫孝 天之經. 今文三才章)/천지의 성에 사람이 귀하니 사람의 행실은 효에서 큼이 없다.(天地之性 人 爲貴 人之行 莫大於孝, 今文聖治章)/다섯 가지 형벌에 속하는 것이 삼천인데 불효보다 더 큰 죄는 없다.(五刑之屬 三千 而罪莫大於不孝 今文五刑章).

3. 효교육의 접근문제와 방향모색

이시진(李時珍)이 생의 말년에 지은 『본초강목(本草綱目)』에는 까마귀 습성에 관한 다음과 같은 내용이 전한다. 까마귀는 부화하여 60일 동안은 어미가 자리를 떠나지 않고 새끼에게 정성으로 먹이를 물어다 주어 성장시킨다. 하지만 이후 새끼가 다 자라면, 힘이 쇠약해진 어미에게 다시 먹이를 물어다 주어 어미를 먹여 살린다는 얘기다. 그래서 까마귀를 반포조(反哺鳥), 자오(慈烏)라 칭하고 까마귀가 어미를 되먹이는 습성을 반포(反哺)라 한다. 이는 극진한 효도를 일컫는 말인데, 그런 이유로 반포지효(反哺之孝)는 어버이 은혜에 대한 자식의 지극한 효행을 뜻한다.

효의 실천은 사람으로서 마땅한 것이며, 가정의 행복은 효에서 나온다. 효행은 사랑의 실천으로 확산[4]되어야 한다. 미물도 이와 같은데, 하물며 사람은 더욱 그러해야 한다. 사람이라면 부모를 잘 모셔야 한다. 미흡함이 있겠지만 적어도 노력은 해야 한다. 효를 행하면 사람의 본성은 착해진다. 효행은 사람을 겸손하게 하고 바른 행위를 지니게 한다. 여기에 효 교육의 필요와 가치가 생겨난다. 효교육은 인륜의 도리이기에 인성교육의 핵심 전제가 될 수 있다. 『소학집주』 내편에도 이러한 의식을 엿볼 수 있다.

> 효자로서 부모에게 깊은 사랑이 있는 자는 반드시 온화한 기운이 있고 온화한 기운이 있는 자는 반드시 기쁜 기색이 있고 기쁜 기색이 있는 자는 반드시 온순한 용모가 있다.[禮記曰 孝子之有深愛者 必有和氣 有和氣者 必愉色 有愉色者 必有婉容. 禮記 祭義. 小學集註 卷之二(內篇)] 효자가 늙으신 부모를 봉양함에는 그 마음

---

14) 손인수, 『한국인의 효도문화』, 문음사, 1997, 65쪽.

을 즐겁게 하며 그 뜻을 어기지 않으며 그 귀와 눈을 즐겁게 해드리며 그 잠자리와 거처를 편안히 해드리며 그 음식으로써 정성을 다하여 봉양해야 한다.[曾子曰 孝子之養老也 樂其心 不違其志 樂其耳目 安其寢處 以其飲食 忠養之. 禮記 內則. 小學集註 卷之二(內篇)][15]

효는 단순한 도리로만 취급할 수 없는 삶의 요소다. 그저 자녀의 도리라는 차원에서 내용을 서술하는 것이 효 교육의 전부일 수 없기에, 효 교육은 무엇보다 효의 내면화를 위해 노력해야 한다. 효를 위한 교육적 차원의 접근도 이 같은 방향성과 논의가 필요한 시기라 본다.

"효의 개념과 유래, 효의 필요성과 가치, 우리 전통사상으로의 효, 우리 옛 선현들의 효행, 효가 개인의 삶에 미치는 영향, 효가 인간관계에 미치는 영향, 가정에서의 효의 실천과 과제, 효의 사회, 국가, 인류에 미치는 영향, 효의 계승을 위한 역사적 노력, 효에 대한 역사적 관점과 평가" 등의 내용이 학교교육과 사회교육 차원에서 효 교육에 반영돼야 한다.

더욱이 효에 대한 '역사적 관점과 평가'에는 효가 우리 삶에 미치는 긍정적 효과뿐 아니라 효의 비뚤어진 인식으로 인한 부작용에 대하여 다방면의 고찰도 이뤄져야 할 것이다. 이러한 일련의 방향성이 말라붙은 효 교육의 대중적 관심을 모으고 시민의 다양한 참여를 이끌 수 있으리라 본다. 효는 단순히 과거로부터 흘러온 관습의 유물이 아니다. 민족의 삶 자체다. 따라서 시공간을 넘나들면서 우리 삶의 모습으로 온전히 계승되어 온 정신유산이며 전통문화와 사상인 것이다. 이러한 과정의 논의가 우리 시대 요구 되는 '효 사

---

15) 박일봉 역, 『동양고전신서8 소학』, 육문사, 2000, 45~46쪽, 50~51쪽.

상의 전통과 계승'이라는 차원에서 과거의 유물이 아닌, 현재의 문화창조에 이바지 할 수 있는 교육적 차원의 모색이 아닐까 한다.

> 안전의 효(자신의 몸을 건강하게 유지)/공경의 효(부모를 공경하는 정신과 마음)/양지의 효(부모를 정신적으로 편안하게 해드림)/시봉의 효(부모를 잘 섬기고 효성으로 받듦)/봉양의 효(부모를 물질적으로 모시고 공손, 온화)/순종의 효(부모의 뜻을 거스르지 않고 따름)/간언의 효(옳지 못하거나 잘못된 일을 권면)/봉사의 효(부모나 조상을 제사로 받들어 모심)/현친의 효(입신하여 부모를 빛내고 드러냄)[16]

효는 인륜으로 개인의 수양은 물론 가정의 질서, 사회의 질서, 국가의 질서로 확대 이바지 할 수 있는 개념이다. 그 근본은 인과 덕이기에 오상의 도리로 교육적 정립이 필요하다. 효의 근본 개념을 통한 효의 확장 덕목은 가정에서 화목(和睦), 지역사회에서 신의(信義), 어른을 섬기는 윤리 순제(順悌), 아랫사람에게 자애(慈愛), 국가에 헌신하는 충의(忠義), 국민을 다스리는 애민(愛民)으로 실현된다.[17]

> 첫째, 산업화와 효와의 관계다. 산업을 발전시켜 부를 확장하는 일은 현대인의 중요한 관심사다. 부모를 봉양하고 자식을 양육하는 문제는 풍요한 물질만으로 달성되는 것이 아니지만 그렇다고 빈곤 속에서 이루어질 수도 없다.[...] 효 사상은 경제활동을 위축시키기보다는 오히려 현실 도피와 나태와 무능을 질타하고 가정에 책임을 위해 자신의 사회적, 경제적 성취를 추구한다. 그러므로 산업을 발전시켜 부를 확대하고 운용하는 데에 있어 효의 정신은 다른 어떤 도덕적 개념보다 실질적인 경제 활동에 동기를 제공

---

16) 경기도 향교재단, 『명륜교재』2판, 2009, 58~61쪽.

17) 김무현, 「동양고전 속의 효」, 한국효문화연구원 부설 효인성교육진흥원, 강의교재, 2016, 5~7쪽.

할 수 있다. 둘째, 민주화와 효와의 관계다.[...] 자기 절제와 타인 사랑의 인간상은 시대를 초월한 고귀한 것임에 틀림없다. 참다운 자유는 자기 절제를 통한 진실한 자아에서 나오는 것이어야 하며, 참다운 평등은 타인의 고통을 외면하지 않는 인격에 의거해야 한다. 바람직한 사회는 참다운 자유와 평등에 입각한 의사소통에서 출발하며, 건전한 의사소통은 타인의 불이익을 방관하는 이기심과 기만이 아니라 진실한 자아로부터 시작하는 것이다. 진실한 자아에 도달하고자 하는 성실함과 그것으로부터 발로한 순수한 정서와 인간애는 충과 효에 내재한 근본 뜻이며, 민주주의의 자유를 보다 성숙하게 만들 수 있을 것이다.[18]

위의 내용은 각각 경기도 향교재단 명륜교재와 김무현, 장재천의 논의를 제시한 것인데, 현대사회 효의 개념 확장과 의미 적용의 측면에서 접근한 내용이다. 명륜교재는 효의 개념을 말하면서 그 구현내용을 9가지로 제시한다. 그리고 이러한 실천이 곧 온전한 효의 모습이며, 효행의 마침이 될 수 있다고 말한다.

김무현은 효의 근본 개념을 논의하면서 그 바탕은 오상(五常)의 윤리와 무관할 수 없음을 지적한다. 즉, 인(仁)을 바탕으로 하는 효(孝)는 개인은 물론 가정과 사회, 국가의 통치 이념으로 확장 될 수 있다는 것이다. 따라서 효의 구현은 현대사회에서 곧 "화(和), 신(信), 순(順), 제(悌), 자(慈), 충(忠), 애(愛)"를 덕목으로 하는 윤리의식의 확대로 나타나기에 효의 교육적 정립이 시급함을 지적하고 있다.

장재천은 "효사상과 효교육의 역사적 중요성"이라는 논의에서, 4장 인간교육으로의 효 교육을 통해 '산업화와 민주주의'라는 다소 이례적인 두 측면과 효의 연관성을 살폈다. 요컨대 효의 정신은 다

---

18) 장재천, 「효사상과 효교육의 역사적 중요성」, 『청소년과 효문화』25집, 한국청소년효문화학회, 2015, 229~231쪽.

른 어떠한 도덕적 개념보다 실질적이고 적극적인 경제 활동의 동기를 부여 할 수 있다고 말한다. 더욱이 사회 속에서 부도덕적인 경제활동을 거부하고 성실과 노력의 인륜적 도리를 다해, 부모와 자녀가 함께 하는 화목한 가정을 이뤄낼 수 있다고 본다. 또한 인간의 도리에 어긋나면서까지 부모의 명령이라고 해서 무릅쓰는 행위는 효행이 아니기에, 진정한 효는 민주주의 원리에 위배되지 않는다는 것이다. 효행은 외적인 강제에 의해서나 규범이라고 해서 무조건 행해야 하는 것이 아니라 자신의 자발적인 감정과 주체적 정서에 의해 구현된다는 입장이다. 일체의 구속에서 자유와 인격의 평등은 효의 전제적 개념과도 배치되지 않음을 강조하고 있다.

공자의 말처럼 인(仁)의 바탕에서 효의 발로를 찾을 수 있다면, 효는 인간이 도덕적 기준으로 삼아야 하는 당위적 근거를 제시해 주고 있다. 효는 인을 실천하는 최선의 방법으로서 이를 통해 인간의 존엄성을 지켜주고 이는 인간의 존엄성을 최고의 가치로 우선하는 민주사회의 기본 이념과도 그 뜻을 함께 한다. 이처럼 효는 도덕적 원리의 제공과 더불어 정의적인 실천 공기를 부여하는데 필요한 덕목임을 알 수 있다.

부모와 자녀로부터 인간관계의 출발이 시작된다. 부모의 자애와 자식의 효는 건강한 관계 속에서 그 힘이 배가 된다. 효를 위한 교육적이고 사회적인 관심은 공동체와 그 구성원의 건강한 관계를 형성할 수 있는 단초를 제공해 준다. 현대사회는 효에 대한 적극적 관심과 효행의 구현을 위한 범사회적 노력이 절실히 요구 된다. 효교육의 필요성과 중요성을 감안하여, 효 교육과 관련한 아래 몇 가지 접근방향을 제시해 보겠다.

첫째, 우리의 전통으로서 효의 유래와 정신을 정립해 효는 무엇이고 효를 왜 실천해야 하는지를 제대로 고민하고 가르쳐야 한다. 즉, 자신과 타인 그리고 공동체 속에서 효의 기능과 역할 등, 효의 다양한 관점과 구현 방식을 제공해 거부감 없이 접근할 수 있게 해야 할 것이다.[19] 둘째, 효 교육이 현실과 유리돼서는 안 된다. 효교육을 가정과 사회생활 속에서 실행할 수 있도록 동기부여와 실천의지를 향상 시키는데 교육 과정이 집중돼야 한다. 실천하지 않는 효 교육은 가치가 없다.[20] 셋째, 학교교육에서부터 별도의 효교육 프로그램을 인성교육과 관련해 정규 교육과정으로 마련해야 한다. 효 교육뿐 아니라 윤리의식의 바탕이 되는 인성교육조차도 현대사회 속에 주변화 되어 버린 현실에서, 통 큰 교육적 안목과 배려가 요구된다. 원론적일 수 있겠지만 도덕적, 윤리적 결여의 인간은 오히려 배운 것이 사회에 더 큰 부작용으로 나타날 수 있다는 점을 간과해서는 안 된다. 넷째, 효 교육의 대상을 확대해야 한다. 초, 중, 고 및 대학생, 그리고 일반인에 이르기까지 학교를 포함한 사회 전반에 교육대상을 확보함은 물론 대중적 관심을 이끌어야 한다. 효는 세상에 모든 자녀가 지녀야 할 덕목이고 인륜의 바탕이 되는

---

19) 이와 관련해 지봉환은 효를 체험할 수 있는 기회 제공을 제언했는데, 내용은 다음과 같다. "효부, 효자, 효녀, 효손 등의 효자 만나기, 하루에 한 번, 효 실천하기(일일 일효운동), 자신이 행한 효를 기록으로 남기기(효행 일지 쓰기), 체계적이고 구체적 실천을 위한 효 실천 목록 만들기, 부모님 은혜를 잊지 않도록 감사 기록장 만들기" 등이다. 처음에는 거북하고 부담도 되겠지만 꾸준히 반복 실행한다면 자연스럽게 내면화 될 수 있을 것이라고 말한다. 지봉환, 「중, 고등학교 효 교육실태 분석」, 『청소년과 효문화』23집, 한국청소년효문화학회, 2016, 185쪽.

20) 어버이에게 효도하면 자식도 또한 효도하나니, 이 몸이 이미 효도 하지 못했다면 자식이 어찌 효도하겠는가. 효도하고 순한 사람은 다시 효도하고 순한 자식을 낳을 것이요, 오역(반역함)하는 이는 다시 저와 같이 오역하는 자식을 낳을 것이다. 믿지 못할 것 같으면 오직 처마 끝에 물을 보라. 방울방울 떨어지고 떨어져 어긋나게 옮겨지지 않는다.(『명심보감』효행편, 太公 曰 孝於親 子亦孝之 身旣不孝 子何孝焉. 孝順 還生孝順子 忤逆 還生忤逆子. 不信 但看簷頭水 點點滴滴不差移) 효 교육의 실천은 인간의 삶 속에서 실현돼야 한다. 효는 현실과 유리될 수 없는 인륜이고 도리다. 배우고 때로는 가르침이 필요한 덕목이기도 하다.

정신적 유산이기 때문이다. 다섯째, 기존의 효 교육기관을 정비하고 장려하여, 효 교육기관의 전문성을 도모해야 한다. 특히 각종 효 관련 학회와 사회교육기관, 그리고 평생교육기관과 연계해 양질의 실천교육이 이뤄질 수 있도록 전문기관 확대가 필요하다.

효 교육은 특정인이나 특정 교과만의 영역일 수 없다. 트렌드의 주기가 빠른 현대사회에서 바람직하지 않은 변화는 과감히 교정되고 보완해야 할 몫이다. 효 교육의 무관심, 아니 효 사상과 정신의 외면은 분명 잘못된 변화고 수정돼야 할 대상이다. 이러한 현실의 무관심과 방치는 인륜의 붕괴요, 윤리적 삶의 포기다. 더욱이 이것은 가치질서의 혼란으로 이어져 인간다운 삶을 영위할 수 없게 할 것이다. 효 교육은 끝이 없는 과정이고 효행은 인간다운 삶의 근본이다. 효 사상과 정신이 내면화 되고 가정이나 사회, 국가 및 인류적 차원에서 효의 덕목이 단절되거나 왜곡됨 없이 실현되길 기대한다.

4. 끝맺으며

인간이 태어나면서 처음으로 만나는 사람이 부모다. 스스로 부모를 선택할 수 있는 권한은 없으나 나와 부모에 대한 관계 인식은 나의 삶을 결정한다. 효의 의미 영역은 부모를 향한 인식과 나의 존재성을 깨닫는 관계 인식으로, 사회적 실천 요소라 볼 수 있다. 부모에 대한 인식을 자녀가 마음에 새겨야 하는 근거가 여기에 있다. 인간관계의 출발이 되는 모든 행위의 근본은 효(孝)라 할 수 있다. 1장은 양주동 작사, 이흥렬 작곡의 "어머니의 마음"과 "중학교 도덕 교과서", "고등학교 생활과 윤리" 및 경기도 향교재단 명륜교 재를 토대로 현대사회 효 교육의 모습과 가르침을 논의해 보았다.

개인의 변화로부터 사회의 변화도 시작된다. 교육은 개인은 물론 사회를 변화시키는 동력이 된다. 이러한 차원에서 교육의 내용과 방법에 관심은 필요하고 중요하다. 전반적으로 중·고교 교재는 효에 관한 분량도 적고 내용도 부실하여 일반론적인 효의 의미만을 서술하고 있었다. 이에 비해 명륜 교재는 사회교육 차원의 목적에 맞춰 효에 대한 폭넓은 이해와 접근을 볼 수 있었다. 특히 중·고교 교재는 갖춰야 할 내용의 결핍도 문제지만 다음과 같은 고교 교재의 언급은 이해의 측면에서 학생들에게 더욱 오해의 소지를 남길 수 있다.

"그러나 효를 자녀의 일방적 의무로 강요하는 것은 바람직하지 않다. 올바른 효의 실천은 부모는 자녀에게 자애를 베풀고 자녀는 기꺼이 효를 실천하는 부자자효(父慈子孝)의 호혜적 원리를 바탕으로 해야 한다." 부모와 자식의 관계는 '자(慈)'했기에 '효(孝)'하는 호혜적(互惠的) 태도가 아니다. '자(慈)'의 크고 작음에 관계없이 "잉태해 성장까지 길러주신 사랑과 은혜에 대한 인륜의 근본 되는" 내 부모를 향한 온당한 보은이다. 인간으로서 자식 된 도리이기에 자녀들에게 바르게 가르쳐야 하는 몫이기도 하다. 그런데 이런 언급이 호혜적이라는 단어와 함께 그것도 원리나 바탕이란 말까지 사용해 가면서 하나의 명제처럼 효를 정의하고 대응한다. 이처럼 고교 교재의 효에 대한 서술 과정은 학생들에게 문맥적 오해가 없도록 수정하고 내용 보완도 이루어져야 한다. 아울러 학계 차원에서도 논쟁의 여지를 남길 수 있어 개선이 불가피해 보인다.

효의 실천은 사람으로서 마땅한 것이며 가정의 행복은 효에서 나온다. 효행은 사랑의 실천으로 확산될 수 있다. 미흡함이 있겠지만 사람이라면 부모를 잘 모셔야 한다. 적어도 충분히 심사하고 숙고하는 마음 자세가 필요하다. 2장은 효 교육의 방향성과 확산을 위한 학교 교육과 사회 교육적 차원에서 그 내용을 제언해 보았다. 아울러 효의 관련 논의도 살펴보았다. 특히 효 교육에 근간은 "효의 개념과 유래, 효의 필요성과 가치, 전통 사상으로의 효, 우리 옛 선현들의 효행, 효가 개인의 삶에 미치는 영향, 효가 인간관계에 미치는 영향, 가정에서의 효의 실천과 과제, 효의 사회, 국가, 인류에 미치는 영향, 효의 계승을 위한 역사적 노력, 효에 대한 역사적 관점과 평가" 등의 내용을 기초로 폭넓은 접근과 이해가 수반되어야 한다. 실천하지 않는 효 교육은 가치를 부여할 수 없다.

더욱이 각종 효 관련 학회와 사회교육기관, 그리고 평생교육기관과 연계해 양질의 실천교육을 도모하는 것이 필요하다. 효 교육은 인륜의 도리이기에 인성교육의 핵심 전제가 될 수 있다. 효는 단순히 과거로부터 흘러온 관습도 아니며 고착화 된 유물도 아니다. 우리 민족의 정신적 유산으로서 전통 사상이요, 문화다. 부모의 자애(慈愛)와 자식의 효행은 건강한 관계 속에서 그 힘이 배가 된다. 효를 위한 교육적이고 사회적인 관심은 공동체와 그 구성원의 건강한 관계 형성에 자양분과 같다. 따라서 효의 의미구현과 가치가 더 이상 현대사회에서 홀대 받지 않도록 단기적 기획을 넘어 꾸준히 효교육에 대중적 관심과 참여를 독려해 주길 바란다.

제11장

효사상과 효교육의
역사적 중요성

장 재 천
(용인대학교 교수)

1. 글의 시작

우리의 전통사상은 여러 가지로 추출되지만 효사상으로부터 모두 출발하는 것이라고 하여도 과언이 아니다. 왜냐하면 애초부터 효를 '백 가지 행실의 근본'(百行之本)이라고 중시하였기 때문이다. 그러므로 모든 전통교육의 출발점은 효요 그 교육의 종착점도 효였던 것이다. 따라서 효사상은 『환단고기』[1]에도 나타나는 것처럼 우리나라가 최초요 효문화도 우리나라가 최초이다.

효사상과 효문화가 우리의 전통사상과 문화로 정착된 것은 본래 우리의 원시종교에 부모와 조상을 숭배하는 사상이 있었기 때문이다. 이 고유의 사상이 유교적인 모습으로 승화되어 이론과 실천이 병행되는 명실상부한 한국의 효사상으로 정립된 것이다.[2]

그간 개인주의와 물질문명의 서구사조는 우리의 교육전통을 배

---

1) 『환단고기』는 일본 식민지시대에 계연수가 『삼성기 상(上)』, 『삼성기 하(下)』, 『단군세기』, 『북부여기』, 『태백일사』의 각기 다른 시대에 쓰였다는 5권(4종류)의 책을 엮은 것이다. '환인오훈' 중에 세 번째 교훈 효순불위(孝順不違)가 그것이다. 한국청소년효문화학회 김익수 회장님은 우리 민족의 효사상이 최초라고 이런 종류의 원전을 바탕으로 주장하고 있으며, 임승국 교수님과 같이 '환'을 '한'으로 읽고 있다.

2) 김익수, 「청소년과 효문화」 21집, 한국청소년효문화학회, 서울 : 수덕문화사, 2013. 9. 30. 21~25쪽 참조.

제하고 엄청난 비윤리적 현상을 만연케 하였다. 작금의 '묻지마' 범죄들과 학교폭력문제는 시급히 해결해야 할 절실한 과제가 되었다. 이제는 더 이상 방황하지 말고 시급히 도덕성을 회복하고 우리의 정신문화를 선양하기 위해 효도교육을 근본적으로 강화해야 하는 시대가 된 것이다.

그리고 이런 차에 '효도법'3)은 2007년에, 정의화 국회의장이 발의한 '인성교육법'은 작년(2014년) 말에 국회를 통과하였다. 그러므로 이제는 좀 더 적극적인 효도교육을 통해서 우리의 도덕성을 회복하고 사랑과 애정이 넘치는 민주적 협동사회를 만드는 것이 최고의 국정과제이자 교육의 최고 과제이다.

따라서 본고에서는 우리의 효사상이 어떻게 형성되었는지, 또 그 참 뜻과 그것을 어떤 모습으로 교육해왔는지, 이어 그 효교육의 역사성과 앞으로의 중요성에 대해서 심층 깊게 논구해보고자 한다.

2. 효사상과 효교육의 역사

1) 효사상 형성과 효교육

교육의 원형은 인류교육의 원전이라고 할 만한 효(孝)를 들지 않을 수가 없다. 우리나라가 인류교육의 역사상 효교육이 처음으로 비롯되었다고 한다. 그리고 사람이 사람답게 살기 위한 효교육사상이 고조선시대의 홍익인간사상으로까지 확충이 되었다는 것이다.

우리의 효문화는 이미 상고시대 때부터 장례문화가 발전하였다.

---

3) 효도법은 <효행 장려 및 지원에 관한 법률>(시행 2008. 8. 4)(법률 제8610호, 2007. 8. 3, 제정)을 말한다.

지금도 그 당시의 장례문화의 양상을 전국 도처의 고인돌 유적에서 확인할 수 있다.4) 장례를 정성껏 모시고 부모님이 살아계신 것처럼 성묘도 자주하고 제사를 지극정성으로 모시는 것이 당시 사람들의 생각이요 기본적인 생활방식이었다.

그리하여 고유사상이 우리의 사상적 원류가 되었으며, 효가 백 가지 행실의 근원이라고 하는 것처럼 효사상이 교육의 근간이 되었고, 문화와 종교 제반의 모든 일들이 효의 정신을 크게 벗어나지 않았다. 이를 유교사상으로 전이시켰으니 유교사상의 뿌리가 곧 우리의 고유사상이요 효사상이다.

한마음, 한뜻, 한 핏줄, 한줄기, 한겨레, 한 뿌리, 한 조상, 한나라, 한마음, 한 몸, 한민족, 조국은 하나, 이러한 구호는 모두 '하나'를 추구하는 공동체 사상으로 우리 동이족의 고유문화이다. 이러한 새싹은 이미 상고시대부터 우리의 조상들이 추구해왔다.

이미 외래의 종교나 문화가 들어오기 전에 우리에게는 상고시대에 무교(巫敎)와 선교(仙敎) 및 효와 예가 있었다. 따라서 우리 조상들은 출발 자체가 민족주체성이 있었던 것이다.

익히 알려져 있다시피 고구려 소수림왕 2년에 중국으로부터 유학이 전래되어 같은 해에 국립대학인 태학이 세워진 것으로 되어 있는데, 실제로는 이미 그 이전에 유학(儒學)이 들어왔을 것으로 본다. 고구려의 태학에서는 오경(五經) 속에 내재한 공맹(孔孟)의 효를 경학공부(經學工夫)를 통해서 익혔다.5)

---

4) 고창·화순·강화 고인돌 유적은 유네스코가 지정한 세계문화유산이다. 전북 고창군, 전남 화순군, 인천 강화군 3개 지역에 나뉘어 위치해 있는 고인돌군(群)이다. 고창은 2000년 지정 당시 고창읍 죽림리 및 도산리와 아산면 상갑리 및 봉덕리 일대 고인돌 등 447기, 화순 고인돌은 도곡면 효산리와 춘양면 대신리 일대 고인돌 596기, 강화 고인돌은 하점면 부근리 고인돌 등의 70기 등 820여기가 세계문화유산에 등재되었다.

백제는 왕인이나 단양이, 고안무와 같은 오경박사들이 일본에 유교경전을 전한 것이라든지, 개로왕의 간청에도 도미(都彌)의 처 을씨(乙氏)가 정절을 지켰다는 것은 『삼국사기』 권48에 유명한 전설로 전해지고 있거니와, 나당연합군에게 패망할 때에 삼충신(三忠信: 흥수, 성충, 계백)의 충의(忠義)와 낙화암에서 삼천궁녀의 합동 죽음 등을 볼 때, 평소에 효정신이 확고하였기 때문에 살신성인으로 대처하였다고 본다.

신라는 화랑도들이 국력을 결집하여 통일의 대업을 이루었다. 682년(신문왕 2)에는 국학이 세워져 국책교과로 『논어』와 『효경』을 필수과목으로 이수케 하여 인효교육(仁孝敎育)에 그 중점을 두었다.

고려도 992년(성종 11)에 신라의 국학을 계승하여 국자감(國子監)을 설치하고, 『논어』와 『효경』을 필수과목으로 하여 역시 인효교육을 하였다. 그 뿐 아니라 국법을 통한 효교육 진흥정책이 시행되기도 하였다. 평소 부모에 대한 효관념이 돌아가신 조상에 대한 제사로 이어졌다. 이러한 효도의 양상은 유교경전에 중점을 둔 교육의 결실이었다.

조선에서는 본격적으로 성리학의 생활화에 주력하였다. 지도층은 물론 민중들에 이르기까지 성리학적인 방식의 생활양식을 준수하였다. 조선은 성리학이 국교라고 생각될 만큼 최고도로 발달한 나라였다. 덕치주의가 강조되고 인간의 윤리가 매우 강조되었다. 효를 축으로 하고 충(忠)과 열(烈)을 가치체계로 하여 교화정책에 중점을 두었다.6)

---

5) 김익수 외, 『한국인의 효사상』, 수덕문화사, 2009, p. 301.

6) 위의 책, 302~4쪽.

한편 오늘날 정보화, 민주화, 과학화, 세계화 시대를 거치고 있으면서 당면한 우리의 중요한 중심과제는 다음 세 가지를 꼽을 수 있겠다.

첫째는 가정의 안정, 둘째는 교육을 바로 세우는 일, 셋째는 서로 믿고 돕고 함께 즐겁게 사는 사회를 이룩해야 한다. 율곡은 국정의 기본을 바람직한 가정으로 보고 이를 위해서는 효도하고 공경하는 것이 제일이라고 보았다.

효교육의 역사는 환인(桓因)으로부터 비롯되었고, 환웅을 거쳐 단군에 의해 최고도로 성숙케 되었다. 이러한 이념의 핵심인 효가 인류의 평화사상이기도 한 홍익인간사상은 외래의 사상이나 종교의 유입 없이 아주 순수하고도 고유한 우리의 효사상인 것이다.

둘째로 우리의 고유경전으로 토대를 삼은 효사상을 삼국시대에 수용하여 재정립하였다. 이러한 교육사상이 삼국시대는 물론 고려 중기에까지 이어져왔는데 일본에까지 전파되었다.

셋째로 고려 말에 이르면서 주자학은 새로운 효사상을 정립하기에 이르렀고, 조선시대 초에는 본격적으로 가정과 학교에서 사대부, 서민, 그리고 여성교육을 위한 효행윤리 수양서로서 『소학』과 『주자가례』가 활용되었다.

세종대왕의 『삼강행실도』와 정조의 『오륜행실도』에 이르기까지 조선왕조는 정치와 교육이 일치되었다. 세종대왕은 집현전 직제학 설순(楔循)에게 고려시대 『효행록』과 같은 책을 간행하여 무지한 백성들에게 일깨워주라고 명하였다. 그래서 고려 때의 『효행록』을 증보하여 『삼강행실도』를 편찬하였다. 『삼강행실도』는 한자나 한글을 모르는 서민도 쉽게 가르치기 위해 그림을 넣어 내용을 알기 쉽게 하였다.

이렇게 우리 고유의 효행교육과 효행문화를 강조하는 교육정책은 조선의 윤리와 도덕적 기틀을 바로잡고 가치체계를 분명히 세워 정치와 교육의 골간이 되게 하였다.

2) 효의 참뜻과 효교육

부모는 자녀를 거의 무조건적으로 사랑한다. 자녀를 위해서는 대개 자기희생도 감수한다. 자녀가 병이 들어 아프면 부모도 함께 아픔을 느낀다. 심지어는 그 아픔을 대신하고 싶어 하기도 한다. 자녀가 슬퍼하면 함께 슬퍼하고 자녀가 울면 함께 운다. 이러한 부모의 사랑에 의해 자녀의 마음의 상처는 치료되는 것이다. 어린이의 성장과정은 이처럼 상처받기도 하고 치료되기도 하는 과정의 연속이다. 그러므로 부모의 사랑을 받지 못하는 어린이들은 상처가 치료되지 않기 때문에 정상적으로 성장하기가 어렵다.

성장해서도 마찬가지다. 사회에 나가면 생존경쟁이 더욱 치열해진다. 그럴수록 경쟁에서 뒤쳐지지 않기 위하여 항시 긴장해야 하는 피곤함이 쌓인다. 이러한 경우일수록 이에서 벗어나기 위해 절대로 경쟁상대가 아닌 사람, 끝까지 자기를 인정해주는 사람을 만나고 싶어 하기 마련이다. 그런 사람이 바로 부모다. 부모를 만나면 그 동안의 긴장이 다 해소되기 때문이다.[7]

사회생활에서 긴장을 많이 하고, 스트레스를 많이 받는 사람일수록 부모의 존재를 더욱 필요로 한다. 가난한 집의 자녀들은 사회생활을 할 때 스트레스를 더 많이 받는다. 그렇기 때문에 가난한 집

---

7) 장기근,『도덕 윤리 효도의 원리와 실천』, 주류·일념, 1996, 112~3쪽.

의 자녀일수록 부모의 존재가 더욱 필요하다. 가난한 집에서 효자가 많이 나오는 것은 이러한 이유 때문이다.

사람들은 대체로 친구를 좋아한다. 그러나 친구도 엄밀히 말하면 라이벌이다. 함께 같은 처지에 있을 때는 좋지만 똑 같은 길을 가는 친구 중에 하나가 잘되고 하나가 잘못되는 경우에도 변함없이 우정을 유지하기가 어렵다. 부모는 다르다. 자기의 생명을 바쳐서라도 자녀의 생명을 구하려고 노력한다. 이러한 사실을 안다면 부모의 사랑이 얼마나 귀한 것인지를 알게 될 것이다. 이를 인식한다면 평소 귀찮아하기도 했던 잔소리 정도는 아무 문제도 되지 않을 것이다.

부모의 사랑을 받는 것이 행복의 보루라는 것을 안다면, 그리고 그것이 가장 귀한 것인 줄을 안다면, 사람은 누구나 그 부모의 사랑을 지속적으로 받고 싶어 할 것이고 또 받을 수 있도록 노력할 것이다. 이 노력이 바로 효다. 다시 말하면 효란 '부모의 사랑을 지속적으로 받기 위한 자녀의 노력'이라고 정의할 수 있다.

부모의 사랑을 지속적으로 받기 위해서는, 그리고 부모와 한마음의 상태를 계속 유지하기 위해서는 우선 부모가 살아 있도록 해야 한다. 그러나 부모가 살아 있기만 하고 자녀를 사랑하지 않는다면 그것은 큰 의미가 없기 때문에 부모에게 사랑을 받을 수 있도록 부모의 뜻을 받들고 따라야 한다.

효의 주된 실천내용은 부모를 잘 봉양하는 것이다. 몸에 좋은 음식을 잘 대접하는 것, 건강상태를 잘 보살피는 것, 부모의 속을 상하지 않게 하는 것, 부모의 말에 순종하는 것, 늘 부모를 기쁘게 해드리는 것 등이 그 주된 내용이다.

부모를 봉양하고 부모의 마음을 편케 하여 부모로 하여금 오래 사시도록 하는 것이 효의 시작이지만 이것만으로는 효가 될 수 없다. 효도는 부모에게 사랑을 받기 위한 노력이므로 일방적으로 부모로 하여금 건강하게 해드리고 장수하게 해드리는 것만으로는 효도가 될 수 없다.

부모에게 봉양만을 잘해서 부모가 건강하게 살아 계신다 해도 자녀를 사랑하지 않는다면 그것은 소용이 없다. 부모에게 사랑을 받아야 효도가 결실을 맺는 것이다. 그렇다면 효도는 궁극적으로 부모에게 사랑을 받을 수 있는 노력을 의미한다. 일반적으로 효는 자녀가 자기를 낳아준 부모의 은혜에 보답하는 것으로 이해하고 있다.

부모에게 사랑을 받을 수 있는 궁극적인 방법은 부모를 공경하고 부모의 뜻을 따름으로써 부모의 마음과 하나가 되는 것이다. 부모의 몸만 받드는 것은 진정한 의미의 효가 아니다. 효란 부모의 뜻을 받들어 부모의 사랑을 받을 수 있도록 해야 하는 것이다.[8]

그렇다고 부모의 뜻을 따르는 것이 다 효도가 되는 것은 아니다. 부모도 인간이기 때문에 욕심이 있을 수 있고 순간적으로 흥분할 수도 있다. 이를 감안하지 않고 부모의 마음을 무조건 따른다면 부모의 욕심이나 흥분했을 때의 감정을 따르는 경우도 있게 된다. 그런 경우에는 부모의 입장에서도 크게 후회할 수 있는 일이 생길 수 있다.

부모의 뜻을 따른다는 것은 부모의 마음 중에서 본마음과 욕심을 변별하여, 본마음인 경우에는 따르고, 욕심인 경우에는 따르지 않아야 한다. 만약에 부모가 흥분하여 몽둥이를 들고 때리려고 한다

---

8) 지교헌 편저, 『한국의 효사상』, 민속원, 1997, 43쪽.

면 그것은 부모의 본마음에서 나온 것이 아니다. 그런데도 그 마음을 따르는 것을 효라 하여 몽둥이를 맞다가 다치거나 죽기라도 한다면 본마음을 회복했을 때의 부모는 몹시 슬퍼할 것이다. 그것은 큰 불효가 된다. 그러므로 부모의 마음을 잘 변별하여 회초리로 때릴 때는 종아리를 걷고 맞는 것이 효지만, 몽둥이로 때릴 때는 도망쳐서 피하는 것이 효다.[9]

자녀가 다른 아이들과 경쟁하여 이기기를 바라는 것은 부모의 참마음이 아니라 욕심이다. 부모의 참마음은 크게 두 가지로 집약된다. 첫째는 자기의 자녀가 건강하게 살아주기를 바라는 것과 후손을 낳아주기를 바라는 것이다. 그리고 둘째는 가장 훌륭한 사람이 되기를 바라는 것이다. 부모의 참마음을 따르는 효자는 이 두 가지를 충족시키는 자이다.

자녀의 몸을 건강하게 보존하는 것은 부모가 무엇보다 먼저 바라는 바이고 훌륭한 사람이 되는 것은 최종적으로 바라는 바이다. 우리 부모들은 자녀를 위하여 모든 정성과 물질을 바치고서도 그에 상응하는 보상을 제대로 받지 못할 뿐 아니라, 또한 그것을 크게 바라지도 않는다. 다만 자녀가 잘 되는 것만으로 큰 보람으로 삼을 뿐이다.

어떤 사람들은 우리나라 부모들이 과거지향적인 가치관을 가지

9) 『孝經』 曾叅受杖 : 在春秋時代 有個孝子叫曾叅 有一次他父親很生氣 要處罰他 順手拿起旁邊一根 很粗的棍子打他 他很乖動不動 父母責 須順承 就乖乖在那裏讓父親打 父親因為脾氣比較大 竟把 他打昏了 孔夫子知道了這件事 就對曾叅說 你這樣做 既是不孝 曾叅覺得自己很乖 父母責 須順承 連跑都不跑 怎麼會不孝 孔夫子說 假如你的父親失手把你打死了 誰最傷心 就是父母 如此是陷父 親于不義 孔夫子告訴曾叅說 小杖則受 小棍子可以接受 大杖則走 就要趕快離開 要學靈活一點 所 以 我們求學問也要靈活 要懂得權變 比如說 今天我們剛好犯了過失 父親在罵 這時候我們要 父母 教 須敬聽 但是假如父親又心臟病 俞看俞生氣 這時就不可站在那裏 要趕快離開 這就說明 我們要 懂得觀察情況 處處為父母著想.

고 살아나간다는 것을 논증하기 위하여 효의 윤리를 거론하기도 한다. 그들에 의하면 효는 자식이 부모를 위하여 모든 것을 희생하는 윤리이고 따라서 미래에 속하는 자녀는 경시되고, 과거에 속하는 부모는 중시된다는 것이다.

그러나 이러한 생각은 효의 본질을 오해하거나 왜곡하는데서만 가능하다. 효의 참뜻은 부모의 뜻을 받들어 건강과 안전을 유지하고 국가와 사회를 위하여 봉사할 뿐만 아니라 온 인류를 위하여 진리를 실천하는 것이다. 다만 효에는 작은 것과 큰 것이 있을 수 있어서 무엇을 우선하느냐와 진정한 효와 사이비 효가 있을 수 있다.

3) 효교육의 역사적 중요성

현대사회에서 효라는 도덕관념과 규범은 과거 가부장적 봉건사회에서 상하의 지배와 복종관계를 규정하고 유지하였던 낡은 논리라고 비판되고 있다. 사실 효는 봉건국가의 이념으로 기능하였기에 그러한 부정적 측면이 없었다고 하기는 어렵다. 그러나 효정신이 지배와 복종을 강요하는 것이라는 생각은 재고할 필요가 있으며, 오히려 그 본질에 대한 적극적인 이해가 필요하다.

효는 부모자식간의 친밀한 감정을 중요시하며, 또한 부모자식간의 친밀한 감정에서 그치는 것이 아니라 인간의 도리로 승화되어야 하는 것이다. 그래서 『효경』에서 효에는 시작과 완성의 단계가 있다고 했다.

첫째, 효의 시작은 즉 신체발부는 부모에게서 받은 것이니 감히 훼상하지 않음이라고 했다.[10] 그 의미는 자기가 온전하게 받은 것

---

10) 『효경』「개종명의」, 身體髮膚 受之父母 不敢毁傷 孝之始也.

을 온전하게 보존함을 뜻한다. 자기의 생명을 아끼고 보존해야 하는 의미는 이기적인 애아주의(愛我主義)에 매몰되지 않고, 다른 이의 생명과 삶을 아끼고 사랑하는 데에로 미칠 수 있는 근거가 되기 때문이다. 그러므로 생명의 존엄성과 평화에의 의지는 여기에서 시작된다.

둘째, 효의 완성은 입신행도(立身行道)하여 후세에 이름을 남겨 부모를 드러나게 하는 것이라고 했다.[11] 부모를 드러나게 한다는 것은 세속적인 부귀영화가 아니라, 자제된 자가 사회적으로 낙오하지 않고 자기의 사명과 역할을 다하여 도를 행함으로써, 부모에게 영광을 돌린다는 것이 본뜻이다.

자신의 인생과 가정 국가의 발전과 평안을 위해 성실히 노력한 그 결과는 자신만의 몫이 아니라 부모의 몫이다. 부모의 바람과 가르침이 자기를 통하여 실현되는 것이기 때문이다. 이와 같이 효는 부모에 대한 공손이나 봉양에 그치지 않고, 적극적으로 인간으로서의 자기세계를 개척하고, 사회존재로서의 인간사명을 다한다는 뜻을 지닌다.

효의 시작과 완성이라는 일련의 과정은 보편적인 인류애로 확장할 수 있는 기반이 될 수 있다. 효정신의 가장 중요한 사상적 기반인 유교의 인(仁)사상은 전 인류에 대한 사랑을 포괄한다. 그렇기 때문에 유교는 휴머니즘(Humanism)이다.

인을 인간의 진정한 주체성이자 사회의 원리로 제시한 『논어』에서는 "효와 제(悌)는 인을 행함에 있어서 근본이 되는 것"[12]이라

---

11) 『효경』「개종명의」, 立身行道 揚名於後世 以顯父母 孝之終也.

12) 『논어』「학이」, 有子曰 其爲人也孝弟 而好犯上者鮮矣 不好犯上 而好作亂者 未之有也 君子務本 本立而道生 孝弟也者 其爲仁之本與.

했는데, 이는 가족관계가 부자자효(父慈子孝)와 형우제공을 전제로 해야 한다는 말이다. 가장 가까운 혈연에 대한 사랑은 내면의 가장 자연스럽고 직접적인 발현이라고 보기 때문에 가까운 혈연을 사랑할 수 없다면 보편적인 겸애의 사랑은 실질이 결여된 허구가 된다는 것이다.

효는 일방적인 절대복종이나 성대한 물질 봉양에 그치는 것이 아니라 인간의 자연스러운 정서에서 우러나오는 충심과 성심으로 부모를 대하는 것이며, 순수한 감정과 정서에 터하여 생명을 사랑하고 인류애로 나아가는 진리에 근거해야만 한다는 것이라고 요약할 수 있다.

효를 '왜' 해야 하며 그 근본원리는 어떠한가라는 원리의 문제보다, '어떻게' 효를 해야 하며, 사람들로 하여금 '어떻게' 효를 행할 수 있게 하는가? 라는 실천과 현실적용이 중요한 문제이다. 효가 한국 전통문화의 유산이거나 과거에 소중하게 여긴 유교의 핵심개념이기 때문에 효를 강조할 것이 아니라, 한국사회의 바람직한 발전방향과 인류의 보편적 문화유산으로 인식하고, 또한 효를 행하는 이유와 방법을 구체적으로 알고 행하려는 과정이 중요하다.

우리는 지금 IMF 체제가 아니더라도 진작부터 위기에 빠져 있다. 말하자면 그간 진행되어온 또는 진행되고 있는 고도의 산업사회화 내지는 정보사회로의 탈바꿈으로 인하여 전통적인 가족제도와 의식구조가 아주 급격하게 소멸되어가고 있는 세상에 살고 있다.

고도의 산업사회에 적합한 서구식 핵가족제도가 우리의 새로운 현대적 가족제도로 등장하게 된 지 이미 오래되었다. 그런데 여기서 파생된 여러 가지 문제점들은 사람을 무시하는 상태로 등장하여 계속 커다란 사회문제로 확대되고 있다. 노인문제의 증대라든가 청소년문제의 심각성, 핵가족제도로 인한 인간관계의 편협성과 경로효친사상의 약화 내지는 쇠락, 개인 및 집단이기주의 풍조로 인한 공동체의식의 약화 등 가족 및 사회공동체의 기저를 뒤흔들어 놓는 현상들이다.

우리가 작금의 자기중심주의 또는 정신적 가치를 도외시하는 물질만능주의의 시대적 상황에서, 이러한 인간소외와 정신적 가치의 상실 및 지나친 경쟁논리와 업적주의의 신화를 극복하기 위해서는, 무엇보다도 먼저 공동체의식을 고양시킬 수 있는 윤리덕목을 내세워, 자라나는 새로운 세대 즉 청소년들에게 인성교육과 도덕교육의 차원에서 부지런히 교육시킬 수밖에 없다. 그런데 가장 기초적인 공동체는 역시 가정이므로, 효라고 하는 윤리를 앞으로도 우리의 기본 생활윤리로서 정립시키는 것이 가장 좋다고 생각된다.

그래서 효는 사람이면 실천해야 하는 기본상식이다. 효행은 당연한 것이고 그래야만 가정이 행복해진다. 그러므로 효행은 곧 사랑의 실천이다.[13] 사람이라면 부모를 잘 모시는 것이 기본이다. 적어도 노력은 해야 한다. 효도하면 인간이 착해진다. 효도하면 인간이 겸손해지고 착해지고 바른 사람이 된다. 그래서 효행교육은 인성교육의 최선이다.

4) 인간교육으로서의 효교육

한국발전의 기반은 당연히 건전한 민주화와 고도의 산업화가 달성되는 것이어야 할 것이다. 그런데, 앞에서 그 본뜻을 살펴 본 바

---

13) 손인수, 『한국인의 효도문화』, 문음사, 1997, 65쪽.

와 같이, 효사상은 과거 봉건사회의 이념으로서가 아니라 현재와 미래의 발전에 위배되지 않을 뿐더러, 더욱 절실하게 요구되어지는 것이다. 여기서는 산업화와 민주화라는 두 가지 측면과 효의 연관성을 살펴본다.

첫째, 산업화와 효와의 관계이다. 산업을 발전시켜 부를 확대하는 일은 현대인의 중요한 관심사이다. 부모와 자식을 봉양하고 양육하는 문제는 풍요한 물질만으로 달성되는 것이 아니지만, 그렇다고 빈곤 속에서 이루어질 수 없다. 건전한 생리적 욕구를 넘어선 개인의 육체적 쾌락을 만족시키기 위한 풍요가 아니요, 부모와 자식을 봉양하고 양육해 화목한 가정을 이루게 하기 위한 풍요이다.

효사상은 경제활동을 위축시키기보다는 오히려 현실도피와 나태와 무능을 질타하고 가정에의 책임을 위해 자기의 사회적, 경제적 성취를 촉구한다. 그러므로 산업을 발전시켜 부를 확대하고 운용하는 데에 있어서 효의 정신은 다른 어떠한 도덕개념보다 실질적인 경제활동의 동기를 제공할 수 있다.

더욱이 부도덕적인 경제활동을 거부하고 성실과 노력으로 성취하기를 도모하게 한다. 타인을 고려하지 않는 무리한 경제활동과 부조리는 부모를 욕되게 하는 것이며, 자기와 가정을 파멸로 이끌 수 있기 때문이다. 부모를 사랑하는 자는 가정을 화목하게 하기 위해 어떠한 난관도 극복하고자 노력할 것이며, 이러한 저력이 한국 경제를 발전시킨 원동력이라고 해도 지나치지 않을 것이다.

둘째, 민주화와 효와의 관계이다. 자유와 평등을 추구하는 민주화는 근대화의 기반이다. 자신의 생명과 소유 그리고 사상과 종교의 자유, 정치참여와 교육의 기회균등과 법 적용의 공정성 등의 평등에 관한 문제들은 아직도 더 많은 노력을 기울여야 할 과제이다. 그런데 이러한 민주화의 과제와 효사상은 배치되지 않는다.

자기절제와 타인사랑의 인간상은 시대를 초월한 고귀한 것임에 틀림없다. 참다운 자유는 자기절제를 통한 진실한 자아에서 나오는 것이어야 하며, 참다운 평등은 타인의 고통을 외면하지 않는 인격에 의거해야 한다. 바람직한 사회는 참다운 자유와 평등에 입각한 의사소통에서 출발하며, 건전한 의사소통은 타인의 불이익을 방관하는 이기심과 기만이 아니라 진실한 자아로부터 시작하는 것이다. 진실한 자아에 도달하고자 하는 성실함과 그것으로부터 발로한 순수한 정서와 인간애는 충과 효에 내재한 근본 뜻이며, 따라서 근대화의 자유를 보다 성숙하게 만들 수 있을 것이라고 생각된다.

또한, 효를 일방적인 상하의 명령-복종의 불평등관계로 보아서 민주화와 배치된다는 견해는 효의 근본취지를 오인하는 데에서 기인한 것이다. 부모자식의 관계는 상하주종의 관계가 아니다. 인간의 도리와 의리에 어긋나면서까지 부모의 명령이라고 해서 무릅쓰는 행위는 효행이 아니다. 진정한 효는 민주주의적 원리에 위배되지 않으며, 일체의 구속으로부터의 자유와 인격의 평등은 효의 전제이다. 효행은 외적인 강제에 의해서나 규범을 억지로 행하는 것이 아니라, 자신의 자발적인 감정과 주체적 정서에 의해 행한다.

어떠한 인간관계도 그러해야 하듯이, 부모와 자식 간에도 결코 어느 한쪽이 주가 될 수 없다. 물론 오늘날의 가정생활에 있어서 아이가 위주가 되는 경향이 문제되고 있듯이, 과거에는 부모 위주의 도덕관을 강조한 것도 사실이다. 자식을 위주로 운영되는 가정이나 부모를 위주로 운영되는 가정은 그 어느 쪽도 바람직한 가정이라고 할 수 없다.

부모가 자식을 대함에 자식을 주로 삼는 것이 자애이며, 자식이
부모를 대함에 부모를 주로 삼는 것이 효이다. 상호간의 인간관계
에 있어서 어느 한 쪽을 일방적으로 위주로 하는 관계는 잘못된 윤
리일 가능성이 많다. 그러한 윤리와 제도는 당연히 타파되어야 한
다. 상호간에 주종과 구속의 관계 맺음이 아니라, 상대방의 건강과
평안함을 걱정하는 관심과 애정의 진실한 상호관계가 '부자자효(父
慈子孝)'의 관계이다. 어느 쪽도 의무와 권리를 모두 가진다.14)

부모에 대한 효도와 육친애를 확대하여 인간애, 형제애, 인류애,
자연애로 뻗어가야 한다. 그와 같은 사랑의 바탕인 효심이 만물의
영장인 인간에게는 하늘에 의해 선천적으로 주어져 있다. 그러므로
인간의 착한 본성을 계발하면 누구나 인애와 효도를 따르고 실천할
수가 있다. 효심이 곧 인류애의 바탕이기 때문이다.

3. 끝맺으며

지금까지 우리는 효사상이 어떻게 형성되었는지 그리고 왜 중요
한지, 뿐만 아니라 그 참 뜻과 효교육이 역사적으로 왜 중시되었는
지와 앞으로도 인성교육과 인간교육을 위해서는 계속 중요할 수밖
에 없다는 역사적 당위성을 살펴봤다. 작금의 개탄스러운 개인주의
와 물질주의를 극복하기 위해서는 특별히 다른 방도가 없다고 생각
하기 때문이다.

---

14) 장기근, 앞의 책, 86쪽.

안타깝게도 학교에서는 효를 교육하기보다는 대학입시에 모든 것을 걸고 있다. 입시위주의 교육이 참으로 많은 것들을 망쳐놓고 있다. 중등교육의 정상화도 이것 때문에 요원하다. 빨리 제자리를 찾기 위해서는 대학이 선발하기 보다는 서양처럼 고등학교에 맡겨야 한다. 현재의 이런 형편을 통해 무슨 제대로 교육된 인간이 배출되겠는가? 또한 우리가 세계를 선도하는 우수한 문화국가가 되려면 효사상을 계승하여 교육하는 것이 최상이다.

효문화는 누구에게 가르침을 받는 게 아니라 스스로 가정에서 시작되는 환경지배적 속성을 갖고 있다. 이는 우리 문화를 지켜온 선비사상에도 그 기초를 둘 수 있다. 우리의 역사를 알고 뿌리를 알고 전통적 문화를 이해했을 때 현대적 효문화가 정립되는 것이다.

이제 가족생활에 대한 교육과 세대 간의 커뮤니케이션 프로그램에서 공동체 봉사나 불우이웃에 대한 애정을 강조하고, 한편으로는 청소년들의 기술과 훈련으로 사회복리를 위해 사용하도록 용기를 북돋워나가야 한다. 사회전체가 하나의 대가족이 되어 더불어 사는 공동체 의식을 기르는데 앞장서야 하는 것이다.

우리는 효를 통하여 애국애족은 물론이고, 민주시민으로서의 원만한 인간관계 기술도 익힐 수 있다. 효를 통하여 가족해체로 인한 우리 사회의 병폐를 없애고 난마처럼 얽힌 사회문제를 효과적으로 해결하도록 노력해야 한다. 효를 통하여 무너져 가는 사회의 기강을 바로 잡는 것은 물론 이 휴머니즘적 최고의 가치인 효를 세계적인 가치관으로 확대하여 인류를 불행으로부터 구하는 데 속히 활용해야 한다.

김익수

철학박사, 전 한체대 교수, 전 동방문화대학원대학교 석좌교수, 한국효문화연구원장, 홍익인간사상연구원장, 한국청소년효문화학회장

김무현

효학박사, 전 경민대 교수, 한국효문화연구원 부설 인성교육연구원장, 한국청소년효문화학회 부회장

장정태

철학박사, 동국대 외래교수, (사)삼국유사연구원장, 한국청소년효문화학회 이사

이미숙

문학박사, 청주대 교수, 한국청소년효문화학회 학술이사 겸 연구윤리위원회 간사 겸 학술지 『청소년과 효문화』 편집위원

이정화

문학박사, 동양대 교수, 한국청소년효문화학회 연구윤리위원

김용길

법학박사, 원광대 법학전문대학원 교수, 한국청소년효문화학회 부회장 겸 전북지회장

박환영

사회인류학박사, 중앙대 교수, 한국사상문화학회 윤리위원회 윤리위원 겸 학술지 『한국사상과 문화』 편집위원

김두현

문학박사, 동양대 교수, 한국청소년효문화학회 연구윤리위원

반호진

사회복지학박사, 전 남서울대 겸임교수, 평택복지재단 사무처장, 한국효문화연구원 이사, 한국청소년효문화학회 연구이사

이병철

문학박사, 신라대 교수, 한국청소년효문화학회 부회상 겸 부산시지회장 겸 학술지 『청소년과 효문화』 편집위원

장재천

교육학박사, 용인대 교수, 한국청소년효문화학회 상임부회장 겸 『청소년과 효문화』 학술지 편집위원장

한국의 효사상과 인성교육 1

초판인쇄   2022년 10월 31일
초판발행   2022년 10월 31일

지은이   김익수· 김무현· 장정태· 이미숙· 이정화· 김용길· 박환영·
         김두현·반호진·이병철· 장재천
펴낸이   채종준
펴낸곳   한국학술정보㈜
주 소   경기도 파주시 회동길 230(문발동)
전 화   031) 908-3181(대표)
팩 스   031) 908-3189
홈페이지   http://ebook.kstudy.com
E-mail   출판사업부 publish@kstudy.com
등 록   제일산-115호(2000. 6. 19)

ISBN   979-11-6983-052-2 03150